한국어로 내려온
New Bible

새로운
성 경

제53권 4부 | 총10부

하얀마음

하나님 말씀 중에서

1. 사랑의 하나님

- 세상을 창조하신 하나님은 모두를 사랑하신다. 인간만 특별히 더 사랑하지 않고, 우주 만물을 다 똑같이 사랑하신다. 그러니 하나님이 창조하신 천지 만물과 화친하고, 미물까지도 소중히 대하라.

- 하나님은 특정 종파나 민족만을 더 사랑하지 않으신다. 자기 자신만 구원받겠다는 욕심을 버리고, 자기 종파만 구원받는다는 편협한 교리에서 벗어나야 한다. 종파를 초월해서, 모두를 사랑하라.

- 원수까지 사랑하라 했으니, 이 세상에 사랑하지 못할 자가 누가 있겠는가? 종파가 다르다고 해서 부모 형제와 원수처럼 지내는 자는 인간의 근본을 모르는 자다. 가장 가까운 가족부터 사랑할 때 남도 진심으로 사랑할 수 있다.

- 한 사람을 원수같이 생각하던 마음에서 사랑하는 마음으로 돌리면, 자기 자신의 마음이 가장 기쁘고 행복하다. 하나님께서는 인간의 마음속에 무거움이 없이 기쁘고 행복한 삶을 살기를 바라신다.

- 이웃을 "내 몸처럼" 사랑하라 했으니, 마지막 한 장 남은 천국의 티켓도 이웃에게 양보하라. 자기 중심적인 신앙에서 벗어나서 남을 위해 살아야 한다.

- 독초도, 약초도, 이단도 사탄도 천사도 다 필요하기에 존재한다. 독초일지라도 극소량을 사용해서 생명을 살릴 수 있고, 약초라 하더라도 남용하면 생명을 잃을 수 있다.

- 세상 모든 것을 명약으로 활용하는 것은 인간의 지혜에 달렸다. 어떤 것이든 어떤 사람이든 적재적소에 꼭 필요한 명약으로 승화시키라.

- 사탄도 이단도 천사도 모두 하나님의 주관하에 존재한다. 진정한 하나님의 백성은 사탄과 마귀까지도 감화시켜서 천사로 거듭나게 한다.

2. 기도

- 하나님은 인간의 생각까지 모두를 다 알고 계신다. 우리의 소원도 이미 알고 계시기에, 소원의 기도를 할 필요가 없다. 우리가 받을 자격이 되면 내려 주신다.

- 죄를 짓고 아무리 회개를 해도 용서받지 못한다. 도둑질한 자는 용서해 달라고 기도하고, 도둑맞은 자는 도둑을 잡게 해 달라고 기도하면, 공의의 하나님은 누구의 편에 서시겠는가?

- 자기가 잘못한 것은 그 사람에게 직접 갚고 용서를 구하라. 그가 용서하면 하나님도 용서하신다. 땅에서 매면 하늘에서도 매이고, 땅에서 풀리면 하늘에서도 풀리는 이치다.

- "회당에서 기도하지 말고 골방에서 기도하라" 했다. 눈에 보이는 골방이 아니라, 골방과 같이 고요한 마음이다. 잡념을 버리고 하나님을 향해 마음을 집중하며, 사랑하고 용서하는 아름다운 생각만 나오도록 하라.

- "두드리면 열릴 것이다." 하는 것은 육의 소원을 위해 두드리라는 것이 아니라, 진리의 깨달음을 얻기 위해 두드리라는 것이다.

- 기도하는 방법: 생활 속에서 수시로 기도하는 삶을 살아야 한다.

- "저의 죄를 용서하여 주옵소서." 하는 회개의 기도를 하라.
- 범사에 "하나님! 감사합니다." 하라. 현재 가진 것에 감사하며, 과욕하지 말라. 자기 노력 이상의 것을 더 갖고자 기도하는 것은 도둑놈심보다. 공의의 하나님은 각자 노력한 만큼 주신다.
- "하나님 뜻대로 살아가겠나이다." 하며 마음의 각오를 다지라.

- 기도는 하나님의 말씀을 받아서 "행하는 것"이다. 하나님이 계심을 굳건히 믿고, 하늘을 향하여 한 점 부끄럼 없이 사는 삶 자체가 가장 위대한 기도이며, 삶이 곧 예배다.

3. 지도자

- 똑같이 사랑한다는 말을 해도, 순수하게 하는 말은 천사의 말이지만, 사기 쳐서 재산을 가로채려고 하는 말은 사탄의 말이다.

- 종교 지도자가 아무리 훌륭한 설교를 해도, 신도의 재물을 거둬서 더 큰 교회를 짓고 자기의 부귀영화를 바라며 설교하면 사탄의 가르침이 된다.

- "저희 교회는 만원사례요, 믿음은 다 같으니 이웃의 개척 교회에 가서 예배를 드리시오." 하며, 이웃 교회의 부흥을 먼저 생각하여 제 신도를 보내는 종교 지도자가 있다면 그를 따르라. 그가 하나님의 사랑을 실천하는 자다.

- "부자가 천국에 들어가는 것은 낙타가 바늘구멍을 통과하는 것보다 더 힘들다" 하였거늘, 지금의 교회에서는 부자가 되기만을 기도하고 소원하니, 이는 곧 천국을 포기하고 지옥 행 열차의 티켓을 사는 것과 같다.

- 예수는 빈손이었다. 종교 지도자가 예수보다 더 호화롭고 편안하게 살아간다면 잘못된 것이다. 부귀영화와 명예를 바라는 자는 절대로 갈 수 없는 좁고 협착한 길이 종교 지도자의 길이다.

- 종교 지도자는 유리로 비춰 봐 한 점의 부끄러움이 없이 살아야 한다. 의식주도 직접 일해서 해결하고, 예수의 가르침과 행함을 그대로 따라야 한다.

- 종말은 없다. 지금의 잘못 가는 종교 집단에게만 종말이 있다. 보이지 않는 하나님은 보이는 육의 종말은 관여하지 않으신다. 환경 파괴로 인간이 스스로 멸망을 자초하는 것이다. 종파끼리 싸우기 전에, 무너진 인성을 바로잡고 지구의 몸살을 해결하는 데 뜻을 모으는 게 급선무다.

4. 성전이란

- 이 세상 자체가 하나님께서 만드신 성전이다. 자연보다 더 아름다운 성전이 있는가? 보이는 건물이 성전이 아니라, 성스러운 마음가짐이 성전이다.

- 반석 위에 교회를 지으라 했다. 지상의 단단한 돌은 인간이 쪼갤 수 있으나, 마음속의 굳은 결의는 세상 무엇으로도 쪼갤 수 없다. 바르고 굳건한 믿음으로 성경의 가르침을 실천하는 것이 마음의 반석 위에 교회를 짓는 것이다.

- 손으로 지은 건물의 교회에 모여서 복음을 전하는 것이 아니라, 교회를 개인과 가정에 심어 주어야 한다. 무너지고 부서지는 건물을 짓지 말고, 마음속에 영원히 불변하는 참진리의 교회를 지으라.

5. 십계명

- 십계명은 인간이 죽어서 반드시 통과해야만 하는 열 개의 관문이다.

- 부모를 공경하지 아니한 자는 "네 부모를 공경하라." 하는 제5계명의 관문이 열리지 않으니 구원받을 수 없다.
- 살인, 간음, 거짓, 우상 등의 나머지 계명도 마찬가지다.

- 십계명은 하나님의 친필이다. 모기소리만 한 하나님의 음성이라도 들어 보겠다고 여기저기 찾아 헤매지 말고, 십계명부터 암송하고 지키라.

- 십계명은 영혼을 구원하는 양식이며, 십계명을 지키는 것이 구원을 받는 길이다. 인간이기에 지키고자 노력하고 또 노력한다면 지킬 수 있다.

- 십계명을 지키고 천사처럼 아름답게 살아가는 그 마음 하나면 세상에 이루어지지 않는 것이 없다.

6. 보물

- 하나님은 재물이 아니라 우리의 마음을 받으신다. 사랑을 실천하며 천사처럼 변하는 마음이 하나님께 바치는 보물이다.

- 보이지 않는 하나님께 재물을 바치려 하지 말고, 너희를 길러 준 부모에게 용돈 드리고, 찾아뵙고, 효성을 다하라. 그것이 하나님께 효도하는 것이다.

- 하늘에는 선과 악의 창고가 있다. 자기 창고에 선이 많으면 천국으로 구원을 받고, 악이 많으면 심판받아 지옥으로 간다. 그것이 바로 "선한 일을 행한 자는 생명의 부활로, 악한 일을 행한 자는 심판의 부활로" 나오는 것이다.

- "선악과를 따먹지 말라"는 것은 양심을 지키라는 것이다. 선과 악을 구분할 수 있는 양심을 최초에 인간에게 주셨다. 선한 열매는 취하고, 악한 열매는 버리며, 양심에 비추어 부끄럼 없는 삶을 살아가라.

- 가장 작은 거짓말을 하지 않고, 가장 작은 죄를 짓지 않으며, 가장 작은 선행을 하고, 가장 작은 악행을 멀리하는 것이 율법의 일점 일획도 빠뜨리지 말고 다 지키는 삶을 사는 것이다.

7. 우상

- 박물관에 있는 불상은 하나의 예술품이다. 그 조각품에 대고 제 소원을 빌 때 우상숭배가 된다. 십자가라 하여도 그 앞에서 소원을 빈다면 우상숭배하는 것이며, 하나님께 소원을 빈다면 하나님을 우상으로 전락시키는 것이다.

- 지금 기복신앙에 젖어 있는 모든 사람이 우상 앞에 절을 하고 있다. 조각품을 우상이라며 파괴하지 말고, 네 마음속에 있는 욕심의 우상을 무너트리라.

- 생수를 약초가 먹으면 약을 만들고 독사가 먹으면 독을 만든다. 같은 성경을 봐도 선한 지도자는 신도를 천사로 만드는 데 활용한다. 그러나 욕심이 가득한 지도자는 재물을 거두어들여 제가 부귀영화를 누리는 데 악용한다. 그가 바로 성경을 우상숭배의 도구로 전락시키는 거짓 선지자다.

- 성경을 한 획도 빼거나 더하지 말라는 것은, 그 가르침을 빠트리지 말고 온전히 지키라는 것이다. 성경 속에서 자기에게 유리한 구절만 보는 것은, 자기에게 불리한 구절들을 빼 버리는 것이다. 믿음이 제일이요, 행함은 구원과는 관계없다는 것은 자신에게 유리한 쪽으로 성경을 악용하는 것이다.

- 진정한 종교 지도자는 종파에 관계없이 어떤 종파든 어떤 책이든 접하고 보고 깨우쳐 견문을 넓히도록 인도한다. 참진리를 모르고 자신이 없는 자가 남을 이단이라며 배척하고, 신도들의 눈과 귀를 가린다.

8. 예수

- 예수의 재림은 없다. 예수가 다시 온다 해도, 과연 누가 그를 예수라고 믿겠는가? 예수와 같은 삶의 행함이 곧 예수의 재림이다. 각자 모두가 “재림 예수”가 되는, 차원 높은 믿음으로 가야 한다.

- 예수는 “주여 주여 하지 말고, 아버지의 뜻대로 행하라”고 했다. 예수가 전한 하나님의 뜻이 곧 “길이요, 진리요, 생명”이며, 그 가르침이 예수의 보혈처럼 소중한 것이다. 예수를 믿는 것은, 예수의 가르침을 믿고 따르는 것이다.

- 예수는 낮은 자로서 만백성을 섬기고자 했다. 만나는 모든 사람을 다 하나님이라 생각하라. 돈을 벌수록 겸손하고, 높은 지위를 얻을수록 낮아지라.

- 예수는 종파를 만들지 않았다. 인간이 만든 종교와 인간의 교리를 따르지 말고, 예수를 통해 전한 하나님의 참진리를 연구하고 따르라.

- 예수가 2천 년 전에 만백성을 위해 죽었으니, 지금 이 땅에는 예수의 가르침대로 사는 천사만 존재해야 한다. 예수가 죽어 가면서 바란 것은 만백성이 천사가 되어 예수의 자리를 채워 주는 것이지, 지금과 같이 재물을 바치면서 중언부언 제 소원만을 비는 백성들을 바란 것이 아니니다.

9. 구원

- 천사가 사는 천국에는 천사만 갈 수 있으니, 천사 같은 마음을 길러야 한다.

- "천국 열쇠를 네게 주리니 땅에서 무엇이든지 매면 하늘에서도 매일 것이라" 했다. 땅에서 천사같이 사는 자가 하늘에서도 천사가 되어 천국에 들어간다. 모든 사람에게 천사같다는 말을 듣는 삶을 살아야 한다.

- 천사의 곱고 아름다운 마음은 부모를 공경하고 어른을 어른으로 대접하는 데에서 출발한다. 효도하는 자는 형제와 화목하게 지내기에 가정이 화목해지고, 이웃과 화목해지고, 국가가 화목해지고, 온 인류가 화목해진다.

- 그러므로 지상의 아름다운 소왕국은 가정에서부터 이루어야 한다.

- 선택된 14만 명만 구원받는 것이 아니라, 천사처럼 변하고자 하는 14만 명을 기초로 온 인류가 천사처럼 거듭나는 영적인 개혁이 시작되는 것이다.

- 천 년에 걸쳐서 하늘에서 이루어진 것같이 이 세상을 낙원으로 만들어, 만백성이 지상의 천국에서 살다가 죽어서 그대로 하늘의 천국으로 들어가는, 영원한 지상 낙원을 건설하는 것이 하나님의 계획이다.

- **이것이 구약과 신약에 이어 "새로운 성경"으로 역사하시는 하나님의 창조의 완성이다.**

- 지금의 믿음으로 구원받을 수 있다면 그 길을 가라. 그러나 자신이 없다면 하나님께서 직접 내리신 160권의 "새로운 성경"을 읽고 구원의 길을 보라!

하나님 머리말씀

이 새로운 성경을 읽는 너희 모두는
이 율법에 따라 행하면 영원히 구원받을 것이니라.

너희 인간이 수년, 수십 년, 평생
성서를 공부하고 기도하는 것은
하늘나라 나의 곁으로 오고 싶은 소망일진대,

몇천 년 전의 너희 인성과 생각이
지금의 너희와는 판이하게 다르니,

꺾여 가고 병들어 가는 너희를 고칠 수 있는 길은,
오늘 내가 선지자에게 내리는 새로운 성경과 같이
너희가 변화되는 것뿐이니라.

나의 예수가 태어난 것처럼
내가 아들 선지자를 선택하여
나의 새로운 성경을 온 세계에 전하고자 하니,

묵은 것은 버리고 새로운 것은 취하여,
너희 모두는
'여호와 하나님! 저의 죄를 용서하여 주옵소서.'
하는 기도문으로 기도하고, 죄를 뉘우치라.

이 새로운 성경은
수천 년간 내려온 성서를 요약한 것이니,
너희는 이 책을 정독하여 쉽게 깨달음을 얻고,
이대로 실천하여 하늘에 오르라.

대역자 머리말

■ 하나님의 율법을 지키는 선지자로 선택을 받도다.

저는 남들처럼 그저 열심히 살아온 평범한 사람이었습니다. 그러나 50대 중반에 사업에 실패하여 많은 부채에 시달렸으며, 건강도 악화되어 눈이 잘 안 보이고, 걷기도 어렵고, 두통이 심해서 잠을 이룰 수 없는 고통의 나날을 보냈습니다. 그때 제가 선택할 수 있는 것은 육의 삶을 끝내는 길뿐이었습니다.

죽기 직전에 그동안에 죄를 지은 이들에게 용서를 빌고 인생을 끝내기로 작정하였습니다. 어려서부터 지은 죄를 빌고 빌다 보니 끝이 없었고, 죽음으로도 그 많은 죄를 용서받을 길이 없다는 생각에 하염없이 눈물이 흘렀습니다. 그 순간 '재래식 화장실의 구더기는 죄를 짓지 않는데, 나는 인간으로서 구더기만도 못한 삶을 살았구나.' 하는 생각이 들면서 괴로움에 몸부림칠 때, 갑자기 하나님의 음성이 들렸습니다.

"나는 여호와 하나님이니라. 너는 십계명을 암송하고 내가 내려 주는 메시지를 받아 책으로 만들어 만백성을 구하라." 하시며, 제 눈을 손으로 문지르게 하시고, 아픈 머리와 다리를 손으로 두드리게 하셨습니다. 그러고 나니 눈도 잘 보이고 걸을 수 있었으며 머리의 통증도 말끔히 낫게 되었습니다. 그때부터 십계명을 암송하고 나면 들려주시는 말씀을 기록하였고, 1999년 8월부터 2004년 7월까지 권당 288쪽, 총 160권을 받아서 "새로운 성경"이라는 책으로 펴내게 되었습니다.

그러한 저에게 죽기보다도 힘든 길이 시작되었습니다. 모든 교인들이 저에게 사탄이요, 이단이요, 악마요, 마지막 시대에 온 거짓 선지자라 하면서 공격하였고, 저를 짐승을 보듯이 대하는가 하면, 편협한 종교 지도자들의 선동으로 신도들이 이 책을 직접 읽어 보고 평가할 기회마저 막아 버렸습니다. 그래서 하나님의 말씀을 세상에 내는 데 많은 어려움을 겪으며, 피를 토하는 심정으로 책을 전하고 있습니다.

그러나 아무리 인간의 힘으로 막으려 해도, 하나님의 뜻이 세상에 전해지는 위대한 역사는 계속될 것입니다. 책으로 전해지는 "하나님의 말씀"은 세상 끝날까지 항상 우리와 함께하실 것입니다. 사람은 죽어도, 책에 기록된 말씀은 영원히 남으니까요.

■ 따뜻한 실천

하나님께서는 어려운 사람들에게 삶의 터전을 마련해 주고, 미래를 열어 주는 것을 기뻐하십니다. 어려운 이웃이 스스로 자립할 수 있도록 이끌어 주는 것이 진정으로 이웃을 돕는 것이라고 말씀하셨습니다. 그래서 일자리가 없는 제자들에게 작은 사업장을 만들어 주는 "달란트 사업"을 하고 있습니다. 식당, 반찬 가게 등을 차려 주고, 기존의 어려운 사업장이 자립할 수 있도록 돕고 있습니다(커피숍, 미용실, 의상실 등).

하나님께서는 교회에 나와서 모든 시간과 재물을 쏟기를 원하지 않으시고, 그 시간과 재물을 교육에 투자하여 스스로 미래를 열어 가기를 원하십니다. 그래서 제때 공부하지 못한 제자들에게 학업을 이어 가도록 하였습니다. 중화요리 주방장을 하며 초등학교 검정고시부터 공부하여 2012년에 방통대를 졸업한 36세 남성, 만학도들의 2년제 중학교에 입학해서 2007년에 명지대학을 졸업한 38세 여성, 중학교 검정고시를 시작으로 숭의여자대학을 졸업한 47세 여성 등이 있습니다. 그밖에도 많은 제자들에게 나이를 초월하여 배우고 깨우쳐서 사회 속의 당당한 일원이 되도록 인도하고 있습니다.

학자금 대출로 힘겨워하는 젊은이들을 위해 "따뜻한 바람 장학회"를 발족하여(2016년 12월) 대출받은 학자금 전액을 매월 갚아 주고 있습니다. 또한, 다문화 가정을 위해 "다문화 가족 랜드"를 조성하여, 각종 시설을 무료로 활용하도록 하고 있습니다.

이러한 따뜻한 실천이 아직은 미약합니다. 그러나 책의 수입이 늘고, 저와 뜻을 같이하는 분들이 늘어나면 계속 확대할 것입니다. 지도자로서 신도의 재물을 헌금으로 거둬들여 착복하는 것이 아니라, 하나님께서 기뻐하시는 일에 사용하도록 중매 역할만 하며 살아가고자 합니다. 이런 제가 과연 사탄이고 이단인가요? 하나님께서 기뻐하시는 일이라면, 저에게 사탄이라 하든 거짓 선지자라 하든 굽히지 않고 실천해 나갈 것입니다.

끝으로, 일상의 삶 속에서 "지금 내가 하는 행동이 과연 하나님께서 기뻐하실까, 슬퍼하실까?" 생각하고, 매사에 하나님께서 기뻐하시는 길을 택하기 바랍니다. 교회에 모여서 집단적으로 예배 드리는 것이 아니라, 개인이나 가정 단위로 새로운 성경을 읽어 스스로 깨우치고 그대로 행하면 충분합니다. 그것이 마음속에 성전을 짓고, 신령과 진정으로 예배 드리는 길입니다. 그러면 천국의 문에 들어서게 됩니다.

2017. 2. 1.

하나님 말씀 대역자 김용철

차 례

십 계 명

이 책은 십계명을 암송하고 나면 내려 주시는 "하나님의 음성"을 듣고 그대로 받아쓴 기록입니다. 하나님께서 십계명을 모세에게 내려 주셨지만, 그것은 만백성에게 내려 주신 것입니다. 마찬가지로 이 책의 모든 말씀도 저에게 내려 주셨지만, 만백성 각자에게 들려주시는 말씀입니다. 여러분도 이 책을 접할 때마다 십계명을 암송하고 나서 정독해 주시기 바랍니다.

제일은, 너는 나 외에는 다른 신들을 네게 있게 말지니라.

제이는, 너를 위하여 새긴 우상을 만들지 말고, 또 위로 하늘에 있는 것이나, 아래로 땅에 있는 것이나, 땅 아래 물 속에 있는 것의 아무 형상이든지 만들지 말며, 그것들에게 절하지 말며, 그것들을 섬기지 말라.

제삼은, 너는 너의 하나님 여호와의 이름을 망령되이 일컫지 말라.

제사는, 안식일을 기억하여 거룩히 지키라.

제오는, 네 부모를 공경하라.

제육은, 살인하지 말지니라.

제칠은, 간음하지 말지니라.

제팔은, 도적질하지 말지니라.

제구는, 네 이웃에 대하여 거짓 증거하지 말지니라.

제십은, 네 이웃의 집을 탐내지 말지니라.

나 여호와가 존재함을 믿는 그 자체가 구원의 길에 들어서는 기본이요, 근본이며, 나의 새로운 성경을 가슴에 안고 정독하는 자, 반석 위에 서서 하늘에 오르는 찬란한 빛을 보게 되는 영광을 얻게 됨이니라. 진정 나를 따르고 믿는 자는 감히 사탄이나 마귀도 근접하지 못하느니라.

〈하나님 말씀〉

2002년 11월

3,840 번째 하나님 말씀

2002년 11월 2일 22시 46분

1 사랑하는 나의 아들아!
2 "네, 아버님! 말씀하옵소서."
3 너를 따르는 너의 제자, 그들도 깨우
치고 변화되지 아니하면 내가 그들에
게 은혜를 내리지 아니함이니,
4 이것은 너희들이 내가 마지막 선택한
백성이며 또한 나의 아들의 제자라 하
여도 그들이 변화되지 아니하며 깨우
치지 아니하면 내가 그들에게 상을 내
리지 아니하나니,
5 나의 피조물 만백성과 똑같이 그들이
변화되고 깨우쳤을 때 각자가 나로부
터 상을 받을 수 있으며 은혜를 받을
수 있는 것이 너의 제자들이니라.
6 이게 곧 공의의 하나님이요, 창조주인
내가 할 수 있는 길이며,
7 나는 그리하는 것이 타당한 것이며,
거기에 어떠한 변칙도 어떠한 변화도
있을 수 없음이니라.
8 그리하여 마지막 선택된 나의 아들을
따르는 제자들에게도 내가 오늘의 시
련과 고통을 은혜나 은총으로써 풀어
주지 아니하며 내리지 아니하거늘, 그
는 또한 내릴 수도 없는 것이니라.
9 그러나 지금 믿음의 길을 가고 있는
너희들이 만백성을 어찌 가르치는가?
10 너희들은 그저 울며불며 달라 하면 준
다 그리 말함이니, 내가 무어라 말하
였더냐?
11 너희들이 그와 같이 기도하고 경배하
며 아우성치며 찬송 부르는 그것은 나
와는 아무런 관계도 없으며, 내 귀에
들리지 아니하며, 파도 소리만큼도 나
에게는 들리지 아니하며 필요 없는 소
리라 내가 말하지 아니하였던가?
12 나의 아들을 따르는 그 백성에게도 내
가 그들이 변한 만큼 상을 내리거늘,
13 어찌하여 너희들이 그저 달라 하며 원
하고 울부짖는다 하여 내가 너희들에
게만 그를 내려 준다 그리 생각하는가?
14 이는 너희들의 착각이며, 그와 같은
생각을 버려야 할 것이니라.
15 정녕 나로부터 받을 자격을 갖춘 자가
아니면 내가 줄 수 없으며 내릴 수 없
는 것이 창조주요, 공의의 하나님이라
너희들이 말하는 나이기 때문이니라.
16 나는 절대로 그와 같이 정도에 어긋나
며 규정에 어긋나는 것을 하지 않으며,
17 변화되지 아니하고 받을 자격이 없는
자에게 내릴 수 없는 것이며 내려 주
지 아니함을 알아야 할 것이니라.
18 그러하거늘 행함을 소홀히 생각하며,
행함을 중히 생각하지 아니하며,
19 그리고 받을 자격이 없으며, 변화된
삶을 살지도 못하는 너희들이 그저 울
고불고 달라 하면 내려 준다 하여 그
저 달라 하라, 그리고 소원을 빌라 그
리 가르치고 있음이니,
20 이를 이제 너의 제자들은 깨우쳐 주어
야 할 때가 되었음을 알라.
21 그와 같이 자격이 없는 자가 아무리

울고불고해도 나와는 관계가 없으며,
22 나로부터 은혜와 축복이요, 영광을 받
는 것은 자격을 갖춘 자만이 받을 수
있으며, 자격이 되었을 때 내가 내린
다는 것을 너희들은 이제 만백성에게
전하여야 할 것이니라.
23 그렇지 않은 자, 자격이 없는 자, 아무
리 울고불고 떼를 쓴다 해도 내려 주
는 것이 아니며 은혜와 축복의 영광을
너희들에게 주는 것이 아니며,
24 너희들의 소원이요, 너희들이 갈구하
는 것을 들어줄 수 없음이니라.
25 울고불고한다 하여, 광란의 소리를 지
른다 하여 그들이 원하는 것을 내가
내려 주고 준다 하면 과연 내가 공의
의 하나님인가, 그리고 내가 창조주이
더냐?
26 나는 진리요, 나는 만백성의 빛이며,
내가 내리는 것 외에 정답이 없음이니
라.
27 오로지 내가 내리는 그것만이 정답이
요, 그 이상 그 이하도 답이 없음이니,
28 나는 너희들이 말하는 공의의 하나님
이요, 거기서 어긋남이 없음이니,
29 자격이 없는 자, 너희들이 울고불고
그리하지 말라.
30 그리하여도 나로부터 얻어지는 것이
없으며 너희들이 얻을 것이 없음이니
라.
31 너희들이 갖추어지고 변한 만큼 그러
한 자에게 내가 상을 내림이니라.
32 내가 나의 아들 예수를 세상에 내보내
만백성을 구하고자 했으며 지금 2천
여 년의 암흑의 세월이 흘러 내가 다
시 새로운 시대를 열고자 하여 나의
아들을 세상에 내보내 나의 법전을 너
희들에게 전함이니,
33 그 아들조차도 그가 지키지 못하는 것
은 내가 상을 내리지 아니하며, 그도
스스로 지키며 한 점의 부끄러움이 없
는 삶을 살아가고자 할 때, 그리 살 때
내가 그에게 상을 내리거늘,
34 그 제자들 또한 그들이 변화된 만큼만
내가 깨달음을 주며 변하지 아니한 자
에게는 상과 은혜를 내리지 아니함이
거늘,
35 어찌하여 만백성 너희들은 그저 자격
이 없는 자들이 울고불고 소리 지르고
떼쓰고 매달리면 준다 그리 생각하는
가?
36 그것이 사탄들이 하는 짓이며, 너희들
을 이용하여 저희들이 금화와 은화요,
재물을 거둬들여 축적하여 편안하게
살아가고자 하는 그와 같은 마귀들이
하는 행위임을 잊지 말라.
37 창조주 여호와요, 공의의 하나님이라
하는 내가 자격이 없는 자가 울고불고
한다 하여 축복이요, 영광이요, 상을
내린다 생각하지 말라.
38 이는 너희들이 정녕 다시 한 번 깨우
쳐야 할 것이며,
39 나의 법전에 이렇게 기록하여 내 뜻을
전하거늘, 이를 읽고도 깨우치지 못한
다 하면 너희들이 얼마나 우매하고 어
리석었던 것인가를 머지않아 알게 될
것이니라.

3,841 번째 하나님 말씀

2002년 11월 2일 22시 52분

1 사랑하는 나의 아들아!
2 "네, 아버님! 말씀하옵소서."
3 너의 제자들만이라도 깨우쳐 눈을 뜨
라 그리 전하라.
4 나의 아들 예수가 2천 년 전에 세상에
나가 나의 성령을 가지고 만백성을 구
원하기 위하여 그와 같은 기적과 역사
를 이루었으니,
5 그가 어떠한 종파를 가지고 했으며 어
떠한 종파에 소속되어서 행하였던가?
6 그는 종파를 가지고 있지 않았으며 종
파에 소속되지 아니하였음이니라.
7 그는 곧 나 여호와의 아들이요, 나의
뜻에 의하여 나의 대명을 완수하기 위
하여 세상에 나갔으니,
8 그는 종파가 필요 없었으니 그 위에
어떤 종파도 그를 능가할 수 없음이니
라.
9 나를 대신하여 그가 내려갔음이며 나
의 참진리요, 나의 성령의 뜻을 가르
쳤음이니,
10 어떠한 이름의 종파도 거기에 해당할
수가 없음이니라.
11 그가 그 모든 종파 위에 존재하며, 모
든 종파요, 너희들의 깨달음의 집단이
그 아래이기 때문이니,
12 그리하여 예수 또한 종파가 없이 나의
만백성을 구원하였으며 그 복음서로
써 만백성을 구하여 하늘의 이치를 가
르치고자 하였음이니라.
13 지금 2천 년이라는 세월이 흐르는 동
안에 수많은 종파가 생겼으며 그들이
암흑의 세상에서 지금 저희들이 종파
의 이름을 갖고 하늘에 오르는 길이라
하여 만백성을 가르침이니,
14 이는 곧 나의 아들 예수와는 아무런
관계도 없으며, 예수의 뜻을 그들이
받아 시행함이 아니니라.
15 모든 종파의 이름을 가진 것은 무엇이
더냐?
16 인간 세상에 너희들의 한계에서 있는
것이요, 너희들이 종파를 갖는 것은
인간의 조직이요, 인간의 집단에서 그
이름이 너희들 위에 있음이니,
17 그리하여 너희들은 그 종교 집단 아래
너희 인간이 거기에 얽매이며 거기에
부름을 받으며 그 속에 가 믿음이라는
것을 가지고 감이니,
18 그것은 인간이 만든 너희들의 계획이
며 너희들의 뜻이니라.
19 그러니 나로부터 직접 세상에 나가 명
령을 받고 만백성을 구하며 나의 뜻을
가지고 전했던 예수는 종파가 없었음
이니라.
20 지금 2천여 년의 암흑 세상이 지나 수
억의 종파들이 퍼져 있는 이 세상에
나의 아들이 지금 세상에 내려가 나의
법전을 책으로 만들어 전함이니, 그는
종파가 없음이니라.
21 그리하여 그는 종파를 갖지 말라 하였
으며, 종파를 두지 말라 하였으며, 어
디에도 속하지 아니하고 오로지 '하나
님! 말씀하옵소서' '하늘에 오르는 길'
이요, 만백성을 구하는 나의 심판의
법전이라 하여 이 책으로써 그가 전하
니 종파가 없음이니라.
22 여기서 너희들은 하나 깨우쳐야 할 것

이니라.
23 나로부터 선택되어 나의 대명을 받는
자는 나를 대신함이니, 어떠한 이름의
종파도 필요 없으며 거기에 어떠한 명
칭도 필요 없는 것이 바로 여기에 있
음이니,
24 예수의 시대와 지금 제3의 시대에 나
의 아들이 역사하는 것과 나 여호와가
삼각관계로 이루어져 있음을 너희들
은 알아야 할 것이니라.
25 2천 년 전에 뻗어 나간 나의 아들 예
수도 어떠한 종파를 가지고 전하는 것
이 없이 나의 성령으로 나의 뜻을 직
접 전하였으며,
26 2천 년 후에 나의 아들이 세상에 나가
나의 법전을 전하는 그가 또 종파가
없으니,
27 이는 두 아들 위에 내가 서 있는 삼각
관계로 이루어져 있음이니,
28 2천 년 전의 그 시대와 지금의 시대가
종파가 없는 것은 과연 누구의 뜻이며
누구에 의하여 이루어지는가?
29 감히 종파를 갖지 아니하고 세상의 만
백성을 통제하고 구원하는 것은 나 여
호와밖에 없음이니, 나의 뜻을 받아
행하는 나의 아들임이니라.
30 나의 아들 예수가 2천 년 전에 세상에
내려가서 종파 없이 너희들을 깨우쳤
으며, 2천 년의 암흑의 세상을 지난
지금 또 종파가 없이 나의 피조물 만
백성을 구하기 위하여 나의 아들이 내
려가 있음이니,
31 나 여호와가 하늘에 있으며 2천 년 전
에 나의 아들 예수를 보냈으며 2천 년
후에 나의 아들을 세상에 보냈음이니,
32 이는 곧 삼각관계로서 이루어져 있는
뜻을 너희들이 알라.

3,842 번째 하나님 말씀

2002년 11월 2일 22시 59분

1 사랑하는 나의 아들아!
2 "네, 아버님! 말씀하옵소서."
3 너의 제자들에게 이르라.
4 이 일을 어찌하며 이 길을 어찌 가야
하겠는가?
5 너희들이 어렵고 힘든 그 길을 넘는
것은 너희들의 노력과 너희들의 몫이
니, 어찌하면 되겠는가?
6 나의 피조물 만백성 그들을 구원하기
위하여 오늘의 이 길을 가는 너희들이
얼마나 힘들고 어려운 고비를 넘어가
변화되고 깨우쳐야 할 것인가?
7 이것은 너희들의 몫이니 이를 어찌하
여야 하겠는가?
8 지금 나의 피조물 만백성을 너희들은
돌아다봐야 할 것이니라.
9 수천 년 동안 그 믿음 속에 있으며 깨
우침을 위하여 제 평생을 다 바치고자
발버둥치는 자,
10 그리고 어떠한 일이 있어도 구원은 받
아야 하며 천국의 문을 들어서겠다는
그와 같은 열망에 젖어 있는 나의 백
성이 지금 과연 어찌 살아가는가?
11 그들은 '하늘에 오르는 길'이요, 나의
성령이요, 내가 직접 내려가 통제하며
나의 법전의 뚜껑을 열 때 내가 같이
하며 그를 닫을 때 내가 올라온다 하
였거늘,
12 그 법전을 읽고 그들은 무어라 말하는

가?
13 정녕 그 속에 기록되어 있는 그 내용은 맞으며 옳은 말이며 현시대에 하나도 틀림이 없는 말을 기록해 놓았다 그들은 그리 말하느니라.
14 그러나 막상 나의 법전을 읽고 공부하며 나의 성전에 와 나의 아들의 강론을 들으라 하면 그들은 무어라 하는가?
15 저는 지금 다니는 교회요, 성당이요, 또는 저희가 믿는 종파 속에 가는 것이 제 체질에 맞으며 그래도 그것이 구원을 받는 길이라 하며 그들은 그와 같이 등을 돌리고 있음이니라.
16 너의 제자들이 그들과 갑론을박하여 하나하나 따질 때 그들은 말대답할 것이 없으며 변명할 여지가 없음이니라.
17 그리하여 그들은 '네가 하는 말이 다 맞다.' 그리 말할 것이니라.
18 그리 말하나 그들은 막상 나의 성전에 와 나의 아들의 강론을 들으며 나의 법전을 읽으라 할 때 그를 거부함이니라.
19 저는 체질에 안 맞으며 여태껏 흘러온 그 종파의 위대한 역사보다는 더 위대한 것이 없기에 오로지 그 길을 가며 그저 그대로 구원의 길을 가겠다 그리 말하며 나의 법전을 던져 버리는 것이 지금 나의 피조물 만백성이요, 믿음이라는 길을 가며 구원을 받고자 하는 그들이 가지고 있는 마음의 형태요, 생각이니,
20 그들을 다 버려야 하겠는가, 그들을 다 거두어들여야 하겠는가?
21 어찌해야만 되겠는가 너의 제자들에게 물어보라.
22 정녕 같은 인간으로서 인간의 형태를 가진 너희들만이 그들을 깨우치고 인도할 수 있음이니,
23 대화하고 또 그들과 화합할 수 있는 것은 너희들이 직접 해야 할 몫이 아니던가?
24 그러니 너희들이 과연 이 어렵고 힘든 길을 어찌 갈 수 있으며 어찌 가야만 하겠는가?
25 그러나 너의 제자들은 가야 할 것이니라.
26 '이 모두는 하나님의 말씀이요, 성령이요, 네가 하는 일은 다 옳다.' 하면서 나의 성전에 오지 아니하며 나의 법전을 읽지 않는 그들의 마음의 형태가 어떠한 것인가?
27 저는 죽어도 좋다, 그저 지옥 불로 가더라도 오로지 지금의 저희들의 설교하는 종교 지도자를 따라서 가는 것만이 구원을 받는 길이라 하니,
28 그들은 변화할 줄 모르는 것이며 개혁할 줄 모르는 것이며 그리고 한 치 앞을 내다보지 못하는 그와 같은 자요,
29 그보다 더 무서운 것은 그 종교 지도자들이 그들을 수없이 세뇌교육시켜 왔음이니라.
30 그리하여 행한 것으로써 심판을 받는다는, 어린아이도 알 수 있는 그와 같은 이치도 깨닫지 못하며,
31 그저 저희들이 지은 성전에 와 울고불고 기도하며 금화만 많이 바치면 구원을 받는다는 것밖에는 아무것도 생각하지 못하고 있음이니,
32 그 어리석고 불쌍한 백성을 과연 어찌 구원해야 하겠는가?

33 이들을 구원하는 것은 너희들 몫이며
너희들만이 할 수 있는 일이거늘, 너
희들은 이를 이루어야 할 것이니라.
34 어떠한 고통과 어떠한 시련과 역경이
있다 해도 너희들은 이 길을 가야 하
며 이 역사를 이루어야,
35 너희들이 살아서 육의 세상에서 내가
존재하며 이것이 나의 성령이라는 것
을 알게 될 것이며, 너희들이 그 속에
서 아름다운 삶을 살다 죽어서 나에게
구원의 영광을 얻게 될 것이니,
36 이를 너희들은 저버리지 말며 잊지 말
라.

3,843 번째 하나님 말씀

2002년 11월 2일 23시 06분

1 사랑하는 나의 아들아!
2 "네, 아버님! 말씀하옵소서."
3 나의 피조물 만백성을 가르치는 자,
무어라 말하느냐?
4 어린아이가 울고 떼쓰고 매달리면 그
에게 우유를 주며 젖을 먹이며 먹을
것을 주니,
5 너희들도 창조주인 나 여호와에게 어
린아이가 보채듯이 울고 그리 매달리
면 축복과 영광의 은혜를 준다 그리
가르치느니라.
6 과연 너희들은 그것이 이루어질 수 있
으며 그와 같은 역사가 이루어질 수
있다 생각하는가?
7 육의 세상에 너희들이 살아가는 그 인
간관계에서 어린아이가 울 때 그에게
젖을 주며 먹이를 주는 것은 너희들의
부모와 자식 사이의 인간 세상이요,
그 60점 안에서 이루어지는 것이니라.
8 거기에 비유하여 너희들이 하늘에 오
르는 길이요, 천국의 문을 오르는 그
것을 울고불고 매달린다 해서 너희들
이 과연 그것을 얻을 수 있으며 올 수
있다 말하는가?
9 하늘에 오르는 길이 무엇이라 말하였
더냐?
10 낙타라는 것이 바늘구멍을 통과하는
것보다 더 어려운 그와 같은 것이 하
늘에 오르는 길이라 그리 가르쳤음이
니,
11 너희들의 종교 지도자들이 얼마나 모
르며 어리석고 우매한 자면 그와 같은
말을 하는가?
12 어린아이가 보채듯이 보채고 매달리
면 나 여호와가 너희들에게 준다 말하
니,
13 이는 공의의 하나님이요, 공의의 창조
주라 너희들이 말하면서 나를 욕되게
하는 것이며 나를 짓밟는 것이며 내
얼굴에 침을 뱉는 그와 같은 사악한
행위라 하면 너희들은 과연 어찌하겠
는가?
14 그들은 하늘의 이치를 모르느니라.
15 내가 나의 아들을 통하여 나의 아들의
제자요, 너희들에게 무어라 전하였더
냐?
16 하늘은 천사와 같은 자만 살며, 천사
만 살며, 나 여호와의 심성과 같은 자
만이 존재한다 하였음이니,
17 과연 죄를 짓고 사악한 자, 너희들을
내가 천국에 갖다 놓아도 너희들은 숨
이 막히며 너희 자신이 견딜 수 없는
고통으로 인하여 존재할 수 없음이니,

지옥의 문으로 스스로 기어가는 것이
너희들이라 하였음이니,
18 이 하늘의 뜻과 하늘의 이치를 모르고
감히 어리석은 자들이 하는 소리가 바
로 우는 아이처럼 보채면 젖을 주고
먹이를 주니 그저 나에게 보채고 매달
리며 달라, 그리고 구원해 달라 소리
지르고 그리 부르짖으면 된다 말함이
니,
19 내가 그와 같은 자, 천국에 갖다 놓아
도 그들은 스스로 숨이 막히며 저 자
신의 가슴이 터져 견디지 못함이니,
오죽하면 지옥의 문으로 제가 스스로
기어가겠는가?
20 이것이 하늘의 이치요, 너희들이 구원
을 받는 길이요, 천국의 문에 들어오
는 것과 들어오지 못하는 것이 이와
같이 엄연히 무섭거늘,
21 너희들이 구원을 받고 못 받는 그것을
놓고서, 너희들이 구원을 받기 위해서
는 얼마나 어렵고 힘든가를 내가 깨우
쳐 주어 알고 있지 않은가?
22 바늘구멍에 낙타가 통과할 수 있는가?
23 너희 몸뚱이요, 너희 손 하나도 통과
할 수 없는 것이니라.
24 그와 같이 하늘에 오르는 것이 어렵고
힘들며 있을 수 없는, 아무나 올 수 없
는, 정말 누구도 견딜 수 없는 그와 같
은 고통과 인내와 경지의 깨달음을 얻
었을 때 내가 너희들의 이름을 불러
줌으로써 하늘에 올 수 있는 것이거늘,
25 죄지은 자, 사악한 행위를 하며 울고
불고 매달린다 하여 내가 너희들을 구
원해 준다 생각하지 말라.
26 살인한 자, 도적질한 자, 거짓 한 자,
십계명에 위배되는 행동을 하고 산
자, 그리고 우상을 섬기며 그곳에 재
물을 놓고 빈 자, 그와 같이 살아가며
나의 이름을 더럽게 한 자, 이웃을 시
기하며 살아온 자, 그리고 나 여호와
가 존재한다는 것을 너희들이 눈 가리
는 식으로 그저 말로써만 믿어 온 자,
27 그리고 진심으로 하나도 변하지 않았
으며 사랑이 무엇인지도 모르고 살아
가는 너희들이 울고불고 말로써 떼를
쓴다 하여 하늘에 오르는 문을 열어
줄 수 있다 말하는 것이 얼마나 사악
한 마귀요, 사탄이요, 나의 피조물 만
백성의 피를 빨아먹는 그와 같은 인간
들인가?
28 그게 바로 마귀요, 사탄이니라.
29 절대로 너희들은 울고불고 떼를 써도
나로부터 아무것도 얻을 수 없느니라.
30 그리한다고 해서 내가 그에게 상을 내
린다면 나를 공의의 하나님이라 너희
들이 그와 같이 말할 수 있겠는가?
31 이 이치를 나의 법전에 기록하여 나의
아들을 통하여, 그 제자들을 통하여
세상에 전함이니,
32 너희는 이를 보고 바로 읽고 깨우쳐,
과연 나 창조주의 뜻인가 아닌가를 깨
달아서 옳은 길을 선택하라.
33 어느 길이 하늘에 오르는 길이며 어느
길이 지옥으로 가는 길인가를 스스로
이 대목을 읽고도 깨우치지 못한다 하
면 그것은 너희들의 불행이니라.

3,844 번째 하나님 말씀

2002년 11월 3일 06시 45분

1 사랑하는 나의 아들아!
2 "네, 아버님! 말씀하옵소서."
3 내가 너희들에게 바라는 것은 큰 것이
아니고 방대한 것이 아니라, 너희들이
나의 계명대로 아름답게 살아가는 것
을 바란다 말하였음이니라.
4 재물이요, 금화를 많이 바치고 적게
바치는 그와 같은 것으로써 너희들을
내가 기억하고 사랑함이 아니라 하였
음이니라.
5 그리하여 작은 선행을 베풀고 사는 것
이며, 인간의 기본 질서를 파괴하지
아니하고 살아가는 것이 너희들이 나
에게 올 수 있는 길이며, 나의 백성으
로서 나의 은혜에 보답하는 길이라 하
였음이니,
6 얼마나 하늘에 오르는 길이 간단한 길
이며 편안한 길이더냐?
7 하늘에 오르는 길이 그리 힘들고 어려
움이 아님이니라.
8 너희 스스로 계명을 만들어 그리 늘이
고 줄이며, 그리고 높고 어렵고 힘든
길을 가도록 만든 것은 너희들이니라.
9 지금 내가 너희들에게 말하였음이니
라.
10 너희들이 한 가정을 이루며 살되, 자
기의 아내가 천사처럼 보이며 아름답
고 소중하게 보일 수 있는 마음을 갖
는 자, 그가 깨달음의 시초에 들어서
는 것이라 내가 말하였으니, 그는 무
슨 뜻이더냐?
11 너희들이 한평생 같이 육의 삶을 살고
자 언약한 부부 사이에 하나가 되지
못하며 한뜻이 이루어지지 못한다 할
때, 너희들의 이웃이요, 남남과 어찌
하나로 이루어지겠느냐?
12 바로 그와 같은 근본의 간단한 이치가
거기에 있음이니라.
13 그리하여 너희들이 한평생 더불어 사
는 아내라는 여인의 소중함을 가슴 깊
이 알며, 그를 앎으로 인해서 행복함
을 알며 그가 천사와 같이 보일 때,
14 한 가정에 남녀가 만나 서로 한평생을
같이 살고자 언약한 자가 하나가 되는
그와 같은 아름다운 정경이 이루어지
는 것이 기초며 기본이니,
15 가장 작은 질서를 지키는 것과 마찬가
지임이니라.
16 그리 깨닫기 시작하면 그가 이웃을 사
랑할 수 있으며 남을 사랑할 수 있으
며 너의 제자들 또한 하나가 될 수 있
음이니, 너희 마음 자세를 그리 가지
라 하라.
17 사랑하는 사람에게 진실한 사랑이요,
진실함을 보여 주며 세상에 그보다 더
소중한 것이 없는 사랑하는 마음이 거
기서부터 싹이 트며 너희들이 이웃을
사랑하고 하나가 되는 그 근본의 터전
이 거기에 있음이니라.
18 이제 너의 제자들의 마음이 다스려졌
으며, 마음의 껍질이 벗겨지고 많이
벗겨져 높은 경지에 와 있으니, 오늘
의 내가 너희들에게 가르치는 그 뜻을
받아들일 수 있으며 그를 깨달을 수
있을 것이니라.
19 내가 나의 160권의 법전에 너희들을
가르치매 너희들의 수준에 따라서 하

나하나 깨우치고 가르치도록 그리 명
시하여 놓았음이니,
20 이제는 너희들이 아내를 사랑하는 것
이며 그가 천사처럼 보이고 소중할 때
그 마음속에서 너희 부부가 하나가 되
게 되어 있음이니,
21 그리하여 그 하나가 됨으로 인하여 이
웃이 하나가 될 수 있고, 부부지간의
사랑이 깊음으로 인하여 남들을 사랑
하는 마음의 싹이 거기서 트게 되어
있음이니라.
22 너희 마음의 껍질이 얼마나 벗겨졌으
며 가정의 삶이 과연 어떠한 것인가
그를 돌이켜 보도록 그리 가르쳐 주라.
23 그것이 근본이니라.
24 우선 남자가 여자를 먼저 사랑하는 것
부터 시작하며, 또 아내가 남편을 사
랑하는 마음이 같이 그를 따라가게 되
어 있음이니, 이를 잊지 말라 이르라.
25 너희들이 가정사에 살아가면서 서로
한 점의 부끄러움이 없이 그리고 진실
된 사랑 속에서 살아가고 있는가?
26 그리고 너희 자식과 남편에게, 아내에
게 과연 어찌 살아가고 있는가?
27 그것부터 먼저 다스리라 할 것이며,
너희들이 부끄러운 삶이 있다 하면 오
늘 이후 그와 같은 마음 자세를 덮으
며,
28 아내를 사랑하는 마음, 아내를 천사처
럼 보는 마음부터 기르라 하며, 남편
을 보는 마음이 천사처럼, 그보다 소
중한 것이 다시없는 마음으로 그와 같
이 너희들이 하나가 되는 그것이 기초
요, 근본이니라.
29 거기서 서로 거리가 없으며 하나가 되
었을 때, 만백성과 하나가 될 수 있는
이치를 깨달으며 사랑하는 것을 깨닫
게 됨이니 그리 알라.

3,845 번째 하나님 말씀

2002년 11월 3일 06시 51분

1 사랑하는 나의 아들아!
2 "네, 아버님! 말씀하옵소서."
3 너희들 인간사에 어려서부터 부모의
뜻에 순종하며 부모의 뜻에 따라 살아
가는 자식은 사회에 나가 남들로부터
지탄받으며 저주받는 자식이 없음이
니라.
4 그것이 너희들 인간 세상에 살아가는
기본이요, 근본이기 때문인 것이니라.
5 너희들이 나의 법전을 읽고 깨달으며
나의 아들을 통하여 내가 내리는 성령
의 뜻의 강론을 들으며 변화되고 변화
되는 그 삶은 너희들이 경지에 오르는
것만이 얻는 것이 아님을 알아야 할
것이니라.
6 이는 즉, 무엇이더냐?
7 너희들이 나의 뜻에 순종하고 나의 뜻
을 따르는 그와 같이 변화되는 자이기
때문이니라.
8 너희들이 나의 법전을 읽고 나의 성령
을 듣고 깨우쳐 나에게 순종하는 마음
으로 돌아설 때 너희들이 한 계단 한
계단 나에게 오름이니,
9 너희들이 경지의 깨달음에 의하여 나
에게 가까워지는 것이 아니요, 그는
곧 나의 뜻에 순종하며 나의 뜻을 따
르는 백성이기에 그리하여 너희들이
그와 같이 행하고 살아가는 속에서 나

에게 한 발짝 한 발짝 다가오니, 너희
들이 산을 정복하듯이 그와 같은 역사
가 이루어지는 것이니라.
10 너희들은 말하지 아니하는가?
11 하늘에 가까이 온 자, 내가 그를 거두
어들일 수 있음이니,
12 너희들이 한 계단 한 계단 그와 같이
올라오며 변화되어서 올라왔을 때 내
가 구원의 팔을 내려 너희들을 구원함
이니, 너희들이 그곳까지 오기가 힘들
고 어려우니라.
13 그곳까지 오기가 얼마나 고통스럽고
힘든 것인가?
14 최선을 다하여 올라올 때, 내가 너희
들을 받아들이며 내 손으로 너희들을
거둬들임이니라.
15 지치고 쓰러질 때까지 너희들의 변화
되는 삶이요, 그 변화되는 삶이라는
것은 즉, 무엇이던가?
16 경지에 오름이라는 것은 나의 뜻에 순
종하며 나의 뜻을 거역하지 아니하고
사는 것이 근본이니라.
17 그리하여 모든 나의 법전이요, 내가
성령으로써 내리며 너희들을 가르치
는 것은 나의 뜻에 순종하며 그를 거
역하지 아니하는 것이니, 이는 곧 무
엇이더냐?
18 육의 세상에 어려서부터 부모의 뜻을
거역하지 아니하고 그 가르침에 따르
는 자는 세상에 버림받는 자가 없듯이,
19 너희들이 나의 뜻에 순종하며 내 뜻에
따라 살아가고자 노력하는 그것이 한
계단 한 계단 올라오는 근본이며 기본
임을 잊어서는 아니 될 것이니라.
20 너희들은 모르나 너희들이 경지에 오
르는 것은 나의 뜻에 순종하며 나의
뜻을 따름이니,
21 바로 부모의 뜻을 따라 고이 성장하는
자식과 같으니, 그와 같은 자, 내 품에
올 수 있음이니라.
22 너희들이 오르고 오르는 그 길이 얼마
나 힘들고 어려운 것인가는 너희들 자
신이 알 것이니라.
23 그러나 그 어렵고 힘든 길을 인내하고
나에게 한 발짝 한 발짝 순종하며 다
가왔을 때 하늘에서 받는 상은 너희들
이 상상할 수 없을 것이니 그를 알아
야 할 것이니라.
24 그리고 너희들은 믿어야 할 것이니라.
25 믿음의 마음이 흔들려서는 아니 됨이
니라.
26 나의 아들의 머리카락이 하얘졌을 때,
그가 천사와 같은 마음으로 바로 설
것이며 기적의 역사를 이룰 것이며,
27 3부가 세상에 나가는 그와 같은 역사
를 너희들이 이룰 때, 너희들의 갈 길
이 열릴 것이며 너희들이 해야 할 그
역사의 힘을 내가 준다 하였으며,
28 4부가 세상에 나오면 세상이 뒤집히
는 그와 같은 역사가 이루어진다 하였
거늘,
29 그 길도 인내하고 기다리지 못하며 왔
다 떠나는 자, 그리고 법전을 던지는
자, 그리고 이를 찢어 버리는 자, 그리
고 나의 법전에 기록되어 나의 아들을
선지자라 내가 부르는 그 부름을 감히
찢어 버리는 자, 그리고 나의 아들을
비방하는 자, 나의 아들이 변하는 그
자체를 모르면서 그를 비방하는 자,
그것이 얼마나 크나큰 죄인가를 알게

될 것이니라.
30 너희들이 세상에 갓 태어난 자식을 사랑하며 그들의 성장하는 것을 보고 기뻐하듯이,
31 나 또한 나의 아들을 세상에 내려보내어 썩고도 썩은 그 추악한 세상에 겨자씨 같은 한 알의 씨를 내려보냈음이니,
32 내가 나의 아들을 보내며 그 사악한 속에서 물들지 아니하고 그가 바로 살아가는 것을 바라는 나 여호와의 마음이 어떻겠는가?
33 그를 도우며 그와 더불어 가는 너희들의 그 상이 무엇인가는 아직 모를 것이니라.
34 이를 너희들 스스로 알 때가 머지않았음을 알라.

3,846 번째 하나님 말씀

2002년 11월 3일 06시 59분

1 사랑하는 나의 아들아!
2 "네, 아버님! 말씀하옵소서."
3 너희들 인간사 세속에 살아가면서 무어라 말하느냐?
4 '강 건너 불구경'이라는 말이 있음이니라.
5 강 건너에서 모두를 다 태우는 그 불이 너희들의 집과 재산은 태우지 못할 것이니 너희들과는 관계없는 그와 같은 자세로 그를 보고 구경한다 하는 말이요, 그를 진화하려 하지 아니한다는 뜻이니라.
6 너희들 생활 속에 그와 같은 말이 있음이니, 지금 너희들은 나의 이 이치를, 내가 가르치는 뜻을 깨우쳐야 할 것이니라.
7 지금 내가 나의 법전을 세상에 내려보내어 그 강 건너 타는 불보다도 더 무섭게 그 불보다도 더 강한 위협으로써 너희들을 심판하고 있음을 모르느니라.
8 강 건너에 훨훨 타는 그 불보다도 더 무서운 속도로, 더 무서운 힘으로써, 모두를 다 태워 재로 만드는 그 불보다도 무서운 힘으로써 내가 너희들을 지금 심판하고 너희들을 추리고 구원할 자 버릴 자를 구분하는 그 역사가 이루어졌음을 모르느니라.
9 지금 나의 법전이 세상에 나가 이것이 너희들을 구원하는 길이요, 이것을 읽고 깨우치는 자만이 구원을 받는다 그리 말함이니,
10 이는 너희들이 지금 바로 그와 같은 것을 바라보지 아니하며 그는 너희들과는 아무런 관계도 없으며, 이단이요, 사탄이요, 마지막 말세에 나오는 거짓 선지자가 하는 짓이라 그리 말하며 너희들과는 아무런 관계도 없이 그리 생각하고, 너희들의 손에 쥐여 주는 법전마저도 그저 던져 버리며 찢어 버리고 불태워 버리는 그와 같은 형국을 하고 있음이니라.
11 지금 무섭게 내가 심판에 들어가며, 너희들의 썩어져 있고 잘못 살아온 그 믿음을 바로잡기 위하여 지금 이와 같이 불보다도 더 무서운 힘으로 너희들을 심판하고 다스리기에 그리하여 그 근거로써 나의 법전을 세상에 내려보냈으나,

12 그 법전이 너희들과는 아무런 관계도
없으며 인연이 없는 것이며 그를 읽고
깨우치는 것은 너희들을 구원하는 것
이 아니라 그리 생각하며,
13 오로지 지금 너희들의 집단의 그 믿음
의 종교요, 그 길만이 구원을 받는 것
이라 하여 아무것도 들여다보지 아니
하며 이웃의 것을 들여다보지 아니하
며 이웃의 가르치는 참진리를 귀를 막
고 듣지 아니하려 하며, 그 가르치는
자의 음성이요, 행함을 소중히 해야
한다 하여 부르짖는 그 가르침의 음성
을 듣지 아니하며,
14 계명을 지키는 것이 사는 길이며 내가
지금 내려보내는 이 법전을 읽고 깨우
치는 것만이 너희들이 그리도 갈구하
는 구원의 길이라 그리 말하거늘,
15 지금 불보다도 무서운 속도로 타들어
가며 너희들을 심판하는 이것을 너희
들과는 아무런 관계도 없는 것처럼 바
라보고 있음이니,
16 너희들이 강 건너 타는 불을 끄지 않
을 때 너희 재산과 재물을 다 태워 재
로써 쓸어 가듯이 그와 같은 형국이
머지않았음을 알아야 할 것이니라.
17 너희들이 나의 법전을 읽고 이를 보고
무서운 속도로 번져 가는, 만백성을
구하는 참진리의 이 뜻을 보지 아니하
고 이단이요, 사탄이라 그리 비방하다
너희들이 죽어 나에게 왔을 때,
18 바로 너희들은 강 건너 불이 너희 재
산을 다 태워 재로 만들듯이, 너희들
이 지옥 불로 가 통곡하고 후회함이
머지않았음을 알아야 할 것이니 그리
알라.
19 지금 나의 법전을 강 건너 타들어 가
는 불처럼 그리 보는 자, 너희들은 영
원히 깨우침을 얻을 수 없음이니라.
20 지금 내가 전하는 법전이 너희들을 구
원하는 길이며 너희들을 살리는 참진
리의 빛이라는 것을 깨닫지 못하는
자, 강 건너에 있는 그 불이 너희 재산
을 다 쓸어 간다는 것을 모르고 방심
하는 자와 같음이니,
21 그보다 천배 만배 더 우매하고 어리석
은 자가 나의 법전을 보지 아니하는
자임을 알아야 할 것이니라.

3,847 번째 하나님 말씀

2002년 11월 3일 07시 06분

1 사랑하는 나의 아들아!
2 "네, 아버님! 말씀하옵소서."
3 나의 피조물 만백성 너희들이 재물을
가지고 있는 그것도 나 여호와로부터
받은 축복이요, 영광이라 그리하며 내
가 너희들에게 내린 상이라 그리 말하
느니라.
4 그리고 너희들은 모두를 나를 위하여
나에게 오르고자 기도하며, 그리하여
너희들의 소원하는 것이 이루어졌으
며 재물의 역사가 이루어졌을 때, 이
는 나 여호와의 뜻이요, 나의 은총이
라 그리 말하느니라.
5 그렇다면 나의 은총이요, 나의 은혜로
써 너희들이 재물을 얻었으며 너희들
이 남들과 같이 부귀와 영화를 누리고
산다 하면, 너희들은 말은 그리하느니
라.
6 나로부터 그와 같이 축복을 받았으며

영광을 받아 오늘의 영화가 있다 하
면, 너희들은 나로부터 무상으로 받은
것이며 내가 너희들에게 무상으로 내
려 준 것이며, 그리하여 내가 너희들
에게 축복과 영화를 내려 주었음이니,
너희 말대로 내가 준 것이라 하자.
7 그러면 너희들은 무어라 하였느냐?
8 성서에 기록되어 내가 그를 쓰는 방법
을 어찌 가르쳤던가?
9 오른손이 하는 것을 왼손이 모르도록
남을 도와주며 어려운 자에게 베풀며
살라 내가 말하였음이니,
10 너희들이 받은 것은 나로부터 그냥 영
광이요, 은혜로써 받았다 그리 말하면
서 나로부터 받은 것을 너희가 쓰고
사용하는 것은 행하지 아니함이니,
11 그러하니 너희들이 행하지 아니하는
자, 나로부터 은혜와 축복을 받았다
그리 말하지 말라.
12 그와 같이 말하는 자, 나를 욕되게 하
는 자이니라.
13 너희들이 받은 것은 나의 은혜에 의해
서 받았으며, 나의 은혜에 의해서 무
상으로 받은 것을 가지고 내가 쓰라
하는 것은 쓰지 아니함이니,
14 이게 바로 행하지 아니하는 자는 구원
을 받을 수 없으며 행함이 없는 자는
나와 관계없는 것이니라.
15 그와 같은 마음을 가지고 사는 자, 이
세상 모두는 나의 뜻이요, 내가 주관
하여 이루어졌다 그와 같은 말을 하지
말라.
16 그 또한 나를 망령되게, 욕되게 하는
것이며, 나를 저주함이니라.
17 그보다 더 사악한 자가 없음을 알라.
18 너희들이 말로 그리하려거든 행동을
그리하며 그와 같은 삶을 살라.
19 이 세상의 모든 것이 다 나의 주관하
에 이루어졌으며 나의 뜻에 따라 이루
어졌다면, 한 권의 책도 소중한 것이
며 하나의 너희들의 작은 물건도 소중
한 것이니, 그것이 다 너희들의 것이
아니니라.
20 그러나 너희들은 너희에게 득이 되는
것이며 육의 삶에 보탬이 되는 것은
내가 내린 것이라 말하나, 그렇지 아
니한 것은 또 다 사탄이요, 이단이라
그리 말함이니,
21 어디 너희들은 한 입 가지고 두말하면
서도 하늘에 오를 수 있다 말을 하며
너희들이 가는 것이 진정한 믿음의 길
을 가는 것이라 말하는가?
22 너희들이 재물을 받아 부귀와 영화를
얻었으며 너희들의 소원이 이루어졌
다 하면 그 모두는 너희들이 어찌 써
야 하는지를 알 것이거늘,
23 그리 쓰지 아니하는 자, 나로부터 은
혜와 축복을 받았다는 그와 같은 말을
하지 말라.
24 너희들이 망령되게 나를 일컫는 것이
니라.
25 그리고 너희들에게 다시 한 번 내가
강조하거늘, 세상사의 모든 것은 나에
의하여 내 주관하에 이루어진다는 그
런 말을 하지 말라.
26 그 모두를 소중히 들여다보지 못하는
너희들이 같은 형제요, 같은 백성인
그들이 다른 길을 좀 간다 하여 그를
경원시하며 인간 이하로 대접하니,
27 내가 그리 생명을 주어 한 사람으로서

만들어 냈으니 그가 얼마나 소중한 생
명인데 그를 함부로 너희들이 평가하
며 그를 경원시하며 무시하는 그와 같
은 행동을 하는가?
28 너희들은 아름다운 음식을 먹고 아름
다운 것을 다 섭취하고 살면서, 입에
서 나오는 말은 사악한 말을 하고 사
는 그와 같은 자들이니라.
29 그와 같은 자들은 나에게 아무리 울부
짖어도 내가 강아지 짖는 소리만큼도
듣지 아니함이니, 너희들은 이를 알라.
30 너희들이 정녕 나로부터 은혜를 받았
다 하는 자는, 은혜를 받았으며 너희
들이 재물과 금화와 권력이요, 부귀영
화를 누리고 살거든, 내가 성서에 기
록하였듯이 남모르게 베풀고 나누어
주며 살고,
31 너희들이 먹고살 수 있는 그 기본 외
에 너희들이 가지고 있는 것은 너희들
이 나를 욕함이며 나를 망령되게 일컫
는 것이니,
32 이 이치를 너의 제자들에게 깨우쳐,
행동함에 있어서 바르게 살 수 있도록
그리하라.
33 그 기본도 지키지 못하는 자, 나와는
관계없는 백성이니, 그들이 하늘에 오
른다 하며 저희들은 나의 아들 예수의
보혈로써 구원을 받았으며 저희들이
천국의 자리에 와 있는 것처럼 그리
세상을 오염시키고 하늘나라까지 오
염시키지 말라.
34 그들의 울부짖는 소리가 천국까지 오
염을 시키고자 하는 그 망령된 행위를
하고 있는 것이 지금의 잘못된 믿음으
로 가는 백성이 하는 짓임을 알라.

3,848 번째 하나님 말씀

2002년 11월 3일 07시 16분

1 사랑하는 나의 아들아!
2 "네, 아버님! 말씀하옵소서."
3 내가 너희들에게 깨우쳐 이르기를, 사
탄이요, 마귀의 가지고 있는 능력만큼
인간 너희들도 똑같은 지혜와 능력을
주었다 내가 말하지 아니하였던가?
4 그리하여 그들과 싸워 너희들이 이겨
서 하늘에 오를 수 있는 것은 너희들
의 노력이고 인내임이니,
5 그리하여 그것을 똑같이 주었기에 공
의의 하나님이요, 창조주인 내가 한
행위라 너희들에게 말하였음이니라.
6 너희들은 너희 스스로 그와 같은 지혜
의 높음이 있으며 깨달음이 있으니,
사탄이나 마귀가 하늘의 뜻을 엿들어
그들이 가서 행하고자 하는 것은 내
뜻에 역행하듯이, 너희들이 또한 하늘
의 뜻을 잘 알고 있음이니라.
7 너희들은 지금 무어라 말하고 생각하
는가?
8 이제 말세라 말함이니라.
9 그와 같은 말의 뜻은 너희들이 하늘의
뜻을 알고 있음이니라.
10 너희들의 지금의 가는 형국이요, 지금
과 같은 삶의 방법으로써는 너희들은
도대체 인간 세상의 삶이 아니라 말하
고 있음이니,
11 너희들이 인간의 잔혹함에 고개를 흔
들며, 인간이 과연 저와 같은 방법으
로써 살아갈 수 있으며 저와 같은 행
위를 할 수 있을까 말함이니,
12 그게 바로 마귀요, 사탄이 하는 행위

를 너희들이 저지르고 있으며, 그를
보는 너희들은 인간은 도저히 그리할
수 없다 말하느니라.
13 그러나 그 마음이 또 너희 마음속 한
구석에 자리 잡고 있음을 너희들은 알
아야 할 것이니라.
14 그리하여 인간이 저와 같이 사악한 시
대가 되어 있음이니, 그리고 자식이
부모를 살해하며 자식과 부모 간에 언
쟁하는, 재물 앞에 그와 같은 험악한
형상의 마음을 가지고 인간이 살 수
있을까 생각할 것이니라.
15 그러니 이제는 말세요, 그 심판이 올
것이라 너희들은 생각하며, 그로 하여
금 너희들이 더 이상 이 세상은 존재
할 수 없으며, 존재 가치가 없으니,
16 불의 재앙이요, 물의 재앙으로써 다
쓸어버리고 하나님께서 원하는 그 순
수하고 아름다운 백성만 존재하는 그
와 같은 세상이 와야 될 것이라 너희
들 스스로 판단하며 점수를 매기고 있
음이니라.
17 하늘에서 내려보는 것같이 더 이상 볼
수 없는 형국이라는 것을 너희들이 지
상에서 알고 있음이니, 그 깨달음은
바로 하늘의 이치를 아는 너희들의 현
명함이니라.
18 지금 너희들이 그와 같이 더 이상 볼
수 없는 그 재앙의 시대로서, 내가 구
할 자와 구하지 않을 자를 구분하여
바른 세상이 하늘에서 이루어진 것같
이 이 지상에 낙원을 이루는 새로운
시대가 열려야 한다는 것을 너희들이
잘 알고 있음이니라.
19 그와 같은 이치를 알고 있는 너희들에
게 내가 깨우쳐 이르지 아니하였던가?
20 불의 재앙이요, 물의 재앙이요, 물리
적인 그 재앙은 없음이니,
21 내가 지금 나의 법전이요, 나의 성령
이요, 너희들이 말하는 창조주의 진리
의 말씀으로써 지금 심판하며 너희들
을 지금 구분하고 있음을 너희들은 모
르고 있음이니라.
22 바로 여기에 내가 제3의 시대에 새로
운 역사를 이루는 것이, 바로 너희들
이 말하는 심판이요, 재앙의 시대가
올 것이라 말하는 그것이 지금 내려왔
음을 너희들은 어찌하여 모르는가?
23 한 권에 288쪽씩 160권의 장서를, 나
여호와의 뜻이라 하여 그 많은 내용을
과연 전할 수 있는가?
24 이것이 불의 심판이요, 물의 심판이
요, 세상에 재앙의 심판보다도 더 무
서운 역사가 이루어짐을 너희들은 알
아야 할 것이니라.
25 바로 너희들이 재판하고 심판하였듯
이, 이 세상이 이대로 존재할 수 없으
며 이와 같이 간다는 것은 너무나도
험악하고 험악한 세상에 인간의 삶의
가치가 없으며, 사는 존재 가치가 없
으며,
26 내가 만든 이 아름다운 지상을 오염시
키고 사는 것이 너희들이 주범이라는
것을 너희들이 잘 알고 있어 그를 정
리해야 한다는 것을 알고 있음이니,
27 바로 내가 정리하기 위하여 제3의 시
대에 나의 뜻이요, 너희들이 말하는
창조주의 말씀이 세상에 내려가 너희
들을 구분하고 있음이니,
28 너희들은 버릴 자와 버리지 않을 자를

구분한다는 그 말을 간단히 듣지 말라.
29 이는 버릴 자는 지옥에 가 너희들이 상상할 수 없는 고통의 대가를 치를 것이며, 구원받는 자는 천국의 문에 들어설 수 있는 그 이치를 지금 내려 보냄이니,
30 이게 너희들이 불로써 재앙이요, 물로써 재앙이요, 세상이 뒤집히는 그 보이는 재앙보다도 더 무서운 역사가 이루어짐을 너희들은 알아야 할 것이니라.
31 부모가 자식을 가르치되 매로써 엄히 다루는 자가 있는가 하면 말로써 이해로써 다스리는 자가 있고, 이웃을 사랑하며 조직을 이끌어 가는 자, 강압이요, 무력으로써 이끌어 가는 자가 있는가 하면 유하고 부드러운 것으로써 이끌어 가는 자가 있음이니,
32 유하고 부드러운 것으로써 가르치고 깨우치는 그 지도자가 더 무섭고 위대함을 너희들은 잘 알고 있지 아니한가?
33 그와 같은 나 여호와의 역사가 이루어지고 있음을 이제 깨달아야 할 것이며 그를 볼 때가 되었음을 알라.

3,849 번째 하나님 말씀

2002년 11월 3일 11시 55분

(강론을 마치며)

1 사랑하는 나의 아들아!
2 "네, 아버님! 말씀하옵소서.|"
3 내가 너희들에게 말하기를 나의 참진리의 가르침은 끝이 없으며 너희들이 그 끝을 들을 수 있는 자는 아무도 없다 하였음이니라.
4 내가 너희들에게 가르치는 그 참진리의 가르침은 너희들이 죽을 때까지 나로부터 강론을 듣고 들어도 그 끝이 없다 하였거늘,
5 지금 수천 년 동안 흘러오는 세월 속에 너희들이 구약과 신약이라는 그 성서를 가지고 몇천 년 동안 나의 피조물 만백성을 이끌고 깨우쳐 하늘에 오르는 길이라 인도한다 가르쳤음이니라.
6 그러나 과연 그 속에서 너희들의 변화의 역사가 무엇이며 너희들이 얻어진 것이 과연 무엇이던가?
7 지금 나의 성전에서 내가 나의 아들을 통하여 160권의 대장서를 만들어 너희들에게 가르치고 전달하는 그 뜻은 너희들이 공부하는 그 시간마다 매일 매일 그 뜻을 너희들에게 가르쳐 주고 깨우쳐 줌이니,
8 과연 어떠한 것이 변하는 것이며 어떠한 것이 새 역사를 이루는 것이며 나의 뜻에 의하여 이루어진다 너희들은 생각하는가?
9 너희들은 이제 정녕 깨우칠 때가 되었음을 알아야 할 것이니라.
10 나의 법전 3부가 내려가 지금 너희들의 심판을 시작한다 하였음이니, 그 심판대에 서 있는 나의 피조물 만백성 그들이 나의 법전이요, 나의 뜻을 행하지 아니하고 살지 않는 자 구원할 수 없다 내가 너희들에게 그리 말하였음이니라.
11 그러나 또한 너희들은 이를 믿지 아니하려 함이니라.
12 감히 수천 년 동안 흘러 내려왔던 너

희들의 성서요, 지금의 너희들의 종교
집단이 가르치는 그 길만이 구원을 받
는 길이요, 그 길 외에는 아무것도 구
원받을 수 없는 것이요, 이단이요, 사
탄이라는 그 가르침이 너희들 머릿속
에 세뇌되어 있음이니,
13 나의 법전을 받아들이지도 아니하며
이해하려 하지도 아니하는 것이 너희
들이니라.
14 그러나 너희들은 여기서 깨우쳐야 할
것이니라.
15 너희들이 나의 법전이요, 십계명을 지
키고 살지 아니하면 정녕 구원을 받을
수 없음을 알아야 할 것이며,
16 너희들이 나의 성전에 와 공부하는 그
날짜와 시간마다 내가 나의 아들을 통
하여 새로운 성령으로써 너희를 일깨
워 주고 가르쳐 너희 귀를 트이게 하
며 눈을 보이게 하는 그 가르침의 역
사가 너희들이 변하여 새로운 시대에
이루어지는 역사를 창조하는 것이 아
닌가 너희들은 생각해 볼 여지가 있음
이니라.
17 정녕 구약과 신약의 너희들이 지금까
지 배워 온 그것을 가지고 너희들이
하늘에 오르는 길이요, 깨우친 것이며,
18 내가 제3의 시대에 역사를 이루는 그
곳에 그것이 부합된 것이 어디 있으
며, 그를 가지고 너희들이 내 뜻을 알
수 있겠는가?
19 너희들은 정녕 모름이니라.
20 너희들은 그를 가지고 몇천 년 동안
그리 가르치고 또 깨우쳐 왔음이니라.
21 이제 내가 구약과 신약의 성서를 덮으
며 내가 직접 나의 성령을 내려보내
너희들을 심판하며 너희들이 간단히
하늘에 오르는 그 이치를 가르쳐 준다
하였음이니라.
22 남들에게 가르침을 받는 것이 아니요,
스스로 나의 법전을 읽고 또 읽을 때
그 속에서 너희들이 깨달음을 얻게 되
며 나의 법전이 정녕 나의 뜻이라는
것을 아는 날이 있을 것이니라.
23 내가 나의 아들을 통하여 너희들에게
말하였음이니, 너희들이 나의 법전을
읽고 또 읽고 정독하는 그 속에 진정
한 참진리가 있으며 나를 볼 수 있으
며 너희들이 나의 음성을 듣게 됨이니
라.
24 그는 바로 나의 법전을 너희들이 진심
으로 이해하며 그 뜻을 알 때, 너희들
이 그 모두를 얻게 됨을 잊어서는 아
니 될 것이니라.
25 정녕 내가 너희들을 통하여 나의 법전
을 읽고 그대로 깨우쳐 행하지 않는
자 구원받을 수 없다 함을 너희들은
가슴 깊이 새기고 이를 잊어서는 아니
됨을 알아야 할 것이니라.
26 감히 나 여호와가 아니면 160권이라
는 이 장서의 가르침을 너희들에게 내
릴 수 없으며, 나의 아들이 죽어 갈 때
까지 너희들에게 그 아름다운 참진리
의 역사를 가르칠 수가 없음이니라.
27 너희들은 어찌하여 이 위대한 역사 앞
에 너희들 자신이 그리도 마음을 움츠
리며, 이것이 얼마나 소중한 것이며
이 대업이 얼마나 너희들에게 귀하며
여기에 동참한 너희들이 얼마나 축복
된 백성인지를 그리도 모르는가?
28 나의 아들이 나의 법전을 만들며 하루

도 나에게 경배를 드리지 아니한 날이
없으며 그가 십계명을 외우지 아니한
날이 없음이니라.
29 그가 수천 번의 십계명을 외우고 또
암송할 때 그 마음속에 그게 박혀 있
으며 그가 거기에 젖어 있음이니라.
30 너희들이 습관이라는 것을 버릴 수 없
듯이 그 습관 속에서 너희들이 행함이
있고 얻어짐이 있듯이,
31 나의 아들처럼 수천수만 번의 십계명
을 외우면서 그가 그 속에서 얻어진
진리가 얼마나 높은 경지에 와 있는지
너희들이 그것을 아는가?
32 그리하여 내가 너희들에게 십계명을
암송하라는 것이니라.
33 십계명을 암송하고 또 암송할 때, 너
희들은 거기에서 참진리의 위대함을
알게 될 것이니라.
34 그리하여 내가 너희들에게 명함이니,
너희들은 나의 법전을 읽고 정독하며
십계명을 항상 암송하면 그 속에 있는
뜻을 알게 될 것이니 그리 알라.
35 너희들이 하늘에 오르는 길이요, 나의
음성이요, 내가 존재함을 알 수 있는
길은 그것밖에 없음이니라.
36 내가 불로 쓴 십계명이니라.
37 이 십계명은 너희들이 구약과 신약을
변질시켜 잘못 가르치며 잘못 깨우치
는 그와 같은 역사가 이루어질 것을
내가 미리 알고 있었기에 내가 불로써
변질하지 못하도록 십계명을 써 내린
그 뜻이 여기 있음을, 너희들은 십계
명의 그 깊은 뜻을 하나 더 깨우쳐야
할 것이니 그리 알라.

3,850 번째 하나님 말씀

2002년 11월 3일 19시 41분

1 사랑하는 나의 아들아!
2 "네, 아버님! 말씀하옵소서."
3 너희들의 성서에 기록되어 가르치기
를 무어라 말하였느냐?
4 나의 아들 예수가 그 자신을 팔 자가
그들 제자 중에 있다 하였음이니, 그
가 누구인가를 나의 아들 예수는 가르
쳐 주었음이니라.
5 누가 저를 팔 것이라는 것을 그에게
가르쳐 주었으며 그 제자들에게 가르
쳐 주었음이니,
6 너희들은 성서에 있는 것을 그냥 그대
로 읽어 예수의 제자가 예수를 팔았으
며 그가 얼마의 금화와 은화를 받아
그를 넘겼으며 팔았다 그리 생각할 것
이니라.
7 그러나 나의 아들 예수가 '네가 나를
팔 것이라.' 그를 지칭하여 깨우쳐 준
것은 무엇을 의미하는가?
8 "네, 아버님! 저는 알고 있사옵나이
다."
9 무엇을 의미한다 생각하느냐?
10 "예수님께서는 그 제자를 사랑하기에
'네가 나를 적에게 팔 자라.' 하며 그
를 깨우쳐 준 것은 그가 그와 같은 행
위를 하지 말며, 그가 회개하고 반성
하여 그와 같은 일을 하지 않도록 그
에게 깨우쳐 주어 그를 구원하고자 한
것이 예수님의 뜻이고 생각이라 그리
생각되옵나이다."
11 그러니라.
12 많은 종교 지도자들이 너와 같이 그와

같은 입장을 당해 보지 아니하였으며,
네가 너의 제자들이 잘되고 잘못되는
것을 나로부터 알아 그를 깨우쳐 주고
전해 주는 그 뜻이 거기에 있음이니,
많은 종교 지도자들은 그 의미를 모르
고 있음이니라.
13 나의 아들 예수가 그를 팔 자가 누구
라는 것을 미리 알려 주고 가르쳐 준
것은 바로 그러하니라.
14 그가 저를 팔 것이며 그와 같이 사악
한 죄를 지을 것이니,
15 그가 어떠한 상황에서도 그와 같은 일
이 닥쳤을 때 하지 말며, 예수를 파는
자가 되지 말며 구원을 받을 수 있는
영광의 길을 갈 수 있도록 그를 사랑
하고 아끼기에 그에게 그 기회를 주었
으며 그를 깨우쳐 준 것이니라.
16 그러나 그는 그 사악한 행위를 했음이
니라.
17 그리 반성하며 깨우치지 못하였음이
니, 내가 너에게 가르쳐 준 것이 무어
라 말하였더냐?
18 지금 너를 찾아오는 한 남녀가 유다
요, 그와 같은 역사를 할 것이라 하였
으며 곧 사탄이라 하는 자가 오는 것
을 보여 주었음이니,
19 너 또한 그들에게 무어라 말하였느냐?
20 '너희 두 사람이 유다의 역할을 할 것
이니라.' 그리 네가 알려 준 그 심정이
무엇이던가?
21 "네, 아버님! 그들에게 하나님이 계심
을 믿으며, 그들이 그와 같은 마음으
로써 그 역사를 행하게 되어 있음이
니, 그와 같은 일을 하지 말며 그 죄를
짓지 말며 하나님께 기도하며 하나님
이 존재함을 믿으며 그 믿음 속에 모
든 생명을 바칠 수 있는 그와 같은 각
오로 유다와 같이 사악한 죄를 짓는
그 행위를 하지 말도록 그에게 기회를
준 것이며 그에게 귀띔해 주었던 것
이옵나이다."
22 내가 알려 준 그것을 너는 그에게 귀
띔해 주었음이니라, '그 길을 가지 말
라'.
23 그러나 그들은 어찌하였는가?
24 철저히 그와 같이 너를 배신하며 너를
팔고자 하는 그와 같은 행위를 하였음
이며 그들은 그리 갔느니라.
25 그때에 예수가 유다에게 그가 팔 수
있는 자라는 것을 알려 주었던 것은
바로 네가 그들에게 '너희들이 유다의
짓을 할 것이니, 너희들이 그와 같은
행위를 깨우쳐 구원을 받으라.' 하여
그들에게 깨우쳐 주었듯이 예수도 그
와 같은 마음에서 알려 준 것이니라.
26 그러니 많은 종교 지도자들에게 내가
누가 무엇을 할 것인가를 깨우쳐 주며
가르쳐 주지 아니하기에 그들은 바로
그와 같은 뜻을 알지 못하며 그와 같
은 나의 생각이요, 그 당시에 있었던
그 모든 정황을, 또 예수의 심정이요,
마음을 알 수가 없음이니라.
27 그러니 그들이 성서를 가지고 만백성
을 구한다 하나 속을 들여다보지 못하
고 겉만 그저 번지르르하니 그를 만져
보고 그를 보고 저희들 나름대로 평가
하는 그와 같은 믿음이기에 진정한 참
진리를 모른다 내가 너희들에게 그리
전하였음이니라.
28 사탄의 짓을 할 자를 네가 미리 가르

쳐 줌이니, 그는 내가 너에게 보여 줌
이며 깨우쳐 줌이니라.
29 그리하여 네가 그들을 바로 서게 하고
자 하여 그리 행하듯이 예수도 그리하
였음이니라.
30 너는 떠날 자와 내가 버릴 자를 미리
알고 있음이니, 그를 네가 그들에게
가르쳐 주는 것이 무엇이더냐?
31 '너희들은 떠날 자로 선택되며 그리
갈 수 있으며 너희들의 마음이 변할
것이니, 그 벽을 넘는, 그리고 하나님
께 기도하며 경배하며, 정녕 하나님이
계시며 이 법전이 하나님의 뜻이라 믿
고 너희들이 만백성을 구하는 데 앞장
을 서도록 하라.' 하는 그러한 기회를
주기 위해 그들에게 가르쳐 줌이니,
32 그를 그들이 받아 행하지 아니하며 그
길을 그대로 가는 것은 그들의 마음의
변화가 없으며, 네가 깨우쳐 주며 가
르쳐 줌을, 그것이 나의 뜻이요, 정녕
그들을 구원하고자 하여 그 역사의 비
밀 한 토막을 전해 주는 그 이치를 모
르기 때문이니,
33 그와 같은 것이 지금 나의 피조물 만
백성이 이루어지고 있는 일이니라.
34 너는 많은 자들에게 그를 가르쳐 줄
것이니라.
35 그러나 그들은 그 마음을 바로잡아 돌
아서기가 그리 쉽지 않음이니라.
36 그들이 목숨을 바치는 것보다도 더 어
렵고 힘든 인내를 했을 때 거기에서
벗어날 수 있으며 저희들이 영광이요,
축복의 길로 들어설 수 있음이니, 그
모두는 저 자신의 노력에 달렸음이니
라.
37 네가 알려 주는 그 안타까운 마음을
나는 알고 있으며, 네가 그들에게 그
를 깨우쳐 회개하며 깨우치는 사람이
되라 하는, 너의 제자들을 사랑하는
그 애절한 네 마음을 나는 아느니라.
38 그러나 구원을 받고 못 받는 그 모든
것은 그들 각자에게 달렸음이니 너는
너무 괴로워하지 말라.

3,851 번째 하나님 말씀

2002년 11월 3일 19시 53분

1 사랑하는 나의 아들아!
2 "네, 아버님! 말씀하옵소서."
3 너희들은 나의 아들 예수가 세상에 나
가 그 많은 기적을 이루었으며 그가
성령으로 세상에 태어났음이니,
4 그리하여 너희들에게 많은 가르침과
너희들이 지금까지 그리워하는, 그리
고 너희들이 그리 상상하는 그 모든
역사를 이루며 그와 같이 나의 피조물
만백성을 구하고자 하였음이니라.
5 그러나 그와 같이 기적으로써 너희들
에게 보여 주었으며 너희들을 일깨워
주었으며 너희들을 가르쳤던 그 결과
가 오늘에 무엇이 되었던가?
6 너희들은 하나의 성서를 놓고 수천수
만 가지로 갈라졌으며 그 수천수만 가
지로 갈라진 그 종파들이 지금 이 세
상을 덮고 있음이니,
7 너희들이 나의 아들을 그와 같이 세상
을 등지게 하였으며 그를 고통 속에
가게 하였을 때, 이는 하늘에 오르는
길을 위하여 그 이름 아래 너희들이
하나의 종파로서 하나의 뜻으로써 이

루어졌더라면,
8 내가 지금 제3의 시대에 역사를 이루
려 '하늘에 오르는 길'이요, 나의 성령
의 뜻을 책으로 만들어 너희들에게 전
하는 오늘의 이와 같은 역사는 없었을
것이니라.
9 너희들이 내가 가르치고 깨우쳐 너희
들을 구원하고자 하는 그 뜻과는 관계
없이 수천수만 개의 종파가 생겼으며,
10 그 각자 생긴 종파마다 너희들이 더
큰 성전, 더 아름다운 성전을 짓기 위
하여 그것에 연연하며 모두를 다 바침
이니,
11 그때서부터 너희들의 믿음이 잘못된
것이며, 그것은 정녕 나와는 관계없는
그와 같은 너희들 인간의 계획에 의하
여 그 역사가 지금까지 흘러오고 있음
을 알아야 할 것이니라.
12 너희들이 나의 사랑하는 백성들로부
터 재물을 거두어들여 제일 큰 성전이
요, 제일 아름다운 성전이요, 그를 짓
고 만들기 시작한 그때서부터 너희들
이 믿음과는 관계없이 사탄이요, 사악
한 길을 가기 시작한 것을 알아야 할
것이니라.
13 그게 바로 너희들이 나와 아무런 관계
가 없는 것임을 알아야 할 것이니라.
14 그리하여 너희들이 지금 수천, 수만,
수억의 종파로 갈라져 그 속에서 또
갈라져 가는 그와 같은 형국이 생김이
니, 세월이 흐르면 흐를수록 그 종파
의 숫자가 이루 말할 수 없음이니라.
15 너희들이 나의 아들 예수를 그리 죽게
하여 정녕 깨우침의 길이요, 하늘에
오르는 만백성을 인도하는 길이라면,
16 오늘 나의 아들에게 명하여 '하늘에
오르는 길'이라 하여 나의 법전을 기
록하여 너희들에게 전하듯이, 너희들
이 오로지 하늘에 오르는 그 한 길을
위하여 그와 같이 종파가 없이 만백성
을 깨우치고 전하여 왔더라면 오늘의
이와 같은 일은 없었을 것이니라.
17 그리하여 내가 세상에 내려와 내가 이
루고자 한 뜻을 나의 아들을 통하여
'하늘에 오르는 길'이요, 너희들을 심
판하는 법전을 만들어 지금 너희들에
게 전하고 있음이니,
18 그리하여 이를 접하지 아니하는 자,
구원할 수 없다 함이 여기에 있음을
너희들은 알아야 할 것이니라.
19 지금에 와서 종파가 없이 오로지 한
길이요, 그 길을 위하여 너희들이 믿
음을 가도록 그리 깨우치는 것이니라.
20 지금 나의 아들을 통하여 만백성을 구
하는 것은 너희들처럼 성전을 지어 집
단으로 모여서 깨우치고자 함이 아니
니라.
21 너희들 손으로 궁궐보다 더 아름답고
호화롭게 지은 그 성전에서 만백성을
너희들이 깨우친다면 과연 그곳에 몇
명이나 들어갈 수 있으며, 이 지구상
의 수십억 인구 중에 얼마나 많은 숫
자가 거기 들어가 너희들의 설교를 듣
고 강론을 듣고 깨우친다 생각하는가?
22 정녕 나의 복음은 말대로 복음이니라.
23 그저 입을 통하여 전하고 전해지며 너
희들이 깨우침으로써 전해 주면 되는
것이니라.
24 너희들이 지금 손으로 지은 성전에서
강론을 듣는 것만이 구원을 받는다 하

여 평생 너희들이 그곳에 모으고 또
모으며 그와 같은 역사의 흐름이 뿌리
깊이 내려져 있으니,
25 거기에서 너희들의 육신의 편안함이
요, 너희들이 군림하는 그것을 버리지
못하여 그것이 선망의 대상이 되어 지
금 종교 지도자라 하여 너희들이 강론
을 들으며 깨우쳐 지도자가 되고자 하
는 것이 아니던가?
26 너희들이 일개 직종의 직업인으로서
너희들이 가장 군림하기 좋으며 가장
좋은 직장이며 가장 편안한 직장이요,
직업이라는 그와 같은 의식 속에서 성
서를 공부하며,
27 너희들이 성서를 공부한다는 그 집단
의 학교에 다니며 그리하여 종교 지도
자로서 서고자 하는 것이 과연 너희들
의 본심이요, 본 마음이 아닌가 너희
스스로 한번 깨우쳐 봐야 할 것이니라.
28 너희들은 편안한 직업이요, 완전한 직
업이요, 제왕적인 직업이요, 한번 뿌
리를 잘 내리면 그 이상 부귀와 영화
가 없음이니, 그를 위하여 가는 길이
아닌가 생각해 봐야 할 것이니라.
29 너희들처럼 아름다운 성전을 지으며
그곳에 오는 자만이 구원을 받는다는
것이 아니니라.
30 지금 나의 아들이 만백성을 구하듯이,
그가 법전을 만들어 그저 세상에 전하
면 그를 보고 읽고 깨우쳐 구원을 받
도록 그리하는 것이며,
31 집단으로서 그들을 깨우쳐 교육하는
것이 과연 몇 명이나 할 수 있다 하는
가?
32 너희들이 그 이치부터 깨우친다면 정
녕 지금 너희들이 가고 있는 길이 잘
못 감을 알게 될 것이니라.

3,852 번째 하나님 말씀

2002년 11월 3일 20시 01분

1 사랑하는 나의 아들아!
2 "네, 아버님! 말씀하옵소서."
3 너희들이 지금 이 세상에 살아가는 그
형태와 작태가 과연 어떠하던가?
4 지금 나의 천사들이 세상에 내려가 너
희들을 바라보고 너희들과 더불어 산
다 하면,
5 너희들이 하는 말을 다 들을 수 없으
며 너희들이 하는 행위를 다 볼 수 없
음이니, 천사가 이 지상에서 살 수 없
으며 지탱할 수 없는 그와 같은 형국
이니라.
6 과연 너희들이 어찌 살아가는가, 그리
고 너희들이 어찌 변하였는가?
7 지금 나의 법전을 읽고 깨우친 나의
백성들이 앞으로 깨달음의 경지가 높
고 세월이 지남으로 인하여 그들은 세
상사에서 만백성과 적응하며 그들이
지키고 살아가기가 너무나 힘들고 어
려운 그 시점이 오게 되어 있음이니라.
8 너희들이 깨우쳐서 경지에 오른다는
것은 바로 너희들이 지금 사는 이 세
속에서 너희들이 들을 수 없으며 볼
수 없으며 그리하여 너희들이 서로 섞
여 살 수 없는 그와 같은 형국에 이르
게 됨이니,
9 그게 너희들이 천사와 같은 마음으로
변하는 것이니라.
10 그리하여 너희끼리 더불어 사는 소왕

국을 이루게 하며 그곳에서 너희들이 뿌리를 내리며 그와 같은 소왕국이 전 세계 각국에 온 지구의 인류 속에서 그리 조금씩 잠식하기 시작함이니라.

11 그리하여 너희끼리 협력하여 집단적으로 생활하는 그 속에서 천 년이라는 역사를 이룰 때,

12 서로가 서로를 알게 되며 서로 연관이 되어 너희들이 하나의 끈으로 엮어지는 그와 같은 변화가 이루어짐이니라.

13 너희들이 여기서 좀 더 경지가 높으며 깨달음이 높아질 때 너희들은 이 세상 속에서 살아갈 수 없음이니라.

14 너희들이 많은 백성들이 하는 소리를 들을 수 없으며 그들이 하는 행위를 볼 수 없음이니,

15 그 모두가 너희들의 마음이요, 가슴에 와 닿기에 너희들의 가슴이 너무나 저리고 아픈 그와 같은 형국이 되기 때문이니라.

16 그리고 세상살이는 너희들만 양보하며 너희들만 용서하며 일방적으로 살아갈 수가 없음이니라.

17 용서를 했을 때 용서를 받은 자가 그 감사함을 알며 그가 또한 남들을 용서할 수 있는 그와 같은 자들을 용서하고 살아가는 것이 하늘의 법도이니라.

18 너희들이 일방적으로 주는 것, 그저 내리는 것만이 사랑이라 생각하지 말라.

19 그것으로써 만백성을 깨우칠 수가 없음이니라.

20 받은 자가 감사함을 알며 그가 또 그리 베풀 수 있는 그와 같은 인간의 마음 자세가 아니면 그를 이룰 수 없음이니라.

21 지금 너희들이 수천 년 동안에 흘러오며, 나의 피조물 만백성을 하늘로 오르게 깨우친다는 종교 지도자들이 수천 년이 흘러왔음이니,

22 너희들이 수천 년 동안 천사와 같이 변했으며 나 여호와의 심성과 같이 변했다 하면 너희들의 소왕국이 이루어져 너희들만의 집단의 나라가 이루어졌을 것이니라.

23 너희들이 개인적으로는 수십 년 동안 믿음이라는 길을 가 모두를 다 바치며 울부짖어도 너희들이 이 세상에 견디기 어려우며 이 세상에 존재하기 어려운 그와 같은 마음이나 정신적인 고통 없이 잘도 살아가고 있음이니,

24 그것은 다른 인간들과 너희들이 인간 세속에서 차별화됨이 없으며 깨달음이 없는 것이니라.

25 지금의 종교 지도자요, 그 지도자 밑에 수십 년 동안 평생을 다 바쳐 하늘에 오르고자, 선한 일을 행하고자, 사랑을 베풀고자 배우고 깨우친 너희들이 하나도 깨달음이 없으며 변화됨이 없는 증거이니라.

26 나의 법전을 읽고 공부하는 나의 아들의 제자들은 1년이요, 2년이 안 되어 그들이 지금 세상사를 보는 것이 가슴 아파하며 그들이 설 자리가 없는 것을 알며 그들이 어찌 행하여야 할지 몸부림을 치고 있음이니라.

27 너희들이 그 아름다운 음식을 취하고 입에서 나오는 소리는 정녕 귀를 열어 들을 수가 없으며 욕심 찬 그 행동은 눈으로 볼 수 없음이니,

28 1년이요, 2년이 된 나의 법전을 읽고
깨우친 백성이 그리 변하였으니, 이들
이 10년, 20년, 평생 나의 법전을 읽고
깨우치고 공부했을 때, 과연 몇천 년
동안 흘러온 백성 너희들과 누가 더
깨달음이 높을 것인가,
29 그리고 이 세상을 누가 정화할 수 있
으며 누구로 하여금 이 세상에 아름다
운 천국을 이룰 수 있는 백성인가?
30 그 이룰 수 있는 백성이 나에게 선택
된 백성이라는 것을 너희들은 알게 될
것이니라.
31 이와 같이 내가 하나하나 너희들에게
가르쳐 주며 하늘의 뜻을 손으로 쥐여
주거늘, 그래도 너희들이 모른다면 이
는 너희들이 어쩔 수 없는 운명임을
알라.

3,853 번째 하나님 말씀

2002년 11월 4일 06시 58분

1 사랑하는 나의 아들아!
2 "네, 아버님! 말씀하옵소서."
3 너희들이 천릿길을 달려갈 수 있는 자
나오라 말하면 수많은 사람들이 그 천
릿길을 달려간다 말할 것이니라.
4 천릿길을 달려가 완주하는 사람에게
내가 큰상을 내린다 하였을 때, 너희
들 인간 세속에서 상을 내린다 할 때,
5 거기에 동참하여 그 천릿길을 달리겠
다 하는 자 수없이 모여들 것이며 인
산인해를 이룰 것이니라.
6 그러나 과연 천릿길을 끝까지 달려갈
수 있는 사람은 거기에 몇 명이나 있
겠는가?
7 그저 한두 명 있다 하면 다행이지만
인간의 힘으로써 과연 그걸 이루겠는
가?
8 너희들이 말하는 마라톤이라 하는 그
백릿길을 달리는 것 또한 그것을 완주
하는 자에게 상을 준다 할 때, 수많은
인파가 모여들 것이니라.
9 그러나 그것을 완주하는 자 과연 얼마
나 되며 정해진 시간 속에 또 그를 완
주하는 자 얼마나 있겠는가?
10 너희들이 구원을 받으러 가는 자, 받
으려 하는 자 다 그러하니라.
11 이 세상 나의 피조물 만백성이 구원을
받겠다고 대드나, 그들이 정해진 시간
에 정해진 그 거리를 달려가 완주할
수 없듯이
12 그들이 스스로 중간에 무너지며 또한
포기하며 스스로 자기 자신을 버리는
그와 같은 것이 너희들이 가진 마음이
니,
13 처음에 출발하는 그 의욕이요, 욕심은
하늘을 찌르나, 그 목적을 이루는 자,
결과를 이루는 자는 얼마 되지 아니함
이니,
14 나의 성전에 와 나의 강론을 들으며
나의 법전을 읽고 공부하고 깨우치는
너의 제자들 또한 그들이 지금은 너와
더불어 끝까지 갈 수 있다며 열과 성
의를 다하여 두 주먹 불끈 쥐고 너를
따르나, 그들 또한 따를 수 없는 것이
니라.
15 그들도 도태하고 또 떨어지고 물러나
며, 너와 더불어 갈 수 있는 사람이 과
연 나의 백성 중에 몇 명이나 있을 것
인가?

16 너는 그를 알지 못할 것이니라.
17 그러나 나는 너의 제자들을 알고 있으
며 그 백성을 알고 있음이니라.
18 나의 성전에 와 너희들이 조금 깨우쳐
깨달음을 얻고 간 그것도 만백성과 차
별화될 것이니,
19 너는 끝까지 가지 못하는 그 백성에
대하여 가슴 아프게 생각하지 말며 그
로 하여금 네 마음에 동요요, 파장을
이루지 말라.
20 너희들이 인간 세상에 살아가면서 서
로 얽히고설킨 그 삶에서 영원한 너희
편도 없으며 영원한 적도 없다는 것이
너희들의 인간사에 살아가면서 하는
말이 아니더냐?
21 언제든 아군이 적군이 되며 적군이 아
군이 되는 그와 같은 변화무쌍한 것이
인간 세상의 삶이니,
22 천릿길을 달려가는 것보다도 더 어렵
고 힘든 그 믿음의 길을 가는 것은 아
무나 갈 수 없음이니라.
23 그리하여 내가 마지막 160권의 법전
을 기록하여 160권의 대장정의 역사
가 이루어질 때, 그곳에 기록되는 자
가 영원히 구원의 길에 오를 수 있는
백성이라 내가 너희들에게 이미 말하
였음이니, 그를 너는 잊지 말라.
24 나의 법전은 너희들이 말하는 것처럼
집단의 소속으로써 얽매여 얽히고설
켜 그들을 끌어모으며 그들 대중의 힘
을 이용하여 무엇인가를 이루고자 하
는 것도 아니며, 대중적인 그 많은 백
성으로부터 금화와 은화를 거둬들여
성전을 짓고 역사하는 것도 아니요,
25 오로지 너희들은 그저 나의 법전을 전
하면 그것으로 끝나는 것이며, 그를
읽고 그 자리에서 깨우치는 것은 그
백성이 해야 할 일이니라.
26 그러니 너희들은 지금의 종파처럼 성
전을 지어 그곳에 만백성이 와 기도하
고 경배하는 자 구원받는다는 그 역사
를 할 필요도 없으며 그와 같은 방법
으로 이끌어 갈 필요도 없음이니라.
27 그저 나의 법전을 전하는 것뿐이니라.
28 나의 법전을 전할 수 있는 것은 내가
역사하여 너희에게 이루어질 것이며,
29 너희들은 집단을 이루기 전에 각자가
나의 법전을 손에 들고 깨우치는, 내
가 만든 이 성전에서 대중적으로 깨우
치는 그 역사를 이루고자 하는 것이
나의 뜻이며 그 길만이 만백성을 구하
는 길임이니,
30 너는 여기서 그를 깨우쳐 너의 제자들
을 그와 같은 방법으로써 너희들 마음
자세와 너희들이 나의 법전을 전하는
그 역사의 계획을 확실히 알고 가야
할 것이니 그리 알라.

3,854 번째 하나님 말씀

2002년 11월 4일 15시 03분

1 사랑하는 나의 아들아!
2 "네, 아버님! 말씀하옵소서."
3 너희들이 지금 생각하기에는 구약의
시대요, 나의 아들 예수가 세상에 나
가 너희 만백성에게 나의 성령을 전하
며 너희들을 일깨우고자 하였으며 그
가 많은 기적을 이루었으며 그 역사
속에서 너희들은 그 신비 속이요, 그
는 모든 것을 얻지 못할 것이 없으며

이루지 못할 것이 없는 것같이 그리
생각할 것이니라.
4 그러나 너희들은 그리 봐서는 아니 될
것이니라.
5 지금 나의 아들 네가 나의 성령을 받
아 '하늘에 오르는 길'이요, 만백성을
구하는 제3의 시대에 나의 성령을 책
으로 만들어 세상에 전함이니,
6 이것을 지금의 구원의 길이요, 하늘에
오르는 나의 백성을 인도한다는 그들
이 지금 어찌하는가?
7 이단이요, 사탄이라 그리 핍박하며 너
희들을 욕하고 있음이니라.
8 그들은 너희들을 만나기를 두려워하
며, 내가 5달란트의 역사를 이루어 너
희들에게 사업을 하도록 하였음이니,
그 사업장 또한 그들이 어찌하는가?
9 이단시하며, 사탄이요, 사악한 자가
운영하는 곳이니 그곳에 가면 저희들
이 지옥으로 가며 벌을 받는다 그리
종교 지도자들이 가르쳐 그들이 또한
거기에 발길을 끊음이니,
10 이것이 지금 너희들이 당하고 있는 일
이며 너희들이 처해 있는 실정이니라.
11 그렇다 하면 예수의 시대는 과연 어떠
했겠는가?
12 그 예수는 가정이 있었는가, 예수를
따르는 제자들이 지금 너의 제자들처
럼 가정에서 생활했으며 가정을 돌보
며 살았는가?
13 혈혈단신 저희들은 예수를 따랐음이
니라.
14 그리고 그들이 그 길을 따름에 있어서
얼마나 고통스럽고 힘들고 험난한 길
을 갔는가?
15 그 시대의 상황을 돌아다볼 줄 아는
너희들이 되어야만 오늘의 너희들이
얼마나 축복받은 자들인가를 알게 될
것이니라.
16 그 당시에도 종파들이 너무나 그들을
핍박하였으며, 그들이 저희 집 가정을
방문하는 것을 반대했으며, 그들과 더
불어 식사하는 것을 반대했으며, 그들
에게 강론을 듣는 것을 반대했으며,
그 모두가 이단이요, 사탄이라 그리
그들을 핍박하였음이니라.
17 나의 아들 예수를 가장 큰 사탄이요,
왕사탄이라 그리 말하였음이니, 그 당
시의 그 제자들이 얼마나 힘들고 어려
운 고통의 길을 갔겠는가?
18 나의 아들 예수가 기적을 이루니, 그
가 재물을 받아들이며 금화와 은화를
그리 거두어들였던가?
19 그리고 있는 자, 능력 있는 자를 그와
같이 치료해 주고 고쳐 주며 기적의
역사를 이루어 그들로부터 대우를 받
았던가?
20 그 제자들이요, 나의 아들 예수는 유
할 데가 없었으며, 침식할 데가 없었
으며, 한 끼의 끼니를 때우기도 어렵
고 힘든 생활 속에서 얼마나 핍박과
고통 속에서 살아갔는가?
21 그들의 그 정황을 너희들만큼은 생각
해야 할 것이니라.
22 지금 많은 종파요, 수천 년이 흐르는
동안 종교 지도자들이 그 당시 예수와
그 제자들이 겪었던 고통과 어려운 시
련이라는 것은 생각하지도 못하며 돌
아다보지도 아니하느니라.
23 그저 죽은 자를 살렸으며 앉은뱅이를

일으켜 세웠으며 눈먼 자를 눈 뜨게
했다는 그 몇 번의 역사를 위하여 그
역사의 기적만을 가지고 지금 너희는
그들이 별천지의 세상에 이루어지지
않는 것이 없는 것처럼,
24 그리고 풍족한 생활이요, 편안한 삶을
살며 전파했으리라 그리 생각하고 있
음이니, 그것이 너희들의 오판임이니
라.
25 지금보다도 더 강한 종파들이 그들을
얼마나 핍박하였으며, 그들을 얼마나
고통 속에 몰았으며, 그들에게 얼마나
시련을 주었는가?
26 그리고 나의 아들 예수가 얼마나 고통
의 세월 속에서 살았는가?
27 단 하루요, 며칠의 고통을 겪는 것이
아니라 몇 년 동안을 그들이 살아가면
서 그 생활 속에서 얼마나 힘들고 어
려운 그 믿음의 길을 갔는가?
28 지금 너의 제자들은 가정이 있으며 가
족이 있으며 너희들이 하는 일이 있으
며, 너희들이 유랑하는 것도 아니며,
한 곳에서 나의 아들을 통하여 내가
내리는 나의 성령이요, 나의 가르침을
듣고 나의 법전을 보고 접하는 것이니,
29 너희들이 얼마나 그 당시 예수를 따랐
던 그 제자들보다도 영광되고 축복된
속에서 가는가?
30 너희들은 예수가 이루었던 그 기적의
환상의 세계를 보는 것이 아니요, 그
들이 그 핍박 속에서 견뎠던 것이며
역사하고 따랐던 그 모습을 상상하고
기억하여야 할 것이니라.
31 오죽하면 그와 같은 역사를 이루는 곳
에 예수를 따르는 제자가 없었으며 얼
마나 그 시대가 그들을 핍박하며 그들
을 못살게 했으면 그를 따르는 제자가
없었으며,
32 또한 그 많은 사람 중에서 제자라 명
하여 다스릴 자가 없었음이니 얼마나
그들이 고통과 시련 속에서 살아왔으
며,
33 그 생활 속에서 장렬히 죽음의 길을
택했던 나의 아들 예수의 그 아픈 마
음을 너희들이 알아야 할 것이니라.
34 그가 핍박받으며 고통받으며 시련받
는 그것이 차라리 죽느니만 못하다는
생각을 예수가 했다 하면,
35 너희들은 과연 그 불쌍하고 가련한 나
의 아들에 대한 것을 잠시나마 생각해
보았는가?
36 그러한 이면의 고통을 너희들은 알아
야 할 것이니라.
37 사랑하는 나의 아들아!
38 너의 오늘의 고통과 시련을 네가 괴로
워하지 말며, 너의 제자들 또한 그 제
자들보다 열배 백배 나음이니 오늘의
그 시련을 고통이라 생각지 말라 그리
전하라.
39 정녕 너희들은 고통이 아니요, 나에게
선택된 백성이요, 축복과 영광 속에서
그 당시의 그 제자들보다 지금 얼마나
윤택한 생활 속에서 살아가는가?
40 그 감사함을 너희들은 알아야 할 것이
니라.
41 수십억 종파의 지도자요, 그 속에서
배워 구원을 받는다는 신도라 하는 자
들이, 그와 같은 정황의 아프고 슬프
고 괴로웠던 그것마저도 생각하지 못
하는 자들이 무엇을 깨닫겠는가?

42 이것이 나 여호와가 너희들에게 명하
는 하늘의 뜻임을 알라.

3,855 번째 하나님 말씀

2002년 11월 4일 15시 07분

1 사랑하는 나의 아들아!
2 "네, 아버님! 말씀하옵소서."
3 나로부터 선택된 백성이요, 나로부터
선택된 지도자는 엄연히 차별화가 있
음을 알아야 할 것이니라.
4 나로부터 선택된 백성 너희들은 너희
들이 해야 할 일과 너희들이 역사할
것과 만백성이 너희에게 질문할 때 답
할 수 있는 그 모두를, 내가 성령으로
써 그때그때 필요한 답을 너희들에게
내려 줌이니, 이것이 나로부터 선택된
백성이요, 선택된 지도자의 차별화이
니라.
5 수천 년 동안 만백성을 구한다며 하늘
에 오르는 길이라 나의 백성을 가르치
며 그들로 하여금 하늘에 재물을 쌓아
놓는 그 재물의 양만큼 축복을 받는다
그리 가르치는 자, 과연 너희들이 나
의 성령으로써 해답을 듣고 가르침을
듣는가?
6 너희들은 너희 제자들을 가르치면서
그들의 질문을 듣지 아니하며, 그들이
의혹하는 것을 대답해 주지 아니하며,
그들이 묻고자 하는 것을 대답하지 아
니함이니라.
7 이는 곧 무엇이더냐?
8 너희들은 그들이 묻는 진정한 성서요,
하늘에 오르는 깨달음이요, 가르침을
모르기 때문이니라.
9 '그저 그대로 믿고 따라오면 되는 것
이며, 물을 필요도 없으며, 성서는 한
자도 고치거나 빼도 더해도 아니 됨이
니, 내가 가르치는 대로 듣고 느끼는
대로 그대로 오면 된다.' 그리 말함이
니라.
10 그리하여 나에게 선택된 자들이 아니
며 나와 관계없는 자들이 지금 나의
피조물 만백성을 우롱하며 지옥으로
이끌어 가는 그 형국이 벌어져 있음을
알라.
11 나의 제자요, 나로부터 선택된 백성이
요, 선택된 지도자라는 것은 누가 무
엇을 묻고 어떠한 질문을 하더라도 그
대답을 할 수 있는 모든 성령의 답을
내가 그때그때 그에게 내려 줌이니,
12 너희 제자들도 또한 그와 같이 앞으로
받게 됨을 알아야 할 것이니라.
13 그것이 차별화된 나의 백성이며 선택
된 백성이니라.
14 그리하여 너희들은 가르치되, 답을 모
르며 잘못 이해했을 때 선생이 제자에
게 그를 다시 반복하여 가르치듯이,
그들에게 질문하고 또 질문하여 토론
하며 그리하여 깨우쳐 가는 것이 너희
들의 인간 세상에서 스승이 제자를 가
르치는 방법이거늘,
15 어찌하여 유독 너희 종교 집단만이 의
혹하는 것을 묻는 것이 없으며 물을
수가 없으며 대답해 주지 아니하며 대
답할 수 없는 것인가?
16 이것이 너희들의 지금의 종교 집단이
가고 있는 형국이니, 인간 세상에 가
르치는 자와 배우는 자의 그 관계만도
못한 것이 하늘에 오르는 나의 지도자

라 그리 너희들이 지금 하고 있음이니,
17 그 죄를 너희들이 죽어 와 나에게 받을 때 얼마나 무서운 것인가를 알게 될 것이니라.
18 선생과 제자 사이의 인간 세상에서도 모르는 것은 제자가 손을 들어 물어보며, 아는 선생은 성의를 다하여 그에게 가르쳐 주며 답을 줌이니라.
19 그가 정녕 그 답을 할 수 없을 때는 공부하고 연구하여 그 답을 또 깨우쳐 가르쳐 주는 것이 너희들의 인간관계이거늘,
20 하늘에 오르는 길이요, 천국의 문을 들어오는 길을 가겠다는 백성이 의문 나고 모르는 것을 물을 때 대답해 주지 아니하며, 물어서는 안 되며, 물어서 알 필요도 없으며,
21 그저 저희들이 지껄이고 설교하는 대로 저희들의 교리대로 따라만 오면 된다 그리 무지몽매하게 가르치는 그와 같은 자들이 얼마나 무식한 자이며 사악한 자인가?
22 그들은 나로부터 선택된 백성이 아님이니라.
23 너의 제자들이 공부한 기간이 짧다 하여도 이제는 나로부터 선택된 너의 제자들에게 그 누가 물어도 성령으로 대답할 수 있는 능력과 역사를 내가 내릴 것이니, 너희들이 그 두려움을 알라.
24 그리고 그들과 너희들과의 차별화됨이며, 제자 너희들은 바로 선택된 백성이기 때문에 성령으로써 대답할 수 있는 능력을 내가 너희에게만 명하여 줌이니 그리 알라, 사랑하는 나의 아들아!

3,856 번째 하나님 말씀

2002년 11월 4일 15시 11분

1 사랑하는 나의 아들아!
2 "네, 아버님! 말씀하옵소서."
3 어찌하여 너는 그리도 서두르는가?
4 아무리 급해도 너희들이 바늘 허리에 실을 매어서 옷을 꿰맬 수 없으며 그 바늘의 기능을 할 수 없다는 그 위대한 가르침이요, 그 진리를, 어찌하여 너는 그를 저버리고 사는가?
5 사랑하는 나의 아들아, 서두르지 말라.
6 그리고 서두르면 아니 됨이니라.
7 너희들이 서두르면 그 냉수라는 것도 마시다가 목에 걸려 병이 됨이니, 너는 서둘러서는 아니 됨이며, 너의 제자들 또한 서두르지 말라 그리 이르라.
8 어찌하여 너희들이 그리도 서두르고 조바심하는가?
9 지금 너희들이 갖추어진 것이 무엇이며 이루어진 것이 무엇이 있느냐?
10 2천 년 역사 동안에 수천, 수억의 나의 백성이 하늘에 오르는 길이라 하여 그들이 밟고 와 죽어 갔으며 그 후손들이 또 그 대를 이으며 그 종교 지도자들이 저희들이 최고요, 저희들만이 구원을 받을 수 있는 자들이며 제 앞에 와 설교 들으며 저의 강론을 듣는 자만이 구원을 받는다 그리 저들이 와서 단정했으며,
11 어떠한 것도 그보다 더 단단한 것은 세상에 없을 것이니라.
12 그와 같이 굳어진 그들을 너희들이 하

루 이틀에 무너트리려 하지 말라.
13 내가 너희들에게 성령을 내려 세상의
이치를 깨우치며 너희들이 나의 성전
에 와 나의 성령을 들으며 나의 법전
을 읽고 깨우쳐 공부한 역사가 얼마나
되는가?
14 너희들이 남들에게 아직은 대답할 자
격이 없으며, 너희들이 아직 그리 깨
우침이 없으며, 아직 내가 너희들에게
그 지혜의 성령을 내려 주지 아니하였
음이니, 너희들은 서두르지 말라.
15 모두는 나의 뜻에 의하여 이루어질 것
이며, 이 세상의 모두는 나의 법전이
승자가 될 것이며, 이 세상을 다 덮을
날이 머지않았음이니라.
16 2천 년의 역사가 흘러온 그 세월 속에
너희들이 나의 성령을 받으며 나의 법
전을 듣고 공부하고 깨우친 그 기간과
세월이 과연 얼마나 된다고 생각하는
가?
17 서두르지 말라, 사랑하는 나의 아들아!
18 모두는 나의 계획이요, 주관하에 이루
어짐이니라.
19 네 앞에 왔다 떠날 자 떠나갈 것이며,
20 남을 자 남아야 할 것이며, 남는 자 시
련과 고통을 겪고 인내하는 그 속에서
그가 존재할 수 있는 것이니라.
21 내가 너희들에게 어렵고 힘든 길을 가
라 가르치는 것은 바로 무엇이던가?
22 그를 인내하고 견디고 그 고통스러움
을 이기는 자만이 구원을 받을 수 있
기에 너희들에게 그와 같이 시련을 줌
이니,
23 그 시련을 견디고 이긴 자, 영원히 나
의 나라요, 천국의 문을 들어설 것이
며 나의 아들 너와 같이 새로운 역사
를 이루는 그 반석 위에 설 것이며 그
이름이 자손 대대 영원히 기록될 자들
이니,
24 서두르지 말며 서둘러 고르려 하지 말
라.
25 오늘의 너의 제자들이요, 또 앞으로
오는 그 제자들 속에서 선택된 자와
선택되지 아니한 자가 구분되어 있을
것이니,
26 너는 아직 모를 것이니라.
27 세월 속에서 모두가 다 이루어짐이니,
서두르지 말며, 서둘러 무엇을 이루려
하지 말라, 사랑하는 나의 아들아!
28 서서히 가라.
29 기도하고 경배하며 너는 오로지 거기
에만 전념하라.
30 나 여호와가 이루는 그 모든 길이 있
음을 알아야 할 것이니라.
31 너희들이 서두르고 조바심한다 하여
이루어지는 것이 없으며, 너희들이 불
안해한다 하여 무엇이 이루어짐이 없
음이니라.
32 오로지 나의 뜻이요, 나의 계획에 의
하여 진행됨을, 이를 믿고 그대로 견
디고 순응해 나가라.
33 그것만이 너희들이 모두를 다 얻을 수
있는 길임을 잊지 말라.

3,857 번째 하나님 말씀

2002년 11월 4일 15시 16분

1 사랑하는 나의 아들아!
2 몇천 년 흘러오는 그 세월 속에 오로
지 구약과 신약은 한 자를 더하고 뺄

수도 없으며 그를 가지고 공부하여 깨
우쳐 하늘에 오른다 하는 자들의 지금
의 삶이 어떠하던가?
3 그러나 내가 존재함을 알며, 하늘에
내가 있으며 너희들이 죽어 와 나로부
터 심판을 받는다, 그리고 나로부터
구원을 받는 자만이 천국의 문에 들어
설 수 있다는 그것을 알고 깨우쳐 살
아가는 자, 너희들이 그와 같이 내가
존재함을 알면서도 죄를 지으며 나의
뜻에 순응하지 아니하며 내 뜻대로 살
지 않는 그 죄가 얼마나 무서운지 알
겠는가?
4 내가 존재함을 의식하지 아니하며 내
가 존재함을 모르며 천국의 문이 있는
것을 모르며 구원의 뜻을 모르며 살아
가는 백성이 선하고 착하고 아름답게
살아갈 때,
5 나를 알면서 죄를 짓는 자, 행하지 않
는 자보다 내가 그들을 더 사랑하며
그들을 더 소중하게 생각하며 그들을
내가 더 기억하고 있다는 사실을 너희
들은 알아야 할 것이니라.
6 이제 나의 법전을 접하고 깨우친 너의
제자들에게 일러 줄 것이니라.
7 너희들이 수천 년 동안 잘못 가는 그
믿음 속에 그래도 나 여호와는 존재하
며 하늘에 심판이 있으며 내가 있다
생각하고 살아온 자들이 믿지 아니하
며 모르는 자들만큼 선하지 아니하고
악행을 하며 순응하지 아니하고 살았
을 때, 그 죄가 더 크고 가중하다 내가
그리하였음이니,
8 나의 성령을 직접 들으며 나의 법전을
직접 보고 깨우치며 하늘에 오르는 길
이요, 나의 이 책을 읽어 깨우치며 나
의 아들을 통하여 내리는 나의 참진리
를 수없이 듣는 너희들이 잘못 가며,
깨우쳐 진정한 변하는 길이 아니요,
나의 법전대로 살아가지 아니할 때,
9 너희들은 잘못 가는 종교 지도자보다
도 백배 천배 더 무서운 벌을 받음을
이제 알아야 함을 알라.
10 정녕 나의 법전을 읽고 깨우쳐 공부하
며 진리의 참뜻을 아는 너희들이 그
길을 가지 못할 때, 이 세상 어떠한 백
성보다도 너희들이 더 무섭고 가중한
벌을 나로부터 받는다는 것을 잊지 말
라.
11 이제 너희들은 나의 법전대로 살아가
는 길밖에 없으며 나의 계명대로 살아
가는 길밖에 없음이니라.
12 너희들이 나의 성전을 등지고 돌아간
자, 그 죄가 얼마나 무서운가를 알 것
이며, 이것이 참진리요, 나 여호와의
말이요, 나의 뜻이라 너희들이 아는
것은 이 세상의 누구보다도 나로부터
선택된 백성이요, 축복받은 백성이며
내가 너희들을 사랑하거늘,
13 나의 뜻을 거역하며 나의 이 진리를
거역하고 따르지 아니한 죄, 얼마나
그 대가가 혹독하며 나 여호와가 너희
들을 무섭게 다스리는지 알아 너희들
이 이제 행하여야 할 때임을 알라.
14 내가 이제 하늘의 뜻이요, 나의 마음
을 너희들에게 전함이니, 나의 법전을
읽고 나의 아들로부터 강론을 듣는 선
택된 백성 너희들은 이제 목숨을 다하
여 나의 법전의 뜻대로 착하고 선하게
살아가는 길밖에 없으며, 내가 지키라

는 그 십계명을 지키고 살아가는 것만
이 구원의 길임이니,
15 내가 너희들을 구원하고자 함이며, 너
희들을 버릴 수 없으나, 너희들이 잘
못 가 내가 선택한 백성 너희들을 버
릴 때 나 여호와 어버이의 마음이 얼
마나 아픈 것인가를 알아야 할 것이니,
16 나에게 선택된 너희들만큼은 바로 깨
우쳐 하늘에 오르기를 바랐거늘, 너희
들이 나의 뜻에 순응하지 아니하며 순
종하지 아니하며 거역하여 내가 너희
들의 손을 놓아 나 여호와의 마음을
아프게 한 만큼 그 죄가 무서움을 알
아야 할 것이니라.
17 너희들이 나를 배반하는 죄가 가장 큰
죄이니라.
18 나를 모르는 자가 배신했을 때는 10
을 받으며,
19 잘못 가는 종교 지도자들 속에서 금화
와 은화를 바쳐 구원을 받는다 말하는
자가 잘못했을 때는 30을 받으며,
20 나의 법전을 읽고 나의 아들로부터 직
접 나의 강론을 들은 너희들이 잘못했
을 때 100이라는 벌을 받음을 잊지 말
라.

3,858 번째 하나님 말씀

2002년 11월 4일 15시 34분

1 사랑하는 나의 아들아!
2 "네, 아버님! 말씀하옵소서."
3 구약 시대의 역사는 무엇이었던가?
4 내가 너희들을 위하여 준비된 그 하늘
과 같은 지상의 낙원을 너희에게 물려
주고자 하였음이니, 그것이 내가 구약
시대에 너희에게 명했던 역사이니라.
5 또한 신약의 시대는 어떠했던가?
6 너희들에게 내가 준비된 그 하늘과 같
은 이 지상의 낙원을 만들어 너희들을
위해 그리 물려주고자 하였음이니라.
7 그러나 너희들은 그를 받지 못하였으
며, 그를 받지 못하였기에 너희들이
나의 뜻에 순종하지 아니하며 나의 뜻
대로 행하지 아니하여 그를 받을 자격
을 상실하였으며, 받을 수 없어 지금
의 역사가 흘렀으며,
8 이제 마지막 제3의 시대라 하여 내가
오늘의 이와 같은 준비를 하지도 아니
하였을 것이며,
9 너희들이 일찍이 받아 그와 같은 세상
을 이루었다 하면 오늘의 이와 같은
어렵고 힘든 고통의 길은 없었을 것이
니라.
10 너희들은 수천 년 동안 흘러오면서 지
금까지 변화된 것이 없으며, 너희들
자신 하나 다스리지 못하며 너희 속에
있는 사악한 마음마저도 정리를 못 하
고 사는 것이 나의 백성임을 알아야
할 것이니라.
11 그리하여 내가 제3의 시대에 나의 선
택된 백성을 위하여 나의 아들을 세상
에 내려보내 너희들로 하여금 다음의
그 준비된 세상을 너희들에게 넘겨주
며 그 나라를 넘겨주고자 함이니,
12 너희들은 이를 받을 준비가 되어 있어
야 할 것이며, 이를 받을 자격을 갖추
는 그와 같은 백성으로 변하여야 함을
알아야 할 것이니라.
13 너희들이 그와 같이 준비된 나라를 받
는 그 영광을 얻을 수 있는 자로서 변

하지 아니하면 아니 됨을 여기서 알아
야 할 것이니라.
14 너희들이 지금 구약과 신약 시대의 나
의 백성처럼 그 모두를 받을 자격이
없으며 그를 박탈당하였으며 그리하
여 그 모두가 나와는 아무런 관계도
없는 지금의 종교 집단이 탄생하여 만
백성을 우롱하고 가는 그와 같은 형국
이 이루어졌음이니,
15 너희는 내가 제3의 시대의 마지막이
라 하는 그 소중함을 알라.
16 내가 마지막으로 준비된 나라요, 하늘
에서 이루어진 것같이 지상에 낙원을
이루어 너희에게 물려주고자 함이니,
17 마지막인 너희들이 못 받는다 하면 이
지상은 어찌 되는가?
18 이 지상을 내가 황폐한 땅으로 만들
것이며, 어떤 동식물도 존재할 수 없
는 그와 같은 폐허로 변화된다는 것을
너희들은 알아야 할 것이니라.
19 너희들은 지금 제3의 시대에 내가 마
지막이라는 이 무서운 뜻을 알아야 할
것이니라.
20 너희들이 지금 나에게 그 뜻을 받지
못하며 내가 너희에게 물려주고자 하
는 준비된 세상을 받을 수 있는 자들
로 변화되지 못한다 하면, 이 세상을
받을 자가 없으며 통제할 자가 없음이
니, 이는 황폐한 땅이 될 것이며 생명
이 존재하지 못하는 그와 같은 폐허로
변화되지 아니하겠는가?
21 주인이 없는 이 지상이 어찌 필요하
며, 주인이 없는 이 세상이 어찌 존재
하겠는가?
22 제3의 시대에 나의 아들을 통하여 나
의 법전을 접하며 나의 성령의 강론을
듣는 너희들이 그리하여 소중하며, 내
가 마지막이라 한 그 뜻을 잊지 말라.
23 너희들이 지금 준비된 세상을 구약과
신약 때처럼 받지 못한다면, 황폐한
땅으로 모든 생명체가 존재하지 못하
는 그와 같은 변화가 이루어짐을 알아
야 할 것이니,
24 이를 지키고 못 지키며 너희 후손들이
영원히 존속하고 존속하지 못하는 그
것도 너희에게 달렸음이니라.
25 나의 법전을 접하고 깨우친 백성 너희
들은 이 위대하고 소중함이며 너희들
이 얼마나 중대한 위치에 서 있는가를
알아야 할 것이니라.

3,859 번째 하나님 말씀

2002년 11월 4일 15시 43분

1 사랑하는 나의 아들아!
2 "네, 아버님! 말씀하옵소서."
3 너희들이 지금 살아가면서 육의 삶에
얽히고설키는 그 속에서 행하고 마음
속으로 생각하며 살아온 그 모두에 대
한 것을 죽어 나에게 와 하나도 빠짐
없이 심판을 받게 되며,
4 거기에 대한 죄의 대가를 치르며 상을
받는다는 것은 이미 알고 있음이니라.
5 그러나 너희들은 여기서 하나 깨우쳐
야 함을 알아야 할 것이니라.
6 너희들이 육의 형체를 가지고 나에게
기도하고 경배하여 너희들이 지금까
지 지어 온 그 죄를 다 용서받지 아니
하고 죽어 나에게 와서 나와는 인연이
없는, 심판하는 자와 심판을 받는 그

와 같은 관계에 섰을 때,
7 너희들이 그를 용서받는 것은 있을 수
없는 것이라 내가 너희에게 말하였음
이니라.
8 너희들이 멀고 먼 타국을 여행할 때,
너희들이 만든 그 기계를 타고 날아가
각국을 돌며 너희들이 만든 그 기계를
타고 평화롭고 편안하게 여행을 하는
것은 바로 무엇이더냐?
9 너희들이 육으로써 죽기 전에 육의 형
체를 가지고 있는 이 세상에서 나 여
호와를 찾으며 어버이라 나를 부르며
나로부터 너희들의 죄를 용서받을 수
있는 그 변하고 변화된 모습으로 살아
가 너희 자신이 천사와 같은 마음으로
섰을 때 너희들은 그와 같은 영광을
얻게 됨이니라.
10 그러나 너희들이 살아서 나에게 용서
를 받지 못하고 죽어 와 나에게 심판
받을 때 용서를 받는다는 것은 있을
수도 없으며 그는 상상할 수도 없는
것임을 알아야 할 것이니라.
11 너희들이 죽어 나에게 왔을 때는 너희
들이 기계를 타고 날아다니며 그 많은
각국을 편안히 즐겼던 그 여행을 두
발로 걸어가며 그 모두를 다 겪어야
하는 것보다도 백배 천배 더 어렵고
힘들며, 있을 수 없는 일이니라.
12 절대 용서받을 수 없는 것이 너희들이
니, 그 무서움과 어려움을 알아야 할
것이며 그 두려움을 알아야 할 것이니
라.
13 지금 너희들이 죽어 나에게 와 심판을
받을 때 너희들은 어떠한 형국으로도
죄의 용서를 받을 수 없으나,
14 너희들이 살아 있을 때 그 용서를 비
는 것은 너희가 세상의 각국을 걸어다
니면서 여행하는 것이 아니요, 너희가
만든 그 기계를 타고 편안히 산을 넘
고 강을 건너 자연을 즐기며 여행하는
그와 같은 축복이 바로 거기에 있음이
니,
15 너희들이 살아 있을 때 나에게 지은
죄를 용서를 빌며 나에게 구원을 받아
야 하는 것을 잊지 말라.
16 너희들이 그와 같은 영광이 바로 무엇
인지 알겠는가?
17 너희들이 육의 형체로 있으며 내가 너
희들을 아들이라 인정하며 너희들이
나를 아버지라 부르며 너희 죄를 용서
해 달라 나에게 기도하고 경배할 수
있는 지금의 너희들의 육의 삶이 그보
다 더 소중하고 그보다 더 아름다운
것이니 이 시기를 놓치지 말며,
18 너희들이 살아 있는 이 육의 형체를
존속하고 있을 때, 너희들이 육의 집
에서 영혼이 나에게 불려 와 심판을
받기 전에 구원의 길을 보라.
19 그리고 너희들이 변화되는 삶을 살아
나로부터 한 점의 부끄러움이 없는,
구원을 받을 수 있는 그와 같은 사람
으로 변해야 함을 잊지 말라.
20 나 여호와가 너희를 얼마나 사랑하며
너희들이 그 대가를 치르는 것을 내가
보기에 얼마나 가슴이 저리고 아프면,
21 이와 같이 장장마다 구구절절이 너희
에게 심판이 있음을 알며, 마음이 변
하며 천사요, 나의 심성이요, 성령과
같이 변하는 그 역사를 이루라 하겠는
가?

22 그보다 더 몇천 배 몇만 배 고통스러
움이 있으니, 너희들이 오늘의 작은
고통으로써 모든 영광을 얻을 수 있도
록 너희를 깨우치는 것이 바로 나의
뜻이니, 이 깊은 뜻을 알아 행하도록
그리하라.

3,860 번째 하나님 말씀

2002년 11월 4일 15시 50분

1 사랑하는 나의 아들아!
2 "네, 아버님! 말씀하옵소서."
3 너희들이 살아가면서 말하기를, 세상
의 모든 변화의 이치는 너희들 손안에
있으며, 너희들 머릿속에 모두가 다
그려져 있으며, 너희들이 못 이루는
것이 없으며 못 만드는 것이 없으며
너희들이 창조 못 하는 것이 없다 그
리 말하느니라.
4 너희들은 지금 그와 같이 생각하며 살
아가고 있음이니,
5 너희들이 얼마나 무서운 변화의 소용
돌이 속에 살며 얼마나 나로부터 은혜
와 축복을 받았기에 세상의 이치를 모
르는 것이 없다 그리 말하는가?
6 그것은 너희들이 신과 같은 존재의 위
치에 서고자 하는 것이 아니던가?
7 그러나 너희들은 알아야 할 것이니라.
8 모든 뜻을 다 알며 모두를 다 바라볼
수 있는 너희들의 영리함이며 똑똑함
을 너희 자신이 호언장담하며 살아가
지만, 너희들은 여기서 모르는 것이
있음을 알아야 할 것이니라.
9 너희들은 모든 세상 이치를 다 꿰뚫으
며 너희들이 못 이루는 것이 없으며
못 만들고 못 생산하는 것이 없다 그
리 말하며 그와 같이 영리하고 영특함
은 자랑하고 살고 있으나,
10 너희들의 구원의 길이 다음 세상에 존
재하고 있다는 것은 인식지 못하며 깨
닫지 못하느니라.
11 그를 아는 자, 그를 깨닫는 자 또한 어
떤 것이 바른길이며 나 여호와가 존재
하는 천국의 문에 들어설 수 있는 것
인가를, 그 이치 하나를 깨닫지 못하
고 있는 것이 너희들이니,
12 아무리 너희들이 영리하고 영특하며
세상 것을 못 만드는 것이 없으며 못
만들어 낼 것이 없다 말해도 너희들이
그와 같이 어리석은 자들임을 알라.
13 너희들이 백 년도 안 되는 육의 삶을
위해서 그 세속에서 모두를 다 통달하
며 아는 것같이 생각하나,
14 너희들은 그 삶이 영혼을 구원하는 삶
의 준비 단계요, 그 연장선상에 서 있
음을 모르고 있음이니라.
15 너희들은 구원을 받는 그 삶을 살아야
함을 깨달아야 할 것이며 그를 봐야
할 것이니 그리 알라.
16 너희들이 구원을 받는다는 것은 나의
십계명을 지키고 십계명대로 살며 나
의 법전대로 지키고 나의 법전을 보고
깨우치는 것이요,
17 나의 십계명과 나의 법전을 보지 못하
며 살아가는 자, 하늘에 오르는 길을
스스로 판단치 못하며 그를 보지 못하
는 가장 어리석은 백성임을 알아야 할
것이니라.
18 나의 계명과 나의 법전을 보지 못하는
자는 참진리를 보지 못함이니, 하늘에

오르는 빛을 볼 수가 없음을 알아야
할 것이니라.
19 너희가 나에게 와 심판을 받기 전에
십계명을 지키며 나의 법전을 읽고 깨
우쳐 하늘에 오르는 길을 알았을 때,
너희들은 어떠한 영광이 있는가를 알
아야 할 것이니라.
20 내가 너희에게 일찍이 깨우쳐 말했듯
이, 너희들이 지금 법전을 읽고 깨우
쳐 바른 삶을 사는 그 변화를 이루지
못하여 심판을 받게 됨이니,
21 그 심판대에 서기 전에 너희들이 변화
되지 아니하면 얼마나 무서운 죄의 대
가를 치르는가를 알아야 할 것이며,
얼마나 무섭고 험한 그 고통의 죄의
대가가 너희들을 기다리고 있는지를
알아야 할 것이니라.
22 이제 육의 삶이 존재할 때, 너희들이
나의 심판대에 오기 전에 너희들이 변
하는 것만이 남아 있음이니,
23 그 변하는 기초요, 근본이요, 원칙은
너희들이 십계명을 지키는 것이요, 나
의 법전대로 행하고 살아가는 것이 근
본임을 잊지 말라.

3,861 번째 하나님 말씀

2002년 11월 5일 01시 33분

1 사랑하는 나의 아들아!
2 "네, 아버님! 말씀하옵소서."
3 내가 너의 제자들에게 일러 깨우치라
전하였느니라.
4 예수의 시대에 나의 아들 예수를 따르
는 그 제자들의 고통이 얼마나 힘들고
어려웠으며,
5 또한 나의 아들 예수가 육신의 형체를
가지고 세상에 나의 뜻을 전하는 그
역사를 이룰 때, 그가 얼마나 고통스
럽고 힘든 길을 갔었는가 하는 것을
너희들은 돌이켜 생각하며 그 정황을
바라볼 수 있는 그와 같은 마음을 가
지라 하였음이니라.
6 그 당시 많은 기적을 이루고 역사를
이루었으나 나의 아들 예수가 재물을
거둬들인 것이 아니며,
7 그리하여 그 제자들의 생활이요, 모두
를 지켜 준 것도 아니며, 스스로 나의
아들을 따르며 그들은 제 스스로 모두
를 해결해 나갔으며 이끌어 나갔음이
니라.
8 그 어렵고 적대시하는 세상 속에서,
그들의 생명을 호시탐탐 노리는 그와
같은 상황 속에서 그들이 그 길을 가
는 것이 얼마나 어렵고 힘들었는가 하
는 것을, 그때의 상황을 돌아다볼 수
있는 깨달음을 얻으라 내가 하였음이
니라.
9 그와 같은 역사 속에서 나의 아들을
따른 제자들이요, 또한 나의 아들은
너희들이 생각하는 것보다 어렵고 힘
든 고통 속에서 나의 성령을 전하고자
하였음이니,
10 오늘의 너희들이 그들보다 몇십 배 영
광된 속에서 모두를 다 이루어 가고
있다 내가 하였음이니, 너희들은 그
뜻을 깨우쳐 알아야 할 것이니라.
11 너희 육의 짧은 삶이 무엇이 그리도
소중하기에 그리도 거기에 연연하여
너희들이 영원히 사는 삶을 위하여 모
두를 버리며 모두를 던질 수 있는 그

와 같은 마음을 가지고 살 수 없는가?
12 너희들은 사랑을 베풀며 나누고 살며, 나의 재산 모두를 다 관리하는 것이기에 관리자로서 너희들의 그 마음 자세가 바로 설 수 없으며 관리자로서 너희들이 존재할 수는 과연 없는 것인가?
13 너희들은 너희 것이 영원히 존재하며 너희들이 관리하는 것같이, 그리고 네 것인 양 그와 같은 착각 속에서 살아가고 있음이니라.
14 너희들은 한순간 모두를 다 관리하는 것이며 그를 지키는 것이요, 나의 것을 관리하는 것뿐이거늘,
15 어찌하여 그와 같은 이치 하나를 깨우치지 못하고 그 모두가 영원히 너희들 것이며 영원히 너희에게 지속될 것이며, 죽어 와서도 너희들이 그 육의 삶의 부귀와 영화를 그대로 누리는 것처럼 착각 속에 살아가고 있는가?
16 이제는 나의 법전을 읽고 그것이 다 너희들이 생각할 수 없는 일이며, 육은 육으로써 끝나는 것이며 영원히 사는 영혼의 세계에서 너희들이 육의 삶이요, 오늘의 부귀와 영화요, 재물이 너희들에게 하나도 소용이 없으며 가치가 없다는 것을 내가 여러 번 깨우쳐 주었음이니, 그 이치를 깨우쳐야 할 것이니라.
17 그 이치를 깨우친 자, 너희들이 시기하며 질투하며 남보다 더 재물을 모으고자 너희들이 그 재물이 소중하며 귀하여 너희 모두를 다 잃는 그와 같은 어리석은 삶을 살지 말라.
18 너희들이 재물을 놓을 수 있는 것이며 재물로써 어려운 자를 도와줄 수 있는 그것은 나의 것을 가지고 너희들이 관리하다 나의 명에 의하여 나누어 주는 것이거늘,
19 그리도 너희들이 인색하며 그리도 깨달음이 없음이니, 지금 만백성을 구하며 정녕 사랑을 베풀며 살아간다는 자들이 얼마나 인색한가?
20 아무것도 모르는 백성은 정이 있으며 따스한 나눔이 있음이니라.
21 그러나 믿음의 길을 가는 자는 저희들만이 특수한 인간이요, 특혜받은 인간이라는 착각 속에 일반 백성과 교류하지 아니하며 그들과 차별화를 두고 있음이니, 그리하여 그들을 도울 줄 모르는 것이니라.
22 그들은 어찌 생각하는가?
23 사람이 아니요, 짐승만도 못한 자이기에 인간인 저희들이 그들에게 무엇을 베풀어 주고 나누어 주며 무엇을 전해 주는 것은 그들로서는 상상할 수 없는 그와 같은 마음자리로 되어 있음이니,
24 그것이 바로 믿음의 길을 가는 자요, 사랑을 베푸는 자가 지금 가고 있는 길이며 그들의 마음 자세임을 너희들은 알아야 할 것이니라.
25 나를 모르며 나를 찾지 않는 백성은 사람을 사람으로 보며 이웃을 이웃으로 보고 있음이니라.
26 그러나 믿음의 길을 간다 하여 수천 년 동안 종파 속에서 몸담아 살아왔으며 평생 재물을 바치고 구원을 받고자 너희들이 가 기도하고 경배하는 그 성전에 성서를 들고 다니는 자들,
27 너희들이 똑같은 형제요, 인간을 차별화하며, 너희들은 나로부터 선택된 특

수한 백성이며 그들은 너희들의 진리
를 모르며 나 여호와를 찾지 않는 자
라 그리하여 그들을 벌레만큼도 보지
않으려 하니,
28 너희들은 말을 하지 아니하나 너희 가
슴속에 그와 같은 심성이 뿌리를 내리
고 있으며, 그와 같이 너희들이 그 심
성의 뿌리 속에서 인간에게 베풀 줄
모르며 인간에게 나눌 줄 모르는 사악
한 심성으로써 너희 가슴에 그득히 차
있음을 알아야 할 것이니라.
29 인간을 인간으로 보지 않는 그와 같은
사악한 자가 바로 지금의 믿음의 길을
가고 있는 자요, 수십 년 동안 믿음을
위하여 구원의 길에 매달려 살아간다
하는 너희들의 오늘의 그 형태임을 알
아야 할 것이니라.
30 너희들이야말로 그 흉악하고 험악하
게 생긴 너희 모습을 보지 못할 것이
니라.
31 내가 너희들을 보는 그 모습은 얼마나
추하며 험악한 형국으로 되어 있는지,
너희 형체를 죽어 왔을 때 너희들이
볼 수 있음을 그리 알라.

3,862 번째 하나님 말씀

2002년 11월 5일 01시 37분

1 사랑하는 나의 아들아!
2 "네, 아버님! 말씀하옵소서."
3 너희들이 인간 세속에 육의 삶을 살아
가는 그 생활 속에서 얽히고설킨 삶이
요, 육신의 편안함을 위해 살아가는
데에만 모두를 다 바치며 살아가나,
나의 십계명이요, 나의 법전대로는 살
지 않음이니,
4 나의 십계명대로 살려고 노력하여 그
리 깨우쳐 가지 아니하며 내가 마지막
너희들을 구원하고자 내린 나의 법전
을 읽고 정독하여 깨우치지 아니하는
자, 너희들은 동전 한 닢 잘못 쓴 것,
또는 너희들이 가장 작은 잘못 하나
한 것까지도 그 모두가 나로부터 하나
도 빠트리지 아니하고 그 대가를 치
른다는 것을 알아야 할 것이니라.
5 너희들이 살아 있어서 나 여호와를 아
버지라 부를 수 있으며 용서를 빌 수
있되,
6 지금의 삶에서 나의 법전을 읽고 깨우
쳐 회개하며 반성하여 천사와 같은 마
음으로 살지 아니할 때, 그리하여 너
희들이 육에서 살면서 지은 작은 죄
요, 또는 마음으로 지은 죄 그 모두를
용서받지 아니하였을 때,
7 너희들은 좁쌀만 한 그 작은 실수요,
작은 죄 하나도 놓침이 없이 다 나로
부터 심판받으며 그 죄의 대가를 치른
다는 이 무섭고 엄연한 사실을 다시
한 번 깨우쳐야 할 것이니라.
8 너희들이 지금 나의 십계명대로 살지
아니하며 그대로 살고자 깨우쳐 노력
하지 아니하며 나의 법전대로 살지 아
니하면 가장 작은 죄까지도 다 그 대
가를 치른다 함을 잊지 말라.
9 그 모두를 용서받을 수 있는 것은 너
희들의 육이 존재하면서 나 여호와에
게 경배하며 나에게 용서를 빌며 회개
를 하며 정녕 천사와 같은 마음으로
살아가는 것이니,
10 그 삶의 변화를 이루지 아니할 때 너

희들의 그 죄가 얼마나 무서운 것인가
를 깨닫게 됨이니,
11 내가 법전에 이리 기록하여 간곡히 전
함이니, 너희들이 육의 생명이 있을
때 나에게 경배하며 기도하며 회개하
는 그와 같은 삶을 살라.
12 내가 너희들에게 가장 행복한 자가 무
어라 말하였더냐?
13 육신은 굳어져 다 죽어 가나 정신이
살아 있고 입으로 나에게 용서를 빌
수 있으며 너희들이 또렷한 생각으로
써 나 여호와에게 용서를 빌며 지은
죄를 회개할 수 있는, 그와 같이 기도
드릴 수 있는 것이 가장 행복한 것이
며 그보다 더 축복과 영광이 없다 하
였음이니,
14 너희들이 건강한 육체요, 건강한 정신
을 지금 가지고 살아가면서 너희들의
죄를 빌지 아니하며 회개하지 아니할
때, 가장 작은 것까지도 하나도 놓침
이 없이 그 대가를 치른다는 것을 잊
지 말라.
15 스스로 너희들이 그 죄의 대가를 다
치를 때, 과연 너희들이 천국의 문에
들어올 수 있는 그와 같은 삶을 살았
는가 살지 않았는가 하는 것은 너희
스스로 심판하고 평가해도 알 것이니
그리 알라.

3,863 번째 하나님 말씀

2002년 11월 5일 01시 44분

1 사랑하는 나의 아들아!
2 "네, 아버님! 말씀하옵소서."
3 너희가 하늘에 오르고자 하는 길이 어
떠한 길인 줄 아는가?
4 명주실보다도 더 가느다란 빛을 따라
하늘에 오름이니, 너희들은 그를 알아
야 할 것이니라.
5 너희들이 말하는 명주실보다 더 가는
빛을 따라 하늘에 오름이니, 그 좁고
도 좁은 길을 따라 너희들이 온다는
것은 얼마나 어렵고 힘든가를 알아야
할 것이며,
6 너희들이 육의 삶에서 지은 죄를 털어
버리며 잘못 살아온 그 모두를 회개하
며 창조주인 나 여호와에게 용서를 받
지 아니한 자, 그 작은 빛의 길을 따라
하늘에 오를 수 없음을 알아야 할 것
이니라.
7 내가 너희들에게 일찍이 말하였음이
니, 무지개 속을 너희들이 날아올라오
며 그를 따라올 것이니,
8 그렇다 하면 너희들이 얼마나 몸이 가
벼워야 하는가를 내가 일찍이 깨우쳐
주었음이니라.
9 너희들은 명주실보다도 가는 그 빛을
따라오게 됨이니, 그 빛을 따라올 수
있는 것은 바로 무엇이던가?
10 너희들이 아무것도 지금의 삶에서 죄
를 지은 것이 없는 자, 그리고 아무것
도 손에 들지 아니한 자, 몸에 감지 아
니한 자, 아무것도 취하지 아니한 그
와 같은 무아지경의 형태에서 그 빛을
따라올 수 있음이니,
11 조그마한 무게를 가진 자, 조그마한
것을 손에 쥔 자, 너희들이 수없이 지
은 죄를 털지 아니하고는 전자파보다
도 가는 그 빛을 따라 하늘에 오를 수
없는 것을 알아야 할 것이니라.

12 내가 나의 아들을 통하여 너희들에게
다시 또 깨우치고 깨우침이니,
13 너희들은 나의 제3의 시대에서 나의
법전을 읽고 깨우치지 아니하면 천국
의 문에 들어설 수 없으며, 명주실보
다도 가늘고 가는 그 빛을 따라 너희
들이 하늘에 올 수 없음을 알아야 할
것이니라.
14 나의 십계명이요, 나의 법전을 읽어
명주실보다도 가는 그 구원의 빛을 따
라 올라올 수 없는 자, 너희들은 나에
게 와 천국의 문을 두드리며 나에게
울고불고 용서를 빌며 애원해도 나는
너희들을 알지 못하며 너희들을 기억
하지 아니하며 너희들을 모름이니, 너
희들은 이 나의 뜻을 알아야 할 것이
니라.
15 너희들은 말할 것이니라.
16 '전지전능하신 창조주요, 아버님이시
여, 당신이 세상에 생명을 내주어 저
는 그 생명을 받아 세상에 나갔으며
당신께서 주신 그 땅에서 그 모두 주
신 은혜를 입고 당신의 은혜 속에 살
아온 하나님 아버지 당신의 아들딸이
오.' 너희들은 그리 말하고 나에게 애
원하며 그 문을 열어 주기를 애걸하며
통곡하고 눈물로써 나를 부를 수 있다
하나,
17 나는 그때 너희들의 아버지로서 너희
들을 알지 못하며, 또한 너희들이 나
의 아들이요, 딸이 아님을 알아야 할
것이니라.
18 너희들은 '아버지께서 생명을 주시어
세상에 내보냈으며 그와 같이 아버지
의 땅에서 모든 영광과 은혜를 얻고
살 수 있도록 아버님께서 주신 것을
먹고 입고 살아온 이 아들딸인 저를
어찌하여 버리시나이까?' 그리 애원
하고 통곡하며 울어도 나는 너희들을
모름이니, 내가 너희들을 알 수 없음
을 알아야 할 것이니라.
19 너희들은 지금 나를 아버지라 부를 수
있으며 나에게 용서를 빌 수 있으며
말씀대로 살 수 있으며 그 계명대로
살 수 있을 때, 너희들이 지금 변화되
는 삶을 살지 아니하면,
20 너희들은 정녕 하늘의 천국의 문을 두
드릴 수도 없지만, 아무리 두드리고
애걸복걸하며 나로부터 받은 은혜 속
에서 살았다 하여 나의 아들딸이라 몸
부림치고 울며불며 통곡을 해도 그때
는 나는 너희들을 모름이니라.
21 내가 너희들을 기억하고 너희들을 알
고 있는 지금의 너희들이 나에게 모든
용서요, 천사와 같은 마음으로 변하는
그 대변화의 역사를 스스로 이루지 못
하는 자, 나와는 아무런 관계가 없는
자임을 알라.

3,864 번째 하나님 말씀

2002년 11월 5일 01시 49분

1 사랑하는 나의 아들아!
2 "네, 아버님! 말씀하옵소서."
3 만백성 너희들이 구원의 길을 가며 진
정한 나의 뜻을 알며 하늘에 오르는
길을 찾기 위하여 너희들은 어디에 기
준을 두며 어찌 마음을 정하여 너희들
의 발길을 돌리는가?
4 너희들은 방대한 집단이요, 그 방대한

그들의 형태요, 지금의 많은 자들이
그곳에 가 경배하며 눈물의 찬송을 부
르며 울부짖는 집단의 사람 수에 따
라서 믿음이라는 길의 문에 들어서며
그곳의 믿음에 입문하는 것이 너희들
의 지금의 형국이 아니던가?
5 너희들은 가장 작은 그 속에 진리가
있으며 작은 그 속에 서로 참사랑이
있으며, 그와 같은 너희들의 진정한
진리요, 참뜻을 가르치는 선생이요,
그와 같은 집단을 보고서 깨달음을 가
는 것이 아니라,
6 방대한 집단의 그 형태요, 그 조직이
요, 그 속에서 무엇인가를 얻고 또한
그들과 더불어 어울려 살아가는 그와
같은 생각에서 그 조직의 방대함을 보
고 그것이 진정한 믿음의 길이라 하여
너희들이 그리 믿음의 길에 입문하여
너희들을 다 던지는 것이 아니던가?
7 그러하니 너희들이 영적인 구원을 어
찌 얻겠는가?
8 너희들은 진정한 참진리의 가르침을
찾는 것이 아니라, 그 덩치요, 그 덩어
리만을 보고 간다 하면 너희들이 가장
어리석고 우매한 자이니,
9 하늘에 오르는 참진리가 아니요, 그저
인간 세상에 구성되어 있는 그 덩어리
만 보고 믿음의 길에 입문함이니, 그
게 바로 너희들이 선택의 기준서부터
잘못되었음을 알아야 할 것이니라.
10 너희들이 진정한 믿음의 참가르침을
따르는 것이 아니요, 내가 내린 그 계
명대로 살아가고자 노력하는 것이 아
니요, 그들의 조직을 보고 따라가는
그와 같은 자이니,
11 너희들은 정녕 그 길을 갈 수 없으며
어렵고 힘들 때 또한 좌절하며 등 돌
리는 것이 너희들의 지금의 형태인 것
이니라.
12 그리하여 너희들은 구원의 그 영광을
모르며 구원의 그 계산을 모름이니라.
13 너희들은 믿음에 있어서 순수하게 나
에게 구원을 받고자 하는 것이 아니
요, 모든 계산된 속에서 행동을 함이
니,
14 그 행동 속에서 믿음을 선택하는 그와
같은 것이 너희들의 지금의 형국이니,
정녕 덩어리만 크며 몸집만 크다고 해
서 진정한 하늘에 오르는 길이라 생각
하지 말라.
15 너희들은 모든 것을 덩어리로써만 보
지 말라.
16 너희들이 몸집이 크고 나이가 많이 먹
었다 하여 현명하고 똑똑하다 그리 생
각하는 자와 같으니라.
17 너희들은 그렇지 아니하니라.
18 모두 체계적으로 진정 배운 자가 모두
를 가르칠 수 있는 것이거늘,
19 그저 덩치나 보고 그 몸집을 보고 사
람을 따르는 어리석은 것이 지금 너희
들이 믿음을 선택하는 그와 같은 형국
이며 믿음에 입문하는 그와 같은 길이
니라.
20 그리 잘못 입문하는 순간에 너희들은
하늘에 오르는 길이 아니요, 지옥으로
달려가는 길을 가고 있음을 알아야 할
것이니라.
21 내가 이와 같이 나의 법전에 기록하여
하늘의 뜻이요, 창조주인 나의 뜻을
이리 전하거늘, 너희들은 이를 들여다

보며 읽어 깨우치며 너희 것으로 만들
려 하지 아니하고,
22 진정한 나의 아들이요, 나의 성령이
요, 나의 뜻을 가르치는 내가 내린 이
법전을 보고 구원받는 것이 아니요,
그저 종교 집단의 그 허황된 형국만
보고 감이니,
23 벌써 가는 길 자체가, 가는 발걸음 자
체가 시작이 잘못되었음을 너희들은
알아야 할 것이니라.

3,865 번째 하나님 말씀

2002년 11월 5일 01시 58분

1 사랑하는 나의 아들아!
2 "네, 아버님! 말씀하옵소서."
3 너희들 인간 세속에 살아가면서 그와
같이 호언장담하는 자가 있음이니라.
4 '인간이 세상에 나와 한 번 죽지 두 번
죽지 아니한다.' 그리 말하는 자가 있
음이니라.
5 그러나 너희들은 그와 같은 말을 해서
는 안 되는 것이 나로부터 선택된 백
성이요, 나의 아들을 따르는 제자 너
희들이 해야 할 일임을 알라.
6 지금 나의 피조물 만백성 너희들이 말
하기를 육의 삶의 죽음으로써 모든 것
이 끝난다 그리 말하나, 너의 제자들
은 그와 같은 말을 해서는 아니 됨을
알라.
7 너희들의 육은 죽어 한 줌의 흙으로
돌아가는 것이니, 육은 그리 중요하지
아니함이니라.
8 육은 자연적으로 너희들이 나이를 먹
어 쇠퇴하여지며 너희들의 살결이 변
하여 쇠진하면 스스로 그 육은 한 줌
의 흙으로 돌아감이니,
9 나무 위에 무성히 붙었던 잎이 낙엽이
되어 떨어지는 것이며 아름답게 피었
던 꽃의 꽃잎이 떨어지듯이 그와 같은
것이 너희 인간의 형국이며 육신이 그
와 같이 흙으로 돌아감이니,
10 너희들은 육신의 죽음밖에는 모르는
것이니라.
11 그러나 만백성을 구하는 나의 아들의
제자인 너희들은 육의 죽음이 아니니
라.
12 너희들은 육은 육대로 그대로 한 줌의
흙으로 돌아가니 그것은 제 순리대로
가는 것이요,
13 너희들이 어찌 마음을 먹고 살았으며
어찌 행하며 살았으며 어찌 행동하며
살았느냐에 따라서 너희들이 영혼의
심판을 받게 됨이니, 그 무서움을 알
라.
14 너희들이 아름답게 살아 영혼의 심판
을 받아 나의 천국의 문을 들어설 수
있으며 영원히 사는 나의 나라에 올라
올 수 있는 것은 너희들이 영원히 사
는 삶을 얻는 것이요,
15 너희들이 잘못 살며 그 죄를 회개하지
아니하며 나의 법전을 던져 버리며 찢
어 버리며 나의 법전에 기록된 그 내
용대로 행하고 살지 아니하는 자, 영
혼이 지옥 불로 가 그 죄의 대가를 다
받음이니,
16 너희들은 영혼이 죽고 사는 것이 더
남았으며 그가 더 위대하고 소중함이
거기에 남아 있거늘, 육을 보고 인간
이 세상에 나와 한 번 죽으면 죽었지

두 번 죽느냐는 그와 같은 말을 너의
제자들은 해서는 아니 되는 것이니라.
17 육의 죽음은 아무것도 아니요, 영혼의
죽고 삶이 소중함이니,
18 너희들의 육은 꽃잎이 떨어지는 것처
럼 그리 죽어 가나, 영혼이 지옥으로
가는 것이 바로 너희들의 인생을 죽이
는 것이며 너희들을 죽이는 것임을 알
라.
19 그러니 영혼의 삶의 다음 한 단계가
더 있음을 깨우친 나의 아들의 제자들
이요, 만백성을 깨우치는 너희들이 두
번 죽는 삶을 살아서는 아니 됨이니,
20 너희들은 두 번 죽어 가는 그와 같은
삶을 사는 백성을 구원할 자이니, 너
희들이 두 번 죽어서는 아니 됨을 알
라.
21 그러니 너희들은 영혼의 세계에 죽고
삶이 있음이니, 너희들은 인간이 세상
에 나와 한 번 죽는 것이지 두 번 죽는
것이 아니라 그리 경망한 언행을 해서
는 아니 됨을 너의 제자들에게 깨우쳐
주도록 그리하라.

3,866 번째 하나님 말씀

2002년 11월 5일 02시 06분

1 사랑하는 나의 아들아!
2 "네, 아버님! 말씀하옵소서."
3 너의 제자들에게 이르라.
4 어찌하여 너희들은 예수가 죽은 자를
살리며 앉은뱅이를 일으켜 세웠다 하
여, 그리고 병을 고쳤다 하여 그 기적
의 역사가 위대함을 아는가?
5 너희들이 받을 수 있는 자격이 되면
그와 같이 상을 내림이며, 다 믿음에
의하여 그들이 구원을 받는 것이며,
6 나의 아들 예수가 너희들에게 아무나
그리 기적을 이룬 것이 아님이니라.
7 그 기적과 역사를 받은 자는 내가 심
판하여 너희들의 마음을 알고 있음이
니,
8 내가 나의 아들을 통해 너희 제자 중
에 그 역사를 이루어 주며 기적을 이
룬 자가 있지 않은가?
9 너희들이 '김윤수'라는 그 여인을 돌
아보지 아니하였는가?
10 내가 나의 아들을 통하여 그 여인에게
가르쳐 주었음이니라.
11 '네가 지금 80킬로그램에 가까운 그
몸으로는 장을 수술하게 되며, 그 장
이 낫지 않아 너는 생명을 잃고 죽게
될 것이라' 그리 가르쳐 주었느니라.
12 그것이 죽을 자를 살리는 것이 아니던
가?
13 그리하여 '너는 나의 아들에게 한 시
간씩 운동을 배워 네 체중을 뺄 것이
며, 80킬로그램이라는 그 체중을 53
킬로그램으로 내가 빼 줄 것이라' 하
였으며,
14 '그와 같이 53킬로그램의 체중으로
빠져서 그와 같이 갔을 때, 너는 수술
을 하지 아니할 것이며 네 생명이 오
래갈 것이며 오래 살 수 있다.' 내가
나의 아들을 통하여 그에게 그를 가르
쳐 주지 아니하였던가?
15 그는 지금 25킬로그램 이상의 체중을
빼서 건강한 모습으로 살아가지 않는
가?
16 그가 그와 같이 80킬로그램의 몸을

유지했을 때 그 체중은 더 늘 것이며,
그리하여 그는 배를 수술하게 되어 있
으며, 위를 수술한 그는 죽게 되어 있
음이니라.
17 그를 내가 나의 아들을 통하여 그에게
알려 줘 그가 오늘의 그 역사를 이루
었음이니,
18 이것이 후세에 듣는 것은 기적이요,
역사가 아니고 무엇이던가?
19 너희들은 지금 그를 모르며 알지 못함
이니라.
20 그가 나의 아들이요, 나의 성전에 바
치는 그 정성이 또한 어떠하던가?
21 너희들 제자 중에 그와 같이 변함없
는 마음으로써 나의 아들을 따르며
나의 성전에 와 모든 정성을 바치는
자 있는가?
22 나는 그 마음을 알고 있었으며 그 심
성을 알고 있었으며 그가 어찌 갈 것
을 알고 있었기에 내가 나의 아들을
통하여 그에게 기적을 이루었음이니,
이는 나의 아들이 이룬 기적이라 말
하던가?
23 나의 뜻에 의하여 기적을 이루었으니,
첫째는 그가 받을 수 있는 사람으로
변화될 것을 내가 알고 있었으며 그리
하여 나의 아들에게 명하여 그를 내가
치료해 주었으며 그 생명을 연장하여
주었거늘,
24 너희들은 이것보다 더 위대한 역사가
어디 있으며 기적이 어디 있다 하는가?
25 어찌하여 이것을 너희들은 모르는가?
26 이것을 너희들은 보지 못하며 그 기적
의 역사를 모르는 것이니라.
27 그러나 수천 년 후에 이가 기록되어
전해질 때, 나의 피조물 만백성은 이
를 보고 기적의 역사라 그리할 것이거
늘,
28 너희들은 작고 큰 역사가 이루어지는
것을 다 기록하지 못한다 하여도 그와
같은 것을 기록했을 때 후손들이 그를
다 알 것이니라.
29 그러나 나의 아들이 그를 자랑하지 아
니하며 그를 기록하지 아니하며 내가
이다음에 내리는 그 큰 기적을 위하여
오늘날 그는 그를 기록하지 아니함이
니,
30 다만 '김윤수'라는 그 여인이 나의 성
전을 지키며 나의 아들을 따르는 그
마음 자세를 너희들이 한번 놓고 분석
해 보라.
31 너희들이 과연 그를 따를 수 있는가?
32 너희들은 그를 따를 수 없기에, 내가
그의 마음을 알고 있었음이니,
33 그 많은 체중을 줄여 그가 수술을 받
아 생명을 잃는 것을 내가 구하여 주
었으니, 죽은 자를 살린 것이나 무엇
이 다르던가?
34 너희들은 이와 같은 기적이 이루어짐
을 어찌하여 모르고, 과거에 지난날의
그 역사에만 연연하는가?
35 너희들은 바로 깨우쳐야 할 것을 알라.
36 나는 받을 수 있는 자에게 나의 아들
을 통하여 내림이니, 너희들이 못 받
고 못 이루는 것은 자격이 없음이니
부끄러움을 알아야 할 것이니라.

3,867 번째 하나님 말씀

2002년 11월 5일 07시 32분

1 사랑하는 나의 아들아!
2 "네, 아버님! 말씀하옵소서."
3 이 세상 수억의 인구들이 있으며 그들
이 다 자기 나름대로 살아가는 생명
줄의 삶이 있음이니라.
4 농부는 들에서 일하여 곡식을 가꾸는
것이며, 또 무엇을 만드는 자는 연구
하며, 가르치는 선생은 가르치는 데
최선을 다함이니,
5 그와 같이 각자 자기의 임무가 있으며
특성이 있으며 다 개성을 가지고 세상
에 나가 살아감이니,
6 너희들은 각자 해야 할 책무가 있음이
니, 다 다른 직종에서 서로 노력하며
얽히고설켜 살아가느니라.
7 그러나 이 세상 수십억 인구 중에 단
한 사람, 나의 아들 너는 나의 성령을
받아 기록하는 것이며 나의 법전을 만
들어 만백성을 이끌어 가는 것이 너의
책무이니,
8 너는 기도하는 것이 우선이요, 묵상하
는 것이 우선이요, 나의 성령을 받아
만백성을 일깨워 주는 그것이 네가 해
야 할 일이며, 너는 그것이 제1번의
너의 삶 전부임을 잊어서는 아니 됨을
알아야 할 것이니라.
9 이 세상 많은 백성 중에 나 여호와의
뜻을 직접 받는 자 없으며 그를 받아
책으로 엮어 내는 자가 없음이니,
10 또한 나의 아들이 세상에 너 하나뿐임
을 알아야 할 것이니라.
11 그리하여 너는 네 생활이 없으며 너는
네 삶이 없으며, 오로지 나의 묵상과
내가 내리는 뜻에 따라 너는 기도하며
그 기도의 내용에 따라 살아가는 것이
며,
12 만백성을 구원하기 위해 네가 160권
의 대장정의 법전을 세상에 만들어
내, 그를 보고 깨우치고 그리하여 그
들이 구원을 받는 그 역사를 이루는
것이 너의 대명이니,
13 어떤 것도 그것보다 소중한 것이 없으
며, 그것 외에는 네가 다른 것을 생각
해서는 아니 되는 것이 너의 책무임을
잊어서는 아니 될 것이니라.
14 네가 그와 같이 나의 성령을 받아 기
록하는 것을 게을리하며 네가 살아감
에 있어서 남들에게 한 점의 부끄러움
이 있는 삶을 살아간다면,
15 이 세상 그 누구도 나의 뜻에 따라 천
사와 같은 마음으로 살아갈 수 있는
사람이 없음을 너는 알아야 할 것이니
라.
16 이것이 네가 가야 할 길이며, 네가 다
른 백성과 차별화되어 있음을 알아야
할 것이니라.
17 나의 아들 예수도 나의 성령을 받아
책으로 기록하여 전함이 아니요, 말과
말로써 귀와 귀를 통하여 입과 입을
통하여 만백성을 구하고자 했던 그 지
난날의 역사는 내가 감히 그를 돌아다
보며 생각하기도 싫을 만큼 시련과 고
통 속에서 그 역사의 길을 갔음이니,
18 네가 오늘의 시련이요, 오늘의 고통을
견디고 일어서기가 불안하여 네가 흔
들리는 나의 아들이 되어서는 아니 됨
을 알아야 할 것이니라.

19 예수를 핍박했듯이 그 백성의 후손들
이 너를 핍박함이 그보다 더할 것이
며, 또한 너를 쓰러트리고자 너를 심
판하기 위해 온 자라 하여 그와 같은
자 또한 수없이 너를 공격할 것임을
잊어서는 아니 될 것이니라.
20 저희들이 스스로 네가 이단이요, 사탄
이기에 너를 심판하기 위하여 나로부
터 명받아 세상에 온 자라 하여 저희
들이 무슨 심판관인 것처럼 설치는 자
가 또한 수없이 있을 것이니,
21 그 모든 고비 고비요, 그 모든 순간을
너희들은 지혜로운 속에서 넘어야 할
것이니, 그와 같은 너의 삶을 너는 잠
시도 잊어서는 아니 됨을 알아야 할
것이니라.
22 너를 떠나는 제자들, 너를 떠나 그들
이 나름대로 종교 집단이라 만들며 하
늘에 오르는 길이요, 만백성을 깨우치
는 자라며 그들이 또 하나의 소속의
집단을 만듦이니,
23 그와 같은 자 또한 수없이 이 세상을
덮어 나갈 것이니, 그들이 하는 행위
요, 하는 짓은 또한 네가 귀 기울여 신
경 쓸 것이 없음을 너는 알아야 할 것
이니라.
24 오로지 너를 통제하는 것은 나 여호와
뿐이니, 내가 나의 아들을 통제하거늘,
25 저희들이 네가 언제 죽을 것이며 네가
경제적인 핍박으로 쓰러질 것이며 너
의 제자들 또한 뿔뿔이 헤어질 것이라,
26 그리고 너의 기적이요, 네가 이루는
그 역사요, 나의 성령을 받아 기록하
는 그 모든 능력이 너로부터 떠났으니
너는 진정한 나의 아들이 아니요, 사
탄이요, 마귀로 전락하였다 하는 그와
같은 자들도 수없이 세상에 나와 너를
핍박하고 공격할 것이니,
27 거기에 대하여 네가 신경 쓰고 거기에
네가 마음자리를 두지 말라.
28 그리해서는 네가 정녕 이 길을 갈 수
없음을 알아야 할 것이니라.
29 '사람이 살아가면서 오죽하면 죽음을
선택하겠느냐?' 하는 그와 같은 말이
있느니라.
30 그와 같이 힘들고 어려운 길이라 해도
너는 이 길을 감에 흔들려서는 아니
됨이며,
31 항상 기도하고 경배하며, 나 여호와가
존재하며 내가 주관함을 너는 굳건히
믿어, 거기서 잠시도 흔들리는 그와
같은 마음 자세가 되어서는 아니 됨을
알아야 할 것이니라.
32 흔들리면 160권의 법전이 세상에 나
올 수도 없으며 만백성을 구원할 수도
없음이니,
33 내가 마지막 너희들에게 준비된 나라
를 넘겨주며 하늘에서 이룬 것같이 이
땅에서 영원히 이루고자 하는 그것이
다 수포로 돌아감이니,
34 이와 같은 뜻을 알아 너와 너의 제자
들은 뼈를 깎는 아픔이 있다 하여도
흔들리는 마음 자세가 있어서는 아니
됨을 알라.
35 열여섯 가정의 신부라 말한 그들이 변
질되고 변심하였을 때, 그들이 얼마
나 무서운 죄의 고통을 치러야 하는가
를,
36 아무것도 모르는 자가 나에게 와 벌을
받는 그 고통보다 너희들이 백배 천배

더하다 하였음이니,
37 너희들은 나의 이 가르침을 잠시도 잊
어서는 아니 되며, '설마 그러려니' 하
고 생각해서도 아니 됨을 알아야 할
것이니라.

3,868 번째 하나님 말씀

2002년 11월 5일 07시 39분

1 사랑하는 나의 아들아!
2 "네, 아버님! 말씀하옵소서."
3 너희들이 깨달음을 얻기 위하여, 너희
들이 구원의 길을 보기 위하여, 하늘
에 오르는 찬란한 빛의 영광을 보며
나의 음성을 들으며 나를 보기 위하여
금식이라는 기도를 하며, 또한 너희들
이 굶어 가며 울고불고 나에게 통곡의
기도를 하느니라.
4 그리하면서 너희들은 과연 그 굶음의
시간을 얼마나 많이 가지며 기도했느
냐 그를 또한 자랑으로 생각함이니라.
5 너희들은 여기서 알아야 할 것이니라.
6 너희들이 며칠을 굶어 금식이라 하는
기도를 한 다음 과연 얻어지는 것이
무엇이 있는가?
7 너희들은 무엇을 얻었으며 무엇을 깨
달았으며 나로부터 무엇을 들었는가?
8 믿음의 길을 가는 자, 그와 같은 금식
의 기도요, 그와 같은 산속의 기도요,
며칠 작정의 기도를 한다 하나, 너희
들이 과연 평생 그와 같은 기도의 역
사를 얼마나 이루며 행하는가?
9 너희들은 말하느니라.
10 며칠 동안 주야장천 기도했으며, 밤과
낮을 가리지 아니하고 몇 시간씩 기도
했다 말하느니라.
11 너희들은 과연 그와 같은 몇 시간씩
며칠 잠을 자지 아니하고 기도하는 것
이 너희들의 평생 살아가면서 얼마나
많은 횟수를 하며 얼마나 많은 기도를
하는가?
12 그것 또한 너희들이 나로부터 성령을
받아 그 깨달음을 만백성에게 전하며
나의 음성을 들어, 나의 성령을 들어
너희들이 스스로 변하는 그 깨달음의
역사를 받는 것이 아니요,
13 너희들이 너희 생각을 마음으로 지어
내 그저 나에게 시부렁대며 지껄여대
는 그와 같은 소리는 너희들의 자작극
이니,
14 자작극을 만들어 나에게 오른다 하며
나의 뜻이라 하며 그리 행하는 자, 과
연 평생에 몇 번씩이나 그나마 그 자
작극을 하며 기도를 하는가?
15 나의 아들은 과연 지금의 믿음의 가는
길을 어찌하는가?
16 그는 하루에도 수십 번씩 쉼이 없음이
니라.
17 그리고 중단함이 없음이니라.
18 그리고 그는 십계명을 한 번도 암송하
지 아니한 적이 없음이니라.
19 그리고 그는 나에 대하여 잠시도 마음
을 떠나지 아니하며, 하루, 365일, 또
그가 160권을 써낼 때까지, 그리고 그
가 생명을 거둘 때까지 꾸준히 하루에
몇십 번씩 나에게 경배하며 기도하며
나의 성령을 들음이니, 나의 성령을
듣는 것은 무엇이더냐?
20 너희들의 기도는 너희들이 생각하여
무엇을 이루어 주고 무슨 기적을 이루

어 주고 어찌해 달라는 기도이나,
21 내가 나의 아들을 통하여 내리는 것은
너희들이 어렵고 힘든 길을 가는 방법
이며, 행하는 것을 가르쳐 주며, 선을
행하는 방법이 무엇이며 악을 제거하
는 방법이 무엇인가 그를 가르쳐 주고
수없이 깨우쳐 줌이니,
22 과연 이 세상 나의 피조물 만백성 중
에 누가 나에게 가장 많이 기도를 드
리는 자며 나로부터 가르침을 받는 자
인가, 그리고 나의 뜻을 들어 행하는
자인가?
23 너희들은 이와 같은 이치를 한번 비교
해 보고 깨우칠 때가 되었음을 알아야
할 것이니라.
24 너의 제자들이 너를 보기에 그저 네가
나의 성령을 받아 기록하는 그것으로
써 하루의 일과를 마친다 생각하나,
네가 기도하는 숫자요, 기도하는 시간
이요, 나에게 경배하는 자세의 모습은
이 세상 만백성 그 누구도 따라갈 수
없음이니라.
25 이는 중단 없이 쉬는 날이 없으며, 그
나름대로 시간을 가짐이 없으며, 오로
지 변함없는 그 삶 속에서 그가 기도
하고 경배하기 때문에 한 달, 두 달,
일 년 사이에는 너희들이 더 많은 기
도를 하는 것도 같으며 너희들이 나로
부터 성령을 들어 선하고 아름다운 것
을 행하기 위하여 힘들고 어려운 길을
가는 종교 지도자들 같으나,
26 십 년 세월을 놓고 계속 그를 관찰하
고 바라다볼 때, 나의 아들처럼 변함
없는 자세로써 계명을 외우며 나의
뜻에 따라 만백성을 구하고자 기도하
는 자 없고 그를 따라갈 수 없으며, 또
한 그가 십계명을 암송하고 나에게 경
배하는 것도 너희들은 따라갈 수가 없
음이니라.
27 너의 제자들은 여기서 그를 보아야 할
것이니라.
28 그와 같은 흐름의 세상 속에서 누가
나의 아들이며 나로부터 선택된 목자
며 나의 뜻을 전하는 자인가를 너희들
이 여기서 구분하여야 할 것이니,
29 그리 구분하여 정녕 나의 아들이 나의
뜻을 따라 행하는 이 세상의 목자임을
너희들이 알 때 그 마음이 굳어질 것
이며,
30 나의 아들 예수로부터 등을 돌리고 그
를 팔았으며 어렵고 힘들 때 그를 버
렸던 그 제자들과 같은 자가 너희들
속에서 나오지 아니할 것이니, 그리
알아야 할 것이니라.

3,869 번째 하나님 말씀

2002년 11월 5일 07시 45분

1 사랑하는 나의 아들아!
2 "네, 아버님! 말씀하옵소서."
3 너는 나의 성전에 많은 백성이 와 나
의 법전을 공부하며, 나의 뜻을 전하
며 내가 내리는 강론을 전하는 네 강
론을 듣는 백성이 많이 와야만 한다고
생각하지 말라.
4 나는 그와 같이 생각하지 아니하며,
그를 원하고 있지 아니함이니라.
5 내가 신부라 명한 너의 제자들이요,
지금 나의 성전에 와 공부하는 그 백
성들이 진정한 하늘에 오르는 길을 보

고 깨우치며 그들이 어찌 변화되어 천
사와 같은 삶으로 바꾸느냐 하는 것이
우선 급하고 중요함을 너는 알아야 할
것이며, 그에 역점을 두어야 함을 잊
지 말라.
6 많은 백성이 나의 성전에 와서 너의
강론을 듣는 것이 중요함이 아니요,
7 지금 와 나의 법전을 읽고 깨우치며
하늘의 이치를 깨닫고 있는 나의 백성
이 마음을 고쳐서 등 돌리고 돌아서
지 않는 나의 백성으로 되는 것이 급
선무며 우선이고 중요함을 알아야 할
것이니라.
8 나의 아들 예수의 열두 제자들도 그를
버렸으며 등을 돌렸듯이, 그와 같은
백성이 있으면 무엇하며, 그와 같은
자들이 수천수만이 있으면 무엇하겠
는가?
9 그 어렵고 힘든 고비에서 등을 돌리지
아니하는 너의 제자, 단 한 사람이라
도 그와 같은 자가 나오는 것이 더 소
중하며, 그가 더 역사함을 너는 알아
야 할 것이니라.
10 너희들이 천릿길을 가는 것도 첫발부
터 디뎌 시작하지, 첫발을 디디지 아
니하고 시작할 수 없음이니라.
11 첫발을 잘 디뎠을 때 천 보 만 보 그
천릿길을 갈 수 있듯이,
12 지금 나의 백성이요, 너의 제자라 하
여 나의 성령을 믿으며 법전을 읽고
하늘에 오르고자 노력하는 그 백성이
바로 첫발을 디뎌 놓은 그와 같은 자
들이니라.
13 첫발을 디뎌 놓을 때 그는 한 발자국
을 디뎌 놓는 것이 아니더냐?
14 그 후에 천 보 만 보 수많은 발자국을
디딤이 있듯이, 너의 제자들이 지금
첫발을 디뎌 놓는 그와 같은 자이니,
15 첫발을 바로 디뎌 놓음으로써 역사를
이루듯이, 너의 제자들이 변하는 것이
더 우선이며 너의 제자들이 바로 서는
것이 가장 급한 것이니, 거기에 네가
시선을 돌려 그들을 깨우쳐 그들의 마
음을 바로잡는 데 모든 역점을 두어야
할 것이니라.
16 네가 재물에 대해 고민할 필요도 없는
것이며, 많은 백성이 성전에 와 너의
강론을 듣기를 원하지 말라.
17 그는 장사꾼이요, 거래하는 자요, 제
가 가지고 있는 상식을 팔아먹는 자,
또한 집단의 소속을 이루고자 하여 하
나의 고리를 엮고자 하는 자, 그들이
하는 짓이니라.
18 너는 나의 아들이요, 나 여호와의 뜻
에 따라 그 하나 변하는 자가 이루는
그 역사는 말할 수 없음이니라.
19 그리하여 너의 제자들이 바로 서는 것
이 급선무이며 그게 급한 너의 대명임
을 알라.
20 지금 내가 160권의 법전을 한 사람을
통해 만들어 내 세상을 눈으로 덮듯이
다 덮어 버리며, 천 년에 걸쳐서 천국
의 왕국처럼 하늘의 왕국을 이루는 그
역사가 너로부터 시작하지 아니하던
가?
21 지금의 너의 제자들의 그 믿음이 흔들
리지 아니함이 얼마나 위대한 역사인
가를 알라.
22 오는 사람 기다리지 말며, 네 품에 와
있는 너의 제자들이 바로 설 수 있도

록 나의 성령을 깊이 깨우쳐 가르치도
록 그리하라, 나의 아들아!

3,870 번째 하나님 말씀

2002년 11월 5일 07시 59분

1 사랑하는 나의 아들아!
2 "네, 아버님! 말씀하옵소서."
3 이제는 너의 제자들에게 일깨워 전해
야 할 것이니라.
4 내가 너희들에게 무어라 말하였느냐?
5 마음을 비우라 하였음이니라.
6 너희 자신의 존재함을 의식하지 말며
마음을 비웠을 때 너희들이 새로 태어
나는 인생이며, 세상의 변화하는 그
역사를 볼 수 있으며, 나 여호와의 음
성을 들으며 나를 볼 수 있다 내가 너
희들에게 말하지 아니하였던가?
7 그러나 나의 피조물 만백성 너희들은
그 마음의 끈을 놓지 못하는 것이니라.
8 너희들은 깨달음이요, 마음의 변화를
어찌 이루어 가는가?
9 그저 조금씩 조금씩 변해 가고자 하
는 그와 같은 마음으로 변함이니, 그
는 바로 무엇이던가?
10 너희들은 하나에 부딪칠 때마다 계산
하고 생각하여 거기서 또 하나를 깨닫
고 얻는 그와 같은 편안한 믿음으로
가고 있음이니,
11 어찌하여 너희들이 나쁜 것, 잘못된
습성을 버리며 곱고 아름다운 마음으
로 살아가는 것을, 그저 너희들이 보
석을 놓고 쳐다보듯이 그리고 소중한
것을 놓지 못하는 것처럼 그리 한 번
에 끈을 놓지 못하며 그리도 잘못된
습관이요, 관습에 연연하여 너희들이
변하지 못하는가?
12 이제 너의 제자들의 깨우침이 높으며
경지가 높음이니라.
13 너희들이 같은 양의 물을 쏟을 때, 조
금씩 조금씩 대지를 적시는 것과 짧은
시간 내에 많은 물로써 대지에 부어
내릴 때 그 위력이 어떠하던가?
14 하늘에서 내리는 비가 단시간 내에 그
많은 양이 내렸을 때 어떠한 변화의
역사가 생기는가?
15 너희들의 깨달음이 이제 그와 같은 변
화의 역사 속에서 깨달음을 얻어야 할
것이니라.
16 어찌하여 잘못된 습관이요, 남을 용서
할 수 없는 마음이요, 남을 사랑하지
못하는 마음이요, 너희 마음속에 악을
버리는 데 그리도 연연하여 그저 조금
씩 조금씩 끈을 놓는 그와 같은 형국
으로 변화를 가고자 하는가?
17 그리 변하고자 했을 때 너희들은 또한
그 변한 것만큼 사악한 마음의 시험에
넘어짐이니, 이제 놓아야 할 그 마음
의 끈을 일시에 두 손을 다 놓으라 그
리 말하라.
18 사랑하는 나의 아들아, 너의 제자들에
게 그리 전하라.
19 두 손에 쥐고 있는 그 잘못된 것을 서
서히 너희들이 눈치를 봐 가며 계산을
해 가면서 하나씩 하나씩 변화되는 그
와 같은 변화의 삶을 갈 때가 아님이
니라.
20 모두를 그저 두 손에 들고 있던 것을
탁 놓듯이 너희들이 마음의 창문을 열
어야 할 것이니라.

21 그 마음의 창문을 열 때 너희들이 모
두를 볼 수 있으며 세상사의 변화됨을
알 수 있는 것이니라.
22 어찌하여 너희들은 나쁜 습관이요, 악
습을 놓고 버리는 데 그리도 많은 시
간이 걸리며, 너희들의 마음 한 자리
비우는 것이 무엇이 그리도 아깝고 소
중하여 그저 조금씩 조금씩 너희들이
그리 변하여 가고자 하는가?
23 너희들은 선택된 나의 백성이요, 나의
아들의 신부라 말하였으니, 그저 일시
에 탁 놓는 그와 같은 마음의 변화를
가져야 함을 그들에게 전하라.
24 그와 같이 모두를 일순간에 놓으면 백
가지 천 가지 부딪칠 때마다 생각할
이유가 없으며, 계산할 일이 없으며,
너희들이 고민하며 생각할 필요도 없
거늘,
25 좁쌀알 같은 마음속에서 아름답고 선
한 마음만이 나올 수 있는 것은 그저
너희들 마음을 다 놓는 것밖에 없음이
니라.
26 일순간에 너희들 마음을 다 놓는 것만
이 너희들이 모두를 알 수 있음이니라.
27 그저 마음을 일시에 탁 놓으라.
28 너희들이 무거운 것을 들어 올리려다
들어 올리지 못했을 때 그저 버리는
것처럼 너희 마음을 그와 같이 한순간
에 버려 버리고 다 던져 버리라.
29 그러면 너희들이 살아가는 것에 고민
이 없으며, 고통이 없으며, 부딪칠 때
마다 계산하여 너희들이 생각하여 변
하는 그 고통의 길을 가지 아니하여도
됨이니, 이제 너의 제자들은 그리 놓
아야 할 것이니라.
30 무거운 것을 들어 올리다 도저히 들어
올릴 수 없어 그를 던지듯이 그것이
너희들이 가야 할 길이며 행하여야 할
길이거늘, 거기서 몸부림치지 말라 그
리 전하라, 사랑하는 나의 아들아!
31 내가 너의 제자들을 사랑함이니라.
32 그 무거운 짐을 들어 올리고자 몸부림
치다가 도저히 힘이 부족하여 그를 땅
에 집어던지듯이, 그와 같이 과감히
너희들이 모든 마음을 다 던지고 비우
라.
33 그랬을 때 너희들은 세상사의 깨달음
을 얻게 됨이니라.

3,871 번째 하나님 말씀

2002년 11월 5일 12시 17분

(강론을 마치며)

1 사랑하는 나의 아들아!
2 "네, 아버님! 말씀하옵소서."
3 너의 제자들에게 일깨워 주라.
4 네가 암송하는 그 십계명이 무엇이더
냐?
5 내가 불로써 기록한 것이며, 영원히
변하지 못하도록 단단한 돌에 그를 기
록하였음이니,
6 첫째는 너희들이 이를 지키고 구원을
받으라는 뜻이요,
7 둘째는 너희들의 구약과 신약의 모든
성서가 변질되어 너희들의 뜻과 너희
들의 입맛에 맞도록 고쳐 쓴다는 것을
내가 미리 알고 있었으며,
8 그리하여 내가 십계명으로 요약하여
거기다 기록하였음이니, 그는 무엇이
더냐?

9 오늘과 같이 사악한 형국으로 변할 것
을 미리 알고 있었기 때문이니, 과거
와 현재와 미래를 엮어서 가르칠 수
있는 것은 나 여호와밖에 없음이니,
10 너희들이 한 치 앞도 모르듯이 너희들
이 변화되는 것을 모르면서 과연 몇천
년 후에 흐르고 흐르는 그 역사의 변
함을 어찌 알겠는가?
11 나 여호와는 그를 알고 있었음이니라.
12 이것만이 정녕 변할 수 없는 것이며,
이것이야말로 한 자요, 한 획도, 한 뜻
도 들어가거나 빠진 것이 없음이니,
13 이는 바로 너희들의 생명의 근본이며,
또한 너희들이 이와 같이 변질되어 오
늘과 같이 사악한 백성으로 변할 것을
내가 알고 있었음이니, 그 십계명이
얼마나 소중하던가?
14 나의 아들이 너희들 앞에서 가슴이 아
프도록, 목이 메어 오도록 십계명을
암송하며 기도를 하나니, 그 십계명을
외울 때 한 장의 종이에다 그 십계명
을 기록하였다고 생각해 보라.
15 그 종이에 적힌 한 장 한 장의 십계명
이 쌓였을 때, 지금 나의 아들이 십계
명을 암송한 것이, 그 종이의 장수가
얼마나 높이 쌓였겠는가?
16 천 날을 했으면 천 장이 쌓였을 것이
니, 그 천 장의 높이만큼 나의 아들이
변해 있음을 알아야 할 것이니라.
17 나의 아들의 머리카락이 하얘졌을 때
세상사에 모든 기적을 이루며, 너희들
은 나의 아들이라는 것을 알게 될 것
이며, 그를 따른 영광이요, 축복을 알
것이니라.
18 너희들이 예수의 옷깃을 스쳐 병을 고
친 자의 역사는 아나, 오늘의 나의 아
들의 옷깃을 스치는 그 영광의 역사가
얼마나 방대하고 위대한 것인가를 모
르니,
19 나의 아들의 머리카락이 하얗게 변할
때 알게 될 것이라 하였음이니라.
20 나의 아들이 십계명을 암송할 때마다
그를 한 장의 종이에 기록하여 그 종
이 한 장 한 장을 쌓아 놓을 때, 만 번
을 외웠을 때는 만 장의 높이가 쌓일
것이며, 그의 키 높이만큼 쌓였을 때
그의 머리가 하얘짐이니,
21 이게 나만이 알고 있는 비밀을 미리
내가 너희들에게 오늘 깨우쳐 줌이니,
얼마나 십계명이 소중하던가?
22 나의 아들이 십계명을 암송할 때 그
종이 한 장 한 장이 쌓여 그의 키를 덮
을 때, 그의 마음속에는 십계명이 모
두 뿌리를 내리고 있으며 그게 그를
다 차지하고 있으며 그의 형체가 없음
이니, 그때서부터 그가 역사를 이룸이
니라.
23 예수가 나의 뜻의 역사를 이룬 것은
성령으로써 했으며, 육신은 있다 하나
그 육신의 생각이 없었으며, 육신의
마음 자체가 없어졌을 때, 나의 성령
으로써만 충만 되었을 때 그가 그 역
사를 이루었음이니,
24 나의 아들이 지금 십계명을 암송하고
탐독한 것이 그 한 장 한 장의 종이에
다 기록한 것이 나의 아들의 키를 덮
어 머리를 넘을 때 그의 머리카락이
하얘질 것이며, 그때 모든 역사가 이
루어짐을 너희들은 알아야 할 것이니
라.

25 그것이 내가 너희들에게 가르치는 나
의 뜻임을 알아야 할 것이며, 오늘에
기록되어 이 기도를 듣는 너희는 이
말이 나 여호와의 뜻임을 알라.
26 사랑하는 나의 아들아!
27 "네, 아버님! 말씀하옵소서."
28 너의 제자들의 손에 쥐여 주어 깨우쳐
주라.
29 내가 너희에게 말하여 일렀느니라.
30 너희들이 남는 것을 남에게 주는 것은
사랑이 아니요, 남는 것을 남에게 베
풀어 주며 생색을 내는 것은 사랑이
아니라 하였음이니라.
31 너희들이 천금을 남에게 주었다 해도
생색을 내며 제 이름 석 자를 세상에
알리면 그는 축복이 아니요, 영광을
받을 것이 없다 내가 말하였음이니,
너희들은 이제 깨우쳐야 할 것이니라.
32 너희들이 정녕 사랑이요, 나눔이요,
베풂을 할 수 있는 것은 너희들이 베
풀어 주고 던져 주었을 때 그 메아리
가 돌아올 수 없는 자에게 베푸는 것
이 진정한 사랑이라는 것을 오늘 너희
가슴속에 깊이 새기도록 하라.
33 너희가 남을 도와주었을 때, 그가 너
희에게 보답할 기회가 없으며 능력이
없는 자, 그리고 너희에게 보답할 수
없는, 가진 것이 없는 불쌍한 자, 그와
같은 자에게 베푸는 것이 너희들의 베
풂이요, 사랑이니라.
34 너희들이 차 한 잔을 사 주며 밥 한 그
릇을 대접했을 때, 그 보답을 받을 수
있는 사람에게 준다는 것은 사랑도 아
니요, 베풂도 아니요, 나눔도 아님이
니라.
35 그 모두는 다 거래임을 잊어서는 아니
될 것이니라.
36 권력이 있는 자에게 너희들이 가서 나
누며 사랑을 베푸는 것은 아부함이며,
가진 자에게 베푸는 것은 거래함이니
라.
37 이와 같은 것이 너희들의 베풂이요,
나눔이니, 너희들은 이 뜻을 가슴속에
깊이 새겨 너희들이 다시는 받을 수
없는 자, 너희들이 베풀었으나 인사
한마디 받을 수 없는 자, 너희들이 베
풀었으나 그들이 너희에게 베풀 수
없는 자, 그와 같이 불쌍하고 가난하
고 어려운 자에게 베푸는 것이 내가
사랑하는 것이요, 나를 대신하여 너희
가 베풀며 살아가는 근본임을 잊지
말라.
38 내가 오늘 너희를 사랑함이니, 내가
말로써 나의 아들을 통하여 너희에게
전함이니, 내가 너희를 사랑함을 잊지
말라.

3,872 번째 하나님 말씀

2002년 11월 6일 08시 39분

1 사랑하는 나의 아들아!
2 "네, 아버님! 말씀하옵소서."
3 너희들이 인생을 살아가는 것이 하루
이틀의 삶도 아니요, 너희들은 정착된
생활 속에서 인생을 살아감이니,
4 거기에 너희들이 희비애락이 있으며
인간의 삶이 있으며 집단의 거주요,
또한 그와 같은 의미가 있음이니라.
5 그리고 가족 단위의 삶의 안락함을 얻
을 수 있음이니, 2천 년 전 나의 아들

예수는 어찌 살았는가?

6 그는 정착한 곳이 없었으며, 가정이 없었으며, 또한 그는 저 자신이 한곳에 머물러 만백성을 구하는 그와 같은 준비된 삶을 살지 아니하였음을 너희들은 어찌하여 생각하지 못하는가?

7 그는 광야를 떠돌아다니면서 만백성을 구하며, 또한 발로 뛰어다니면서 그 백성을 구하고자 그리하였음이니라.

8 그 고통과 그의 삶의 시련이 얼마나 어렵고 힘들었는가 너희들은 지금에 와 돌아다보는 그와 같은 시간을 가져야 함을 잊지 말라.

9 너희들은 정착된 생활이요, 안정된 생활 속에서 모두를 다 영위하면서 살아감이니,

10 그 자체도 너희들이 나의 아들 예수가 광야에서 정착하지 아니하며 방랑자와 같은 그 어렵고 힘든 생활 속에서 나의 복음을 전하며 나의 뜻을 전하여 역사를 이루고자 했던 그 과정을 생각해 볼 때, 너희들이 가정이 있으며 또 정착된 생활이요, 같이 집단의 거주를 하는 그 생활 속에 삶의 아름다움이 얼마나 축복받은 것인가 생각해 봐야 할 것이니라.

11 하물며 그것으로써도 너희들이 나의 아들 예수의 가는 길을 갈 수 없으며 너희들이 축복된 생활 속에 가고 있거늘,

12 내가 만든 이 지상의 성전에다가 또 너희 손으로 성전이라 하여 만들어 두꺼비 집같이 지어 놓은 그곳에서 재물을 거둬들이며 만백성에게 제왕적인 위치에서 군림하고 살아가는 것이 지금의 종교 지도자들의 형태이니, 과연 너희들은 그와 같은 부끄러움을 생각하지 아니하는가?

13 그리하여 너에게 만백성이 물어 말할 것이니라.

14 '어찌하여 당신은 한 성전에 지켜 서서 강론하며 여기에서 사람들을 이끌어 가느냐?' 너에게 물을 것이니라.

15 그러나 나의 아들 예수가 광야를 다니며 만백성을 구하려 했듯이, 나를 대신하여 네가 법전이라 하여 만든 그 책이 곧 무어라 말하였느냐?

16 지도자 한 사람이라 말하였으니, 너에게 호화로운 생활, 평화로운 생활을 하라 내가 명하지 아니하였음이니라.

17 너는 오로지 나의 160권의 법전을 써내는 그 생활에만 전념을 다할 것이며,

18 오로지 예수에게는 직접 그가 전하여 광야를 떠돌며 만백성을 구하라 하였으나,

19 너는 160권의 법전을 조용한 가운데 토막과 같은, 움막과 같은 곳에서 어떠한 형편이든 네가 의식주를 해결하는 그 생활 속에서 160권의 법전을 써 세상에 전하는 것이 너에게 가장 큰 영광이요, 축복의 누림의 삶이라 그리 내가 말하였느니라.

20 이는 지금은 나의 법전이 나가 세상을 덮는 그 역사를 함이며,

21 나의 아들 예수가 가르쳤듯이 그 법전들이 떠돌아다니며 만백성을 깨우치며, 너는 그를 기록하여 만백성에게 전하는 대임을 대신하는 것임이니, 그들의 질문에 개의치 말라.

22 예수의 고통과 예수의 살아간 그 긴
세월동안 그가 정착된 생활이 아니요,
떠돌아다니는 그 생활 속에서 만백성
을 구하고자 했던 그 삶을 너희들은
돌이켜 봐야 할 것이니,
23 너희들의 오늘의 삶이 얼마나 부유하
며 윤택한 삶이며, 너희들이 축복된
속에서 나의 성령을 전하며 만백성을
구하는 길을 가는가?
24 지금 그리하기에 너희들이 나의 성령
을 이해하며 내가 너희들에게 깨우치
고자 하는 것을 깨달을 수 있다면 예
수와 같은 삶을 살라 하였음이니,
25 그가 떠도는 삶을 산 것을 말함이 아
니요, 그의 마음가짐이요, 그의 어렵
고 힘든 생활에 버금가는 그와 같은
어렵고 힘든 생활을 마다하지 아니하
고 그 속에서 만백성을 깨우칠 때, 너
희들은 진실이 있으며 아름다움이 있
음이니라.
26 재물을 모으고자 하며 금화를 거둬들
이고자 하는 그와 같은 생각으로써
너희들이 남보다 편하고자 하는 생활
속에서 믿음을 전한다고 하는 것은 형
식이요, 허례허식이니,
27 꿈속에서 지금 헤매고 있는 것이 종교
지도자요, 그곳에 가 구원을 받고자
하는 너희들 집단의 형태임을 이제 알
아야 할 것이니라.

3,873 번째 하나님 말씀

2002년 11월 6일 08시 43분

1 사랑하는 나의 아들아!
2 "네, 아버님! 말씀하옵소서."
3 나의 법전을 던지고 떠난 자, 나의 성
전을 떠난 자, 너에게 언성을 높이며
떠난 그 백성, 그들이 다 다시 돌아올
때 너희들은 형제를 맞이하는 것처럼
즐거운 마음으로 그들을 받아들이도
록 그리해야 함을 잊지 말라.
4 너희들은 말할 것이니라.
5 선지자요, 나의 아들인 그를 떠나지
아니하고 자리를 지킨 자 너희들은,
나의 아들이 그를 박대하며 떠났다가
다시 오는 자를 반기는 것으로써 그의
마음이 그러려니 생각하며,
6 나의 아들 옆에 존재하며 같이 고생과
시련의 길을 간 너희들을 나의 아들이
버린다 그리 생각할 것이니, 너희들은
그리 생각지 말며 그를 염려치 말라.
7 너희는 나의 아들과 같이함이요, 나의
아들과 같은 존재로서 같은 길을 갔음
이니, 내가 내 아들이요, 내 딸이라 너
희들을 명하지 아니하였던가?
8 나의 아들은 나를 떠났던 형제가 돌아
오는 것을 반기며 그를 사랑한다 하
나, 나의 아들 옆에 자리를 지켰던 너
희들에게서 멀어짐이 아니요, 너희들
을 버리는 것이 아니요, 너희들에게서
마음이 떠남이 아니니라.
9 이미 너희들은 나의 아들과 하나가 되
어 있음이니, 그가 무엇을 저 자신을
챙기겠는가?
10 너희들은 그와 같은 마음으로써 떠났
다 다시 돌아오는 그 형제들을 반겨야
함을 잊지 말라.
11 떠났다 다시 돌아오는 것은 너희들 형
제가 세상에 다시 태어나는 사람이라
생각하면 될 것이며,

12 한 생명이 세상에 다시 태어났으니 그
를 축복해 주는 그와 같은 마음으로써
너희들이 그들을 반겨야 할 것이니,
13 너희들은 이와 같은 이치의 깨달음을
얻어야 할 것이니라.
14 등 돌려 떠났다 오는 자, 너희들이 즐
거운 마음으로 사랑하는 마음으로 그
들을 반겨 주는 너그러운 마음으로써
너희 자리를 지켜야 함을 잊지 말라.
15 나의 아들이 그들을 반긴다 하여 너희
들에게서 멀어짐이 아니요, 그들에게
마음을 다 줌이 아니니, 너희들은 그
와 같은 생각에 염려치 말라.
16 남아 있는 자, 너희들은 나의 아들과
한 몸이라 내가 말하였음이니, 이제
돌아오는 자, 새로운 너희들의 형제가
세상에 태어나는 그와 같은 축복과 축
하의 마음으로써 그를 반겨 주는 너희
들이 되어야 함을 잊지 말도록 그리하
라.
17 너의 제자들에게 전하여 그들의 마음
을 바로 깨우치며, 그들이 스스로 그
형제를 반기며 그 형제를 품에 안을
수 있는 그와 같은 마음의 역량을 갖
도록 너의 제자들에게 미리 가르치고
깨우쳐 주도록 그리함을 잊지 말라.

3,874 번째 하나님 말씀

2002년 11월 6일 08시 49분

1 사랑하는 나의 아들아!
2 "네, 아버님! 말씀하옵소서."
3 수천 년 동안 흘러오는 종교 지도자들
의 그 작태가 무엇이었느냐?
4 그들은 단상에 서서 너희에게 물어보
느니라.
5 저희들이 신도라 하며 구원을 받기 위
하여 그들이 말하는 대로 모두를 다
바쳐 그 길을 구원의 길이라 가는 백
성인 그 신도들에게 그러느니라.
6 '너희는 죽어서 어디로 가는지 아는
가?' 종교 지도자가 그리 물음이니, 모
든 신도는 그리 말하느니라.
7 '우리는 하늘로 올라갑니다.' 그리 대
답하니, 너희들이 천국의 문을 너희
마음대로 들어올 수 있으며 나갈 수
있다 그리 착각 속에 있는 것이 지금
믿음의 길을 가고 있는 너희들의 작태
이니, 이를 내가 어찌 봐야 하겠는가?
8 천국의 문을 열고 닫는 것은 나의 고
유의 권한이요, 나 외에는 아무도 할
수 없다 하였거늘,
9 종교 지도자가 재물과 금화를 거둬들
이면서 너희들에게 전할 말이 없으며
줄 것이 없으니, 그들이 하는 말이,
'많은 신도 너희들은 죽어서 어디로
가느냐?' 그리 물으니, 그 종교 지도자
가 물을 때, 너희들은 대답하느니라.
10 '우리는 천국의 하늘나라에 올라갑니
다.' 그리 말하느니라.
11 그 오만하고 방자함이 얼마나 무서운
가를, 백 년도 안 되는 육의 삶의 종말
을 거둘 날이 머지않았으니, 그때쯤
너희들은 알게 될 것이니라.
12 종교 지도자들이 너희들로부터 재물
을 받아 너희들이 천국에 올라간다 하
니, 너희를 자극하고 또 한 술 더 떠서
그가 가르치기를 뭐라 말하는지 아는
가?
13 '그러니라. 이곳에 와 재물을 바치고

기도하고 경배하는 너희들은 천국에
올라가는 것이며 하늘에 올라가는 것
이라' 그리 말하며,
14 '그뿐이더냐? 너희들은 하늘에 올라
가 너희 후손들의 미래를 위하여, 지
금 너희 육의 자신들의 미래와 장래의
그들의 축복을 위하여 너희 자식들을
대신하여 기도를 드릴 수 있는 그와
같은 영광과 축복을 또한 누리게 됨이
니,
15 너희들은 하늘에 올라가게 되며, 하늘
에 올라가 구원을 받아 그곳에서 그
자식들에 대한 축복을 위하여 기도해
주는 그와 같은 영광이 있다.' 하니,
16 그 자식들을 사랑하는 육의 부모의 마
음으로써 그들에게 있는 것 없는 것을
다 바치도록 그리 가르치는 것이 지금
종교 지도자의 작태이니라.
17 그러면서 그들은 또 한 술 더 떠서 뭐
라 하는가?
18 너희들이 가지고 있는 금화와 은화를
바치니, 너희 몸에 지니고 있는 그 패
물이라는 것까지도 다 바치도록 하기
위하여 그들은 말하느니라.
19 '여기 와서 기도하는 자 천국으로 올
라갈 수 있으며, 여기 와서 기도하지
아니하는 자 어찌 되는지 아느냐?' 너
희 신도들에게 물음이니, 그들이 또
대답하여 일러 말하느니라.
20 그들은 '여기 와서 저희들과 같이 기
도하고 경배하지 않는 자, 죽어서 귀
신이 된다.' 그리 말하느니라.
21 그러니 그가 또 말하여 가르치기를,
'귀신이 되어 저를 미워했던 사람의
몸에 들어가 그를 괴롭히며 그와 같은
사악한 짓을 하고 사는 것이 곧 저희
들이 만든 성전에 와 기도하지 않는
자들이 사는 것이라' 그리 말하느니라.
22 믿지 않는 자는 귀신이 되어 저희들이
미워하는 사람의 몸에 들어가 그를 괴
롭히며 그와 같이 사는 것이며,
23 저의 후손이요, 저의 아버지요, 저의
시누이요, 저의 올케요, 그와 같은 부
모까지도 그 귀신이 몸에 들어가 그들
을 괴롭히며 그들을 사탄으로 몰고 가
는 것이 저희들이 만든 성전에 와 기
도하고 재물을 바치지 아니하는 자가
가는 길이라 그리 말하느니라.
24 너희들은 그 말을 들으면서 맞다 말하
느니라.
25 '아멘!'이요, '할렐루야!' 하며, 정녕 하
늘에 올라와 축복을 받으며 선하고
아름답게 살아가며 계명의 뜻에 따라
사는, 저희들의 성전에 오지 않는 그
백성을 내가 더 기억하며 그들을 사랑
함을 모르느니라.
26 너희들이 그와 같이 하늘에 오른 자
요, 너희들은 죽어서 하늘에 와 너희
자식들의 영혼을 위해서까지 기도드
릴 수 있는 특혜를 받은 것처럼 그리
현혹하고 유혹하는 그 사악한 자들의
말에 너희들이 가져온 재물이요, 금화
요, 은화요, 몸에 지니고 있는 금붙이
요, 쇠붙이까지 다 바치도록 만드니,
그들이 얼마나 사악한 자인가?
27 거기에 현혹되어 너희들이 살아감이
니, 이와 같은 실태를 내가 낱낱이 너
희들에게 기록하여 깨우쳐 책으로 전
함이니,
28 이를 읽고도 그를 반성하지 못하는

자, 머지않아 너희들이 심판대에 섬을
알 것이니, 너희들은 나의 심판대 앞
에 설 자격도 없음이니라.
29 그저 죽어 와 너희들이 지은 죄대로
그대로 심판대에 서지도 못하며 심판
을 받지도 못하며,
30 너희들이 심판대에 올라가 체중을 달
듯이 올라서나, 너희들에게는 갑론을
박의 가치도 없이 그저 그대로 지옥
불로 가는 것이니라.
31 이를 너희들이 알아야 할 것이며, 이
를 모르는 자, 너희들이 어찌 되는가
하는 것은 스스로 너희들이 머지않은
삶에서 알게 될 것이니라.
32 내가 너희들에게 강조함이니라.
33 모두는 내가 만든 성전이요, 내가 만
든 지상에서 아름답게 살며 선하게 사
는 자, 내가 너희보다 그들을 더 기억
함이니라.
34 말로써 세상 것을 다 주며 나에게 오
르려 하는 자, 행동은 하지 아니하며
말로써 축복받았다 하여 금화와 은화
로 모두를 사려고 하는 자, 너희들이
얼마나 어리석은 자인가?
35 나는 너희들이 지은 그 죄의 온상에
가지 아니하고 나의 계명을 지키며 자
식들과 앉아서 이 모두는 나 여호와의
축복이요, 은혜 속에 살아간다는 생각
을 하고 사는 백성, 그들을 기억하며
그들을 내가 구원함을 잊지 말라.

3,875 번째 하나님 말씀

2002년 11월 6일 08시 55분

1 사랑하는 나의 아들아!
2 "네, 아버님! 말씀하옵소서."
3 만백성을 지도한다는 종교 지도자들
이 지금 어찌 가는가?
4 내가 이룬 아름다운 이 성전에 저희들
이 두꺼비집 같은 움막을 지어 놓고
그곳에 와 기도하는 자 축복을 받는다
하니,
5 저희들은 그 지어 놓은 두꺼비집을 관
리하고 유지하기 위해 많은 재물과 금
화를 받아들이지 아니하면 그들이 살
수 없음이니라.
6 그러니 그들이 무어라 말하는가?
7 저희들 손으로 지은 성전에 와 기도하
며 재물을 많이 바치는 자, 마음에 근
심이 없어지며 평온을 얻게 되는 것이
라 그리 말하느니라.
8 그러니 그들이 바로 그러하니라.
9 그들은 재물로써 축복을 받을 수 있으
며 하늘로 올라갈 수 있는 길이라는
현혹된 말에 스스로 재물을 바침으로
써 저희들은 축복을 받으며,
10 그리고 근심 걱정을 나 여호와가 다
덜어 주며 저희들에게 영화가 있는 것
이며 천국의 문을 들어설 수 있다는
그와 같은 착각 속에서 환상에 젖어
있으니,
11 환상 속에서 저희들이 근심 걱정이 없
는 그와 같은 착각을 하고 있음을 알
아야 할 것이니라.
12 그러면서 종교 지도자가 단상에 서서
무어라 말하는가?
13 하늘나라에 많이 바치는 자, 그리고
저희들이 지은 성전에서 눈물로써 기
도하고 무엇을 달라 구하는 자, 이는
곧 하나님의 자식으로서 효도하는 자

며 효성스런 자식이 되는 것이니,
14 가장 행복하고 편안하며 근심 걱정이 없어지며 평온한 마음으로써 살아가는 것이 너희들이 성전에 와 재물을 바치고 기도하는 길이라 그리 말하는 것이니라.
15 과연 너희들은 그러하던가?
16 효라는 것이 무엇이던가?
17 추운 겨울날 등 따뜻하게 불 때 주는 그 자식이 행하는 것이 늙은 부모에게 효도하는 간단한 진리라 내가 말하였음이니라.
18 말로써 부모에게 '방 따뜻하냐, 방이 춥지 않으냐?' 하면 과연 추운 냉방이 더워질 수 있겠는가?
19 거기에는 불을 지펴 주는 그 효성스런 아들의 정성에 의하여 온기가 도는 방이 되지 아니하겠는가?
20 지금의 믿음의 길을 가고 있는 자, 너희들은 말로써 하느니라.
21 '부모여!, 지금 있는 방이 춥지는 아니하며 더운가?' 물어보느니라.
22 그리고 춥다 말한들, 그들은 장작불을 때 주는 것이 아니요, 덥다 하여 시원한 바람을 불어넣도록 하는 것이 아니며, 그저 말로써만 끝나는 것이니라.
23 그러나 어리석고 불쌍한 아들이 그 부모가 춥다 하여 불을 때 드리며 덥다 하여 시원하게 해 드리는 것이 바로 행함이 아니고 무엇이던가?
24 이와 같이 중요한 그 행함을 하지 아니하고 말로써 구원을 받는다 하는 것이 지금 너희들이 하고 있는 행위임을 알아야 할 것이니라.
25 그저 너희들이 거짓으로, 재물을 바치고 울부짖고 기도하면 그것으로써 하나님 나 여호와 창조주로부터 구원의 축복을 받아 근심 걱정이 없다 그리 말하니,
26 마약 중독자가 무엇이며 알코올 중독자가 무엇이던가?
27 맨정신에서 그가 환상에 젖어 그 즐거움을 알며 쾌락을 알며 육신의 환상에 젖어 있는가?
28 지금 믿음의 길에서 너희들이 구원을 받으며 재물을 바치며 악을 쓰고 찬송을 부르고 나왔을 때, 너희들은 근심 걱정이 없어지며 축복을 받는다 그리 가르치는 종교 지도자가 너희들을 알코올 중독자요, 마약 중독자와 똑같이 만들어 놓았음이니,
29 마약에 중독된 자, 알코올에 중독된 자, 제가 이성이 있고 방향을 아는가?
30 그와 같은 자들에게서 재물과 은화를 거둬들이느니라.
31 인간 너희들도 알코올에 중독되며 마약에 중독된 자는 살인하는 것을 두려워하지 아니하며 제가 한 일을 모르고 있음이니,
32 지금 종교 집단의 가르침 속에 가는 종파에 신도라 하여 저희들이 구원받았다 감히 말하는 자들이 지금 알코올이요, 마약에 중독된 자보다 더한 환각과 환상에 빠져 꿈속에서 헤매고 있음이니,
33 나의 법전을 손에 받아 이를 읽고 정독하여 그 꿈에서 깨어나도록 하라.
34 꿈에서 깨어나지 못하며 환상에 젖어 허덕이는 그 백성을 구할 수 있는 길은 내가 지금 제3의 시대에 내리는 나

의 법전뿐이니,
35 이를 전하고 깨우치는 너희들이 인간
의 병자를 살리는 의사요, 너희들이
구세주임을 너의 제자들에게 잊지 말
고 전하라.
36 바로 나의 법전을 전하는 것이 구세주
의 역할을 하는 것이며, 내가 사랑하
는 만백성을 구원하는 것이 너희들의
대임이니,
37 구세주로서 나에게 명을 받은 것이 바
로 너희들임을 잊지 말라.
38 나의 법전을 읽고 깨우치고 정독하는
너의 제자들이 바로 나로부터 구세주
의 그 임명장을 받은 자들임을 오늘
그들에게 가르쳐 주도록 그리하라, 사
랑하는 나의 아들아!

3,876 번째 하나님 말씀

2002년 11월 6일 09시 09분

1 사랑하는 나의 아들아!
2 "네, 아버님! 말씀하옵소서."
3 수천 년 동안 흘러오는 그 종교 지도
자요, 그 종파들이 나의 피조물 만백
성을 우롱하며 그리 이끌어 와 그들이
그 호화로운 성전이라는 것을 지었으
며 궁궐보다도 더 찬란하고 아름답게
꾸려 놓고 갖은 형태로 의상을 갖춰
행사를 함이니,
4 그것은 하늘나라에서 내가 원하는 것
이 아니며 내가 바라는 행사가 아님을
알라.
5 얼마나 그를 바라보는 나의 가슴이 아
프고 저려 오는지 너희들은 알겠는가?
6 예수는 무어라 말하였느냐?
7 여행을 가는 자 단 한 벌이요, 한 켤레
의 신발이면 된다 하였으며, 하나의
옷을 걸치고 광야를 떠돌면서 만백성
을 깨우치고자 그리 부르짖었거늘,
8 어찌하여 그 모습이요, 그를 하나 생
각하지 못하고 종교 지도자요, 가르친
다는 자들이 걸친 옷의 그 형색이 호
화찬란하며 그 형식에 젖은 모습이 얼
마나 제왕적이며 왕이 되고자 하는가?
9 외형적으로 근엄하여 남들이 감히 찬
란하고 호화로워서 너희들을 바라볼
수 없도록 그와 같은 형식을 꾸며서
나의 피조물 만백성을 엮어 그리 몰고
가고 있음이니,
10 너희들은 예수의 모습으로써 나의 피
조물 만백성을 가르치며 인도하며 깨
우치는 그와 같은 자세는 할 수 없는
가?
11 나의 성령이요, 나의 복음을 전하는
나의 예수가 너희들이 볼 때 왕보다도
더 호화로운 의상이요, 그 갖춰진 모
습이요, 꾸며진 모습으로써 만백성에
게 전하며 그리했던가?
12 너희들은 그를 돌아다보라.
13 그를 돌아볼 때, 나의 마음이 얼마나
아프고 저려 오는지 알겠는가?
14 나의 복음이요, 나의 뜻을 전하는 진
정한 나의 아들 예수는 단 한 벌의 초
라한 모습으로써 만백성에게 나의 참
진리를 가르치고자 하였으나,
15 나의 참진리는 저 멀리 접어 두며 그
는 생각지 못하고 그 뜻도 모르는 너
희들이 외형적으로 호화롭고 찬란하
여 나의 피조물 만백성이 분별할 수
없게 하고, 그리고 제왕적이요, 고압

적인 자세에 그들이 감히 고개를 들고
거역하지 못하도록 분위기를 만들어
너희들이 그들에게서 재물과 금화와
은화를 거둬들이는 데만 연연하고 있
음이니,
16 이것이 너희들의 지금의 형국이니, 나
의 아들이 정녕 어떠한 형태로써 만백
성에게 복음을 전했으며 그의 삶이 어
떠했는가를 너희들이 돌이켜 봐야 할
것이니라.
17 그는 단 한 벌의 옷이요, 신발로써 세
상을 다니며 만백성을 깨우치고자 하
였으니,
18 너희들은 얼마나 호화찬란한 형식의
의상과 그 모습으로써 나의 재물을 낭
비하며 그리 나의 피조물 만백성을 고
압적이고 강압적이며 위협적인 자리
에서 가르친다 그리 말하는가?
19 그와 같이 호화찬란하며 제왕보다도
더 현란하게 꾸며 입은 너희들이 하는
말이, 하늘에 올라와 가장 사랑을 많
이 받으며 나 여호와로부터 칭송을 받
으며 칭찬을 받으며 아름다운 모습으
로써 나 여호와의 옆에 존재할 수 있
는 것은 무엇이라 말하느냐?
20 너희들이 나의 뜻이요, 복음을 전하는
그 사업에 모두를 다 바치는 자만이
내 옆에 올 수 있으며, 진정 나로부터
칭송이요, 사랑이요, 축복을 받는다
그리 말하느니라.
21 맞느니라.
22 너희들이 나의 뜻의 복음을 전하는 것
이 가장 위대한 일이며 소중한 일이니
라.
23 진정한 나의 뜻이요, 나의 복음을 전
한다 하면 그보다 더한 축복이요, 영
광이 없음이니,
24 바로 지금의 나의 아들의 제자가, 나
의 법전을 기록한 것을 가지고 전하는
그들의 그 모습이 바로 그러하니라.
25 그들은 대가를 원하지 아니하고 그를
전함이니라.
26 그러나 너희들은 무어라 말하느냐?
27 그대로 복음을 전하는 것이 나 여호와
에게 사랑을 받는 것이며, 칭찬받는
것이며, 아름다운 나의 나라에 올 수
있는 것이라 그리 말하면, 그대로 말
로써 복음을 전하고 문서로써 전하면
될 것을, 너희들은 그다음에 무어라
붙여 대는가?
28 너희들은 나의 성령의 가르침이요, 진
리의 가르침이요, 하늘에 오르는 그
모든 가르침을 갖다 결론을 맺을 때
가 얼마나 중요하던가?
29 너희들이 세상사에 살아갈 때 서론이
있으며 본론이 있으며 결론이 있지 않
은가?
30 그 셋이 다 중요하다 하나 결론이 가
장 중요하지 아니하던가?
31 너희들은 호화찬란한, 제왕보다 더 무
시무시한 모습으로 나의 피조물 만백
성을 제압하여 가르치는 그 단상에서,
복음을 전하는 것이 가장 소중함이니
그 복음을 전하는 데 역사를 하라 그
리 가르치면 될 것을,
32 너희들은 모두를 끝맺을 때 그 결론을
어찌 맺는가?
33 이제 나 창조주의 가장 소중한 복음을
전하며 그 복음을 전하는 것이 영광이
요, 축복이니, 그 복음을 전하기 위해

서는 필요한 것이 재물이요, 금화와
은화니라.
34 그러니 너희들이 복음을 전하는 축복
을 받는 길을 가기 위해서는 너희들이
가지고 있는 모든 재산을 아낌없이 저
희 손으로 지은 그 성전이요, 세 치 혓
바닥으로 나의 백성을 지옥으로 이끄
는 그 마귀들 앞에 바치는 것이 사랑
을 받는 것이며 하늘에 가 칭송을 받
는 것이며 천국에 갈 수 있는 것이라
그리 결론을 내림이니,
35 너희들은 바로 결론이 무엇이더냐?
재물을 바치라 함이니라.
36 너희들이 모든 성서를 가르침에 결론
은 나 여호와의 뜻대로 살며 십계명을
지키며 율법에 따라 살아가는 것이 구
원을 받는다 그리 결론을 내리는 것이
그날의 결론일 것이며 가르치는 자의
결론이거늘,
37 너희들은 모두를 역사함에 재물을 많
이 바치는 자, 도둑질하든 강도질하든
살인하든 할 것 없이 있는 대로 다 갖
다 바치는 자, 그리하여 그 바친 것으
로써 복음을 많이 전하면 살인한 자
요, 간음한 자요, 강도질한 자도 용서
받을 것이니 '바치라!' 그리 결론을 내
리니,
38 너희들이 가르치는 것은 무엇이더냐?
39 그 장엄하고 위엄을 갖추며 만백성이
감히 너희들에게 거부할 수 없는, 제
왕보다도 더 으리으리한 모습으로 만
백성을 가르치면서,
40 성령의 가르침이 아니요, 그 결론은
재물을 많이 바쳐 복음을 전하는 사업
에 참여하도록 너희들이 그리 말하며
지금 단상에 서서 나의 피조물 만백성
에게 재물을 거둬들이는 것이니라.
41 너희들은 무어라 가르치는가, 그리고
성서에 무어라 기록되어 있더냐?
42 너희들이 남에게 베풀 때도 너희 육신
의 저 자신이요, 저도 모르도록, 오른
손이 하는 것을 육신에 같이 붙어 있
는 왼손이 모르게 그리 베푸는 것이
사랑이라 말하였거늘,
43 너희들은 공공연히 단상에 서서 '재물
을 바쳐라, 그리고 우리는 사랑을 베
풀기 위해서 바쳐야 된다, 너희들이
많이 바쳐야 많은 백성을 구함이니
라.' 그리 바치라고 공공연히 단상에
서 말하고 있으니,
44 너희들은 재물을 거둬들이기 위한 공
부요, 깨우침이지, 나의 성령을 깨우
치고자 함이 아니니라.
45 너희들이 스스로 도울 수 있으면 성서
에 기록된 대로 오른손이 하는 것을
왼손이 모르도록 이웃의 어렵고 불쌍
한 자, 그리고 너희가 베풀었을 때 그
대가를 받을 수 없는 자를 돕는 것이
사랑이요, 베푸는 것이라 그리 가르치
면 될 것을,
46 너희들에게 바쳐서 그 재물을 가지고
너희 마음대로 복음을 전하는 데 쓴다
함이니,
47 너희들이 얼마나 사악한 자인가?
48 그리고 그 말을 듣고 모두를 바치고자
하는 불쌍한 백성 너희들은 내가 내려
준 재물을 잘못 썼으니, 그 죄가 얼마
나 무섭고 가혹한가를 알 날이 앞으로
1년이요, 5년이요, 10년 후에 닥칠지
모르는 너희들의 운명임을 알고 깨우

치도록 그리하라.

3,877 번째 하나님 말씀

2002년 11월 6일 09시 17분

1 사랑하는 나의 아들아!
2 "네, 아버님! 말씀하옵소서."
3 내가 너희들에게 말하여 깨우쳐 주었
음이니라.
4 형체를 가지고 있는 너희들 인간은 신
이 될 수 없다 하였음이니, 그는 바로
무엇이더냐?
5 너희들이 변화되어 천사가 되어 하늘
에 오를 수 있는 그와 같은 삶을 살기
는 어렵고 힘들다는 뜻임을 알아야 할
것이니라.
6 그러나 너희들은 여기서 실망하지 말
며 두려워하지 말지니라.
7 너희들은 하늘에 오를 수 있는 깨달음
을 깨우칠 수 없고 정녕 천사와 같이
변할 수 없다 하여도 얼마만큼 노력했
느냐에 따라서 내가 너희에게 구원의
손을 내밀어 너희를 거두어들이는 그
축복의 영광이 있음을 알아야 할 것이
니라.
8 결코, 육의 형태를 가진 너희들이 완
벽한 신이 될 수는 없음이니라.
9 그러나 내가 너희들의 그 노력함을 알
며 인간으로서 너희들이 지킨 그 최대
의 노력의 한계를 알고 있음이니,
10 그와 같이 노력한 자에게 내가 손을
뻗어 구원해 줌이니, 너희들은 두려워
하지 말며 좌절하지 말며 실망치 말라.
11 너의 제자들이 변하고 변하고자 하나,
더러는 실망하며 더러는 깨우침이 하
루아침에 무너짐을 보고 두려워할 것
이니라.
12 그러나 그리 걱정하지 말라 이르라.
13 인간의 형태를 가진 너희들이 완벽할
수 없는 것은 사실이니라.
14 그러나 그 완벽하지 못한 자가 얼마만
큼 노력하고 바로 갔느냐에 따라서 나
여호와가 손을 내밀어 너희들을 축복
과 영광의 나라로 거두어들이며 나의
천국의 문에 들어올 수 있도록 하는
것이니, 너희들은 이를 알라.
15 결단코 내가 거두어들이지 아니하는
자는 구원을 받을 수 없음을 너희들은
그리 깨닫고 알고 있으면 되느니라.
16 내가 너희에게 말할 수 있는 것이 무
엇이던가?
17 내가 너희에게 무어라 말하였더냐?
18 너희들은 구원을 받을 수 있도록 20
퍼센트의 노력, 그 기초를 다스리라
하였음이니라.
19 노력하여 구원을 받고자, 나의 법전을
읽고 깨우쳐 행하고자 그와 같이 노력
하지 아니하는 자, 나의 십계명대로
살고자 노력하지 아니하는 자, 그는
구원을 절대 받을 수 없음을 알라.
20 평가하는 것이며 심판하는 것은 나의
기준에 의함이니, 너희들이 인간의 형
체를 가진 자로서 얼마만큼 십계명을
지키며 나의 뜻에 따라 순종하고 살아
가느냐 노력하는 그 여하에 달렸음이
니,
21 다만 노력하지 아니하는 자, 구원의
빛을 볼 수 없으며 구원을 받을 수 없
다 함을 너희들은 알아야 할 것이니라.
22 이 이치를 하나 깨닫고 너희들이 인간

으로서 최선의 노력을 다할 때, 나 여
호와가 너희들에게 손을 내밀어 내가
너희들을 천국의 문으로 들어 올림이
니,
23 이 축복된 날을 위하여 너희들은 잠시
도 중단하지 말며 나의 법전을 정독하
여 그 뜻에 따라 살아가는 데 최선의
노력을 다하라.
24 너희들이 그와 같이 노력할 때, 하늘
에 오르는 것을 느끼게 되며, 내가 너
희들을 끌어안는 것을 느끼게 되며,
내가 너희들을 보호하고 있는 것을 느
끼게 될 것이니라.
25 나의 법전대로 살아가고자 노력하는
그 마음 자세로 살아갈 때, 너희들이
나에게 구원을 받는 것을 알게 될 것
이며,
26 지금 너의 제자들이 또한 그 뜻에 따
라 살아가고자 노력함이니, 내가 그들
을 다 보고 있음이니라.
27 너희들이 얼마만큼 노력하면 얼마만
큼 변화될 수 있는지를 다 알고 있음
이니,
28 그 한계점까지만 너희들이 올라오면
나 여호와가 너희를 끌어 줌이니, 걱
정하지 말며 두려워하지 말며 실망하
지 말라 그리 그들에게 깨우쳐 주라.
29 나 여호와가 걸음마를 배우는 아이가
품으로 달려오는 그 모습이 잘못하면
넘어지기에 그를 끌어안고 싶으나, 그
는 육의 세상에서 너희들이 할 수 있
으며, 육을 가지고 있는 너희들에게
창조주인 나는 그리할 수가 없음이니
라.
30 나는 너희들이 올 수 있는 그 선을 넘
지 아니하며, 너희들이 넘어야 할 그
선을 넘었을 때 나의 품에 너희들을
안아 줄 수 있음을 명심하여, 주저하
지 말며 중단하지 말며 실망하지 말며
오늘의 깨달음 그대로 전진하여 나가
도록 그리 가라 너의 제자들에게 깨우
쳐 주며, 내가 그들을 사랑한다 그리
전하라.

3,878 번째 하나님 말씀

2002년 11월 6일 09시 22분

1 사랑하는 나의 아들아!
2 "네, 아버님! 말씀하옵소서."
3 너의 제자들에게 나의 뜻이요, 나의
이 간절한 마음을 간곡히 전하도록 그
리하라.
4 나의 법전이 정녕 창조주의 성령의 뜻
이며 제3의 시대에 만백성을 구하기
위해 마지막으로 내려보내는 나의 성
령이라 하여, 이가 너희들을 구원하는
길이며 하늘에 오르는 참빛이라는 것
을 믿는 자,
5 그와 같이 믿는 자는 나의 뜻을 알 수
있으며, 나의 뜻에 순종하는 자며, 나
의 음성을 들어 하늘에 오를 수 있다
는 것을 그들에게 깨우쳐 전해 주어야
할 것이며,
6 지금 나의 성령을 받아 밤낮을 가리지
아니하며 160권의 법전을 세상에 만
들어 만백성을 구하고자 그 길을 달려
가는 나의 아들을 너희들이 정녕 나의
아들이요, 창조주가 보낸 마지막 목자
라는 것을 믿을 때, 너희들은 그와 더
불어 갈 수 있는 자임을 알아야 할 것

이니라.
7 이를 믿지 아니하며 이를 거부하는
자, 그와 더불어 갈 수 없음이니, 내가
나의 아들과 더불어 너희들이 가야 한
다 함을 너희는 이미 깨우쳐 알 것이
니라.
8 내가 무어라 말하였느냐?
9 하늘의 뜻이요, 나의 성령이요, 그 모
두는 나의 아들을 통하여 전하여지며,
10 그 모든 너희들의 기도요, 너희들이
간곡히 원하는 것이며 너희들이 이루
고자 하는 그것도 또한 내가 거두어들
일 때, 나의 아들을 통하여 너희들의
뜻을 거둬들인다 내가 명확히 기록하
여 전하였음이니,
11 이는 바로 무엇을 의미하는가?
12 나의 아들을 믿으며 나의 아들이 정녕
나의 아들이라는 그 확신을 가지고 그
를 따르는 자만이 나의 아들과 영원히
같이 갈 수 있으며 그와 더불어 영원
히 대업을 이룰 수 있는 자이기 때문
이니,
13 그와 같이 믿지 못하는 자, 나의 아들
을 따라 하늘에 오를 수 있는 길이 없
으며, 하늘에 오르는 길을 볼 수도 없
다는 나의 변하지 않는 원칙이요, 하
늘의 뜻을 너희들이 먼저 알아야 함이
니,
14 이를 너의 제자들 가슴속에 깊이 심
어, 마음의 동요요, 흔들림이 없는 그
속에서 가야만 된다는 것을 일깨워 주
도록 그리하라.
15 모두는 나의 아들을 통하여 전해져 내
려가며 모두는 나의 아들을 통하여 거
두어들임이니,
16 나의 법전이요, 이 성령이 나의 뜻이
라 믿는 자, 그리고 내가 주관하는 것
을 믿는 자는 나의 뜻대로 사는 자이
며,
17 나의 아들을 믿는 자는 그와 더불어
하늘에 오를 수 있는 자임을 잊지 말
라 그리 깨우쳐 주도록 하라, 사랑하
는 나의 아들아!

3,879 번째 하나님 말씀

2002년 11월 6일 09시 32분

1 사랑하는 나의 아들아!
2 "네, 아버님! 말씀하옵소서."
3 지금 나의 아름다운 지상의 성전에 성
전이라는 것을 지어 놓고 그곳에서 나
의 피조물 만백성을 일깨우며 하늘에
오르는 길로 인도한다는 그 종교 지도
자들이 수천 년 동안 어떠한 방법으로
흘러왔는가?
4 그들은 그리 말하느니라.
5 모든 재물과 금화와 은화를 바치는 것
이 하늘에 그를 쌓아 놓음이니, 그에
따라서 너희들이 상을 받는다 그리 말
함이니라.
6 그리하여 너희들은 금화요, 은화요,
재물을 각종 이름을 붙여 거둬들이는
것에만 연연하고 있음이니,
7 그것도 부족하여 지금의 종교 지도자
들이 단상에 서서 무어라 말하는가?
8 저희들이 손으로 지은 그 성전이요,
제왕의 궁궐보다도 더 아름답게 꾸린
그 단상에 서서 그들은 말하느니라.
9 '재물의 금화와 은화를 많이 바치는
자, 너희들은 곧 이것이 무엇이냐?

10 창조주 하나님의 뜻을 순종하는 것이
며, 하나님의 뜻을 거역하고 살지 않
는 자이니,
11 금화와 은화를 많이 바친 자는 너희들
의 그 육이 죽어 갈 때 영광을 얻게 됨
이니라.' 그리 말하느니라.
12 그리하여 금화와 은화를 손으로 지은
성전에 많이 바친 자는 죽을 때 웃음
으로 즐거운 마음으로써 죽어 가며,
그가 죽을 때 천사가 와 기다렸다가
그 영혼을 데리고 하늘로 올라가는 것
이라 그리 말하며,
13 지금 너희 손으로 지은 그 죄악의 온
상에 와서 너희들이 말하는 재물을 바
치고 시간을 바치지 않는 자, 그들은
이방인이라 말하며,
14 그들이 죽어 갈 때는 고통 속에서 죽
어 가며, 그들은 죽음과 동시에 그 영
혼이 사탄에 의하여 지옥으로 끌려간
다 그리 말함이니라.
15 더군다나 너희들은 하늘의 천사로 끌
려가면서 너희들의 사랑하는 아들딸
들을 위해서, 그들의 축복을 위해서
또한 그들의 구원을 위해서 기도를 드
릴 수 있는 그와 같은 특혜요, 영광까
지 받는 것이 너희들이라 그리 말함이
니,
16 이제는 죽어 가는 자의 그 고통 속에
서도 그와 같이 나의 피조물 만백성을
깨우치고 일깨워 준다 하고 있는 것이
지금 종교 지도자들의 가르침이니라.
17 너희들이 버젓이 서서, 믿는 자, 재물
을 많이 바치는 자 중에 과연 죽으면
서 웃으면서 죽는 자가 있는가 들여다
보라.
18 어떠한 믿음의 길을 가는 자라도 그들
은 잘못 믿은 자이기에 죽음 앞에 두
려워하며, 나를 찾고 경배하며 그 마
지막에 깨달음을 얻고자 발버둥치는
것이 그들이거늘,
19 너희들은 눈으로 보면서도 그가 웃으
면서 즐거운 마음으로 죽음을 영접한
다 그리 말함이니,
20 과연 너희들의 믿음이라는 길을 몇십
년 동안 믿었던 자가 죽어 갈 때, 너희
들에게 '나는 지금 천국으로 가니 즐
겁고 행복하다.' 하며 죽어 가는 자가
어디 있는가?
21 너희들의 병을 고치는 인간인 의사에
게 붙잡고 매달리며, 너희들의 형제에
게 저의 생명을 연장하게 빌어 달라
원할 것이며,
22 제가 다시 태어나면 지금부터 얼마나
착하고 아름답게 살 것인가를 후회하
고 반성하며 고통과 눈물 속에서 허덕
이는 것이 너희들이 죽어 가는 자를
눈으로 보는 그 모습이거늘,
23 그와 같이 눈으로 보고 체험하면서 너
희들이 실제 경험하는 그들을 너희는
무어라 말하느냐?
24 죽어 갈 때 그들은 금화와 은화를 많
이 바쳤기 때문에 행복하고 즐거운 마
음으로 가며 밖에 천사가 와 기다렸다
가 그 영혼을 데려간다 그리 말하나니,
25 그와 같이 너희들이 죽어 가는 자의
고통을 보면 몸부림쳐 단 몇 분이라도
더 살고 싶어 하는 것이 믿음 속에 죽
어 가는 그들이거늘,
26 그 모습을 보면서도 너희와는 아무런
관계도 없는 것처럼 '아멘, 할렐루야!'

그리 소리 지르는 백성이 바로 너희들
이니라.
27 너희들은 여기서 알아야 할 것이니라.
28 너희들이 지금 손으로 지은 성전에 와
서 금화와 은화를 바쳐 하늘에 오르는
길이라 몸부림치는 그와 같은 자, 너
희들의 말에 따라 순종하는 자는 죽어
갈 때 웃음으로써 즐겁고 행복하게 죽
어 간다 하나,
29 그와 같이 믿음의 길을 잘못 간 자가
죽어 갈 때 가장 고통스럽게 죽어 가
며 그들이야말로 지옥으로 간다는 것
을 알아야 할 것이니라.
30 지금 잘못 가르치는 종교 지도자 앞에
와 너희들이 금화와 은화를 바침으로
써 구원을 받는다 그리 말하며,
31 그리고 육의 죽음의 순간까지도 너희
들의 믿음을 가는 자는 즐거운 마음으
로 행복한 마음으로 죽음을 영접한다
그리 말할 때,
32 너희와는 아무런 관계도 없는 것처럼
'아멘, 할렐루야!' 소리 지르고 있는
너희들,
33 너희들의 부모 형제요, 믿음 속에서
평생을 바친 자가 죽어 갈 때, 어찌 몸
부림치는가?
34 그는 웃으며 즐거워하며 너희들에게
이웃에 여행을 가듯 즐거운 마음으로
웃으면서 손을 잡고 손을 흔들며 떠나
던가?
35 단 몇 분이라도 더 살고자, 단 몇 분이
라도 고통 속에서 벗어나고자 몸부림
치는 것이 그들이거늘,
36 죽어 가는 그 순간에 너희들의 종교
지도자가 말하듯이 천사가 와서 기다
리며 그들이 천국으로 가며 웃음으로
가던가, 그리고 즐거운 마음으로 죽어
가던가?
37 그와 같은 것까지도 너희들이 팔아먹
어 나의 재물을 나의 백성으로부터 거
둬들이니,
38 그 말을 듣고 제 부모요, 형제가 죽어
갈 때, 그 고통의 시련을 겪는 것을 다
보고도 환상에 젖어 잘못 가르치는 종
교 지도자의 그 혓바닥에 녹아 '아멘,
할렐루야!' 하며 정녕 그와 같은 것이
라 착각하고 있는 것이 너희들이니,
39 그 착각 속에 헤매는 자, 알코올이요,
마약에 중독된 자보다도 더 무섭게 중
독되어 있기에 너희들이 한 치 앞을
보지 못하는 것이니라.
40 그와 같은 자, 바로 지옥으로 가는 자
요, 영원히 구원할 수 없는 그 암흑의
세계로 간다는 것을 너희들은 알아야
할 것이니라.
41 머지않아 죽음의 고통과 죽음 앞에서
그 죄의 무서움을 겪게 될 것이 바로
너희들이니라.
42 너희들이 지은 성전에 가지 아니하여
도, 나 여호와가 존재하며 나의 계명
대로 따라가고자 선하고 착하게 살아
가는 백성은 나의 성전에서 선함을 베
풀고 삶이니,
43 그들이야말로 웃으며 즐거움으로써
죽음 앞에 나올 수 있으며, 죽음을 두
려워하지 않고 죽음을 준비할 수 있는
백성임을 너희들은 알아야 할 것이니
라.
44 지금 세 치 혓바닥에 현혹되어 금화와
은화를 바치면 너희들이 죽으면서도

고통을 당하지 아니하며 웃음으로 간다 가르치는 그 사악한 자들의 가르침에 너희들이 구원의 길이요, 축복의 길이라 광란의 찬송을 부르며 울부짖는 자, 너희들이야말로 제 일 번으로 지옥으로 가는 자임을 잊지 말라.

3,880 번째 하나님 말씀

2002년 11월 6일 21시 12분

(강론을 마치며)

1 사랑하는 나의 아들아!
2 "네, 아버님! 말씀하옵소서."
3 이제는 나의 법전 3부가 거의 다 끝나
가고 있음이니, 너희들이 나의 뜻과
내가 너희들을 깨우쳐 쓰고자 하는 뜻
을 이제는 알고 있지 아니하는가?
4 나의 아들 예수의 시대에 고통스러웠
던 그 삶과 그가 지켜야 할 한계와, 너
희들이 '주 예수'라 부르며 그 이름으
로써 모든 것을 다 구원을 받는 것처
럼 거기에다 기도하는 것 또한 너희들
이 잘못되었다는 그 뜻과 이치를 깨달
았으며,
5 또한 나의 아들과 나를, 어버이와 자
식을 동등하다 평가하는 그 자체가 얼
마나 모순이며 잘못되었는가를 너희
들이 이제는 깨달았음이니라.
6 심지어 내가 나의 아들을 통하여 너희
에게 말하였으니, 믿음으로써 너희들
이 평생 재물을 바치며 너희 손으로
지은 성전에 가 죽을 때까지 설교를
들으며 강론을 들으며 저희에게 모두
를 다 바치는 그와 같은 삶을 사는 자
는 육의 죽음에 직면하여 웃으면서 죽
을 수 있다 그리 말함이니,
7 과연 너희들은 그 웃음으로써 죽어 가
는 자가 있는가?
8 단 몇 분이라도 생명을 연장하고 싶어
하는 것이 너희들 만백성의 뜻이거늘,
그 자체도 하나 들여다보지 못하고 사
는 것이 지금의 너희들의 형국임을 너
희는 알았음이니라.
9 알았으면 너희들이 행하여야 할 것이
니라.
10 그리고 그를 만백성에게 전하여, 너희
자신이 바르고 곧은 길을 가는 것이며
하늘에 오르는 길이 무엇인가를 깨우
쳐 줘야 함을 잊어서는 아니 될 것이
니 그리 알라.
11 "아버님!
12 이 죄 많은 아버님의 아들이요, 아버
님으로부터 세상에 나가 만백성을 구
하는 160권의 법전을 기록하여 세상
에 전하며 만백성을 구하라는 그 대
명을 받은 이 죄 많은 아들이 아버님
께 눈물로써 기도를 올리옵나이다.
13 아버님, 저의 제자들은 아버님의 존재
하심을 믿고 있으며, 이 성령이 또한
아버님의 말씀이며 아버님의 가슴의
뜻이라는 것을 그들은 다 믿고 있사옵
나이다.
14 그리고 저 또한 아버님의 목자요, 아
버님의 아들로서 제가 아버님의 뜻을
받아 만백성을 통제하는 법전을 세상
에 만들어 내는 선택된 자식이라 하는
것을 또 그들은 믿고 있사옵나이다.
15 그들은 지금 어렵고 힘든 그 길을 가
고 있사옵나이다.
16 이들을 기억해 주옵시고, 이들을 머리

에서 지울 수 있는, 그리고 이들의 고
통과 시련을 머리에서 지울 수 있는
그와 같은 뜻을 기억하여 주옵소서.
17 오늘의 저희들이 부귀와 영화요, 영광
을 얻고자 함이 아니요, 아버님께서
이루고자 하는 그 새로운 시대의 역사
를 이루는 길을 감에 있어서 오늘의
저의 제자들이 하나도 낙오자가 없을
것이며,
18 그들이 모두를 다 바쳐 그 길을 갈 수
있는 마음의 준비와 각오가 되어 있음
을 아시겠사오나, 부디 이들의 마음을
기억하여 주옵소서.
19 그 뜻을, 저의 제자들의 마음과, 오늘
의 그들이 저를 믿으며 아버님의 성령
을 믿으며 법전을, 아버님 말씀을 믿
는 그것을 알고 계시는 아버님 앞에
이 죄 많은 아들이 눈물로써 간곡히
'기억하여 주옵소서.' 이 기도를 드리
옵나이다.
20 저의 제자들의 그 굳은 마음이 변치
아니하며, 오로지 아버님의 말씀이요,
아버님의 아들이요, 천 년의 새로운
역사의 첫걸음을 디뎌 놓을 수 있을
때, 변하지 않는 아버님의 백성임을
기억하여 주옵소서."
21 사랑하는 나의 아들아!
22 "네, 아버님! 말씀하옵소서."
23 네가 나에게 드리고자 하는 그 뜻을
내가 알고 있으며, 네가 나에게 올리
는 그 뜻을 내가 또한 알고 있음이니
라.
24 그들과 더불어 네가 한 시대의 역사를
이룰 것이며, 그들의 이름이 또 영원
히 기억될 것이며, 그들이 바로 설 때
내가 그들을 세울 것이니,
25 오늘의 그 눈물의 기도를 네가 거두어
들이며, 네가 그와 같은 눈물의 기도
로써 나에게 상달하고자 하지 말라,
아들아!
26 모두는 때와 장소가 있으며 기다림이
있음을 너희들은 알아야 할 것이니라.
27 내가 너를 통하여 너의 제자들에게 일
렀듯이, 무거운 돌을 들다 들지 못할
때 그저 놓으라 했듯이, 그와 같이 너
희 마음을 다 비우는 자, 한두 명, 셋,
넷이 늘어날 때, 너희들이 다 같이 영
광의 축복과 너희들이 생각하고 이루
고자 하는 그 뜻이 이루어지는 때가
머지않았음이니,
28 지금 변하여 가는 너의 제자들이 조금
만 더 두 주먹을 쥐고 달리고 또 전진
하여 왔을 때 그와 같은 역사는 자연
스럽게 이루어질 것이니,
29 네가 눈물로써 나에게 드리는 그 기도
의 내용을 내가 아나니, 그리하여 내
가 너에게 축복과 영화를 준다면 공의
의 하나님이 아님을 너는 어찌 모르는
가?
30 모두는 다 나의 뜻에 의하여 주관하여
흘러감이니, 그를 거역하려 하지 말라.
31 네가 눈물로써 말 못 하는 그 기도 소
리는 내가 지금 계획하며 내가 주관하
는 그 모든 계획을 수정하며 바꿔야
한다는 그와 같은 것을 네가 말하는
것과 마찬가지니,
32 지금 믿음의 길을 잘못 가는 종교 지
도자가 말로써 세상 것을 다 준다는
것과 다름이 무엇이 있는가?
33 네 마음이 그리 약해져서는 아니 됨이

니, 두 번 다시 그와 같은 기도를 나에
게 드리지 말라.
34 너희들은 선택된 백성이며, 가야 할
길이 있으며, 너희들 앞에 내려지는
그 축복과 영광의 상이 지금도 너희들
이 받을 수 없을 만큼 받고 있음을 알
아야 할 것이니,
35 받을 만큼 했을 때 내가 내리는 것이
공의의 하나님이요, 만백성의 어버이
로서 가야 할 길이며 행하여야 할 길
이며 내가 다스려야 할 길임을 너는
알지 않는가?
36 네 마음의 아픔으로 나 여호와의 마음
을 울리지 말라.

3,881 번째 하나님 말씀

2002년 11월 7일 06시 21분

1 사랑하는 나의 아들아!
2 "네, 아버님! 말씀하옵소서."
3 네가 너를 찾는 만백성 그들이 이 세
상에 태어난 그 이치와 태어난 이유를
그들에게 알려 주기 시작하였음이니,
4 그를 깨우쳐 주되 확실한 신념을 갖고
마음자리를 잡은 자들에게 네가 깨우
침을 전하도록 그리하여야 할 것이니
라.
5 그렇지 아니하는 자는 너를 핍박할 것
이며 더욱이 너를 이단이요, 사탄이
요, 사악한 자의 장난이라 하여 핍박
할 것이니,
6 그와 같이 네가 깨우쳐 주는 이유와
알게 된 동기와 그리고 어찌하여 그와
같은 너희들의 전생과 이승의 삶을 알
수 있는가 하는 것을 보여 주어야 할
것이며 믿음을 먼저 주도록 그리하여
야 할 것이니라.
7 나의 아들 예수가 그와 같은 역사를
시행하고 이루었다 하면 너희들은 그
것을 기적이라 말할 것이나, 나의 아
들 네가 그들에게 그와 같은 하늘의
비밀을 가르쳐 주며 하늘의 뜻을 깨우
쳐 주는 것은 그들이 사탄이요, 이단
이라 그리 말할 것이니,
8 네가 그들을 깨우쳐 줄 수 있으며 그
들에게 알려 줄 수 있는 그 이유와 알
려 주게 되는 그와 같은 뜻을 깊이 인
식시켜 그들에게 깨우쳐 주어 그들이
완전한 깨달음이 있은 다음에 그들에
게 네가 알려 주어야 할 것을 잊지 말
라.
9 그저 네가 알려 주고 나면 그들은 미
신이요, 사탄의 장난이라 그리 말할
수 있음이니,
10 내가 너에게 보여 주는 그 뜻을 그들
에게 설명하며, 그와 같은 역사가 있
어야 하는 이유, 그와 같이 있게 되는
동기를 확실히 심어 주어야 할 것이니
라.
11 나의 아들이 죽어 다시 부활한 것이
무엇이던가?
12 그는 바로 너희가 생각하는 그 전생의
삶이 있으며, 나로부터 너희들이 이
세상에 내려오기 전에 지은 그 죄에
대해 기회를 한 번 내가 내려 준 그와
같은 나의 은혜 속에 온 것이 너희들
백성이라 하는 것을 깊이 인식시켜 주
며, 그를 이해시켜 준 다음에 네가 그
들을 잘 깨우쳐 인도해야 함을 알라.
13 그저 네가 그대로 알려 준다면 그들은

저희들이 금전 몇 푼을 놓고 무당이
요, 잡신에게 가서 점을 치고 굿을 하
는 그와 같은 형국으로 생각할 수 있
음이니,
14 그와 같지 아니함을 그들에게 깨우쳐
주어 그들을 인도하도록 그리하라.
15 이제 너의 싸움이 시작되었음이니라.
16 예수가 어렵고 힘든 길을 가며 그들을
깨우치는 것은 기적으로써 역사를 보
여 주어 그들에게 나 여호와가 존재함
을 알려 주었음이니라.
17 그가 발붙일 데가 없으며 갈 곳이 없
으며 가르칠 자가 없는 그와 같은 형
국에서 그 당시 백성들이 나의 아들
예수를 따를 수 있는 것은 눈으로 보
는 그 역사의 기적뿐이었음이니,
18 그와 같은 역사를 네가 지금 이루는
것이 인간이 세상에 태어나게 된 그
동기와 나로부터 생명을 받아 나올 때
그가 어떠한 약속을 하고 세상에 나왔
는가 하는 것을 가르쳐 주는 것이며,
그것이 그 기적에 버금가는 변화이니
라.
19 지금 많은 나의 백성이 나의 법전을
읽고 깨우치지 못함이니, 그를 증거하
고 증명하기 위한 역사로써 네가 시
작하는 것이나,
20 나의 아들 예수를 핍박하고 그를 고립
시키며 그를 죽게 하고자 하는 자들에
게 기적의 역사로써 그들에게 항변하
며 그들에게 보여 준 그 시대의 형국
과 같은 역사가 이루어짐이니,
21 이를 네가 그와 같은 뜻을 알고 만백
성에게 깨우쳐 줘야 함을 알라.

3,882 번째 하나님 말씀

2002년 11월 7일 06시 30분

1 사랑하는 나의 아들아!
2 "네, 아버님! 말씀하옵소서."
3 나의 사랑하는 백성 그들이 저희 육의
삶에 마음대로 인생을 얽히고설킨 대
로 살며, 나의 십계명을 지키지 아니
하며 나의 뜻에 순응하지 않고 살다
너희들의 육은 하나의 흙으로 돌아가
며 영혼은 나에게 와 심판을 받음이니,
4 너희들은 그 심판을 받기 전에 나에게
항변할 것이니라.
5 '저희들은 그저 하나님의 종이라 하며
하나님으로부터 선택된 종교 지도자
라는 사람이 하나님께서 보내신 사람
인 줄 알고 그들에게 가서 기도하고
울고불고 찬송 부르며, 그들의 설교를
듣고 그들이 아름답게 지은 성전이 하
나님의 성전인 줄 알았으며,
6 재물과 금화를 하늘에 많이 바치면 축
복을 받는다 하여 종교 지도자라 하는
즉, 하나님께서 보냈다는 사람의 가르
침을 받고 그저 그대로 순종하고 따르
는 것만이 구원받는 길인 줄 알고 저
희는 어리석기에 그리 갔습니다.' 하
고 너희들은 나에게 변명할 것이니라.
7 그리하니 그와 같은 삶을 산 너희들은
'하나님께서 보내 주신 종교 지도자
요, 창조주의 뜻에 따라서 만백성을
하늘에 오르는 길을 인도한다는 그 종
교 지도자가 하라는 대로 하는 것이
축복이요, 영광이며 천국의 문을 들어
설 수 있으며 아버님께 구원을 받는
것이라 알고 저희들은 재물을 바쳤으

며 시간을 바쳤으며 그 종교 지도자의
설교를 들었으며 찬송을 불렀으며 눈
물의 기도를 드렸사옵나이다.
8 그러하니 저희에게는 죄가 없습니다.'
그리 너희들은 변명할 수 있는 그와
같은 행위를 나에게 하고자 할 것이니
라.
9 그리하여 너희들이 그와 같은 마음 자
세요, 그와 같은 행위를 할 수 없도록
내가 다스리고자 하는 것이 무엇인지
알겠는가?
10 내가 너희들에게 나의 성령으로써 기
록된 법전을 세상에 내려보냄이니, 이
를 내려보내는 것은 너희들이 이를 접
하고 깨우치는 자만이 하늘에 오를 수
있음이니,
11 내가 이를 보고 하늘의 참진리를 보아
구원을 받으라 하였으나, 그를 보지
아니하고 읽지 아니하며 그를 접하지
아니하는 자, 그것은 너희들의 죄요,
너희들의 선택의 여지에 달렸음이니,
12 너희들이 심판을 받을 때 심판관 앞에
그와 같은 변명을 할 수도 없음을 알
아야 할 것이니라.
13 나의 법전이 세상에 내려가지 아니하
였으며, 내가 나의 아들을 통하여 나
의 성령을 책으로 만들어 너희들에게
전하지 아니하였다면, 너희들이 심판
관 앞에 그와 같은 변명이요, 이유를
댈 수 있으나, 그것마저도 너희들이
할 수 없도록 기회를 막은 것이 나의
뜻임을 알라.
14 이제 너희들은 나의 법전에 기록된 이
뜻을 알아야 할 것이니라.
15 어떠한 변명이요, 이유도 댈 수 없는
그것이 지금의 너희들의 삶이니라.
16 그리하여 내가 미리 나의 아들을 통하
여 160권의 법전을 세상에 내려보냄
이니, 그를 읽고 읽지 아니한 거기에
대한 심판을 받음이니, 너희들이 변명
이요, 이유를 댈 소지도 없음을 알라.
17 너희들은 알아야 할 것이니라.
18 나의 법전을 읽고 시행하지 않는 자,
나의 160권의 법전을 읽고 깨우치지
않는 자, 나의 성령의 깨달음을 얻을
수 없음이니 너희들은 변화를 이룰 수
없으며,
19 이미 내가 너희들이 세상에 존재하는
한 읽고 깨우칠 수 있는 나의 성령이
요, 나의 법전을 내려보냈음이니, 너
희들이 읽고 안 읽는 것은 너희들의
게으름이요, 너희들의 선택이요, 너희
들의 아집이니라.
20 그러니 너희들이 이제는 나에게 와 변
명할 여지가 없으며, 심판관 앞에 너
희들이 이유를 댈 수 있는 그것까지도
막혀 있음을 지금 깨달아야 할 것이니,
21 너희들의 얕은 생각으로써 너희들이
죽어 갈 때 마지막에 나를 찾으면 구
원을 받으며 그리고 내가 보낸 자의
뜻에 의하여 너희들은 그리 산 것밖에
죄가 없다고 모면하고자 하는 그와 같
은 기회마저도 내가 문을 닫았음을 알
아야 할 것이니라.

3,883 번째 하나님 말씀

2002년 11월 7일 06시 42분

1 사랑하는 나의 아들아!
2 "네, 아버님! 말씀하옵소서."

3 2천 년 전 나의 아들 예수가 세상에
나와 만백성을 구하고자 그 역사를 이
루었으며, 또한 그가 그 당시 많은 백
성을 깨우쳐 하늘에 오르게 하고자 하
였으나,
4 그 백성들은 그를 믿지 아니하였으며,
그를 따르려 하지 아니한 자가 더 많
았으며, 그가 가르치는 참진리의 성령
이 사탄이요, 이단이요, 사악한 자의
가르침이라 하여 그들은 그를 그리 핍
박하였음이니라.
5 나의 아들 예수가 그들에게 가르쳤으
며 그들을 인도하고 이끌었던 설교요,
그가 강론한 것이 과연 어떠한 대목이
잘못되었으며 어떠한 것이 잘못되었
는가?
6 그 구절을 너희들이 찾아본다 할 때,
단 한 구절도 너희에게 잘못 살라, 잘
못 가도록 가르친 것이 없음이니라.
7 그래도 그 당시의 백성은 그를 믿지
아니하였음이니, 내가 나의 아들 예수
를 통하여 뭐라 성서에 기록하여 놓았
던가?
8 내가 너희에게 전하여 기록하도록 하
였음이니라.
9 창조주 나 여호와로부터 내려가는 참
진리가 세상에 전해질 때, 나의 진정
한 진리요, 너희들을 구원하는 참빛이
세상에 내려갈 때,
10 오늘의 너희들이 그 신약 시대에 살았
던 예수를 증거하며 그가 진정한 나의
아들이라는 것을 알려 주는 자가 올
것이라 그리 기록하여 놓았음이니,
11 그게 바로 지금 나의 아들을 통하여
세상에 내려보내는 나의 법전임을 너
희들은 알아야 할 것이니라.
12 예수를 지금도 너희들이 믿지 아니하
며 반신반의하며 그를 믿으려 하지 아
니하는 백성과 믿고자 하는 백성이 양
분되어 극에서 극으로 달려가고 있음
이니
13 그와 같이 나의 아들을 믿지 않는 백
성들에게, 또는 그 믿음이요, 진실로
나의 아들의 뜻을 모르는 자, 그들에
게 내가 진정한 참진리가 세상에 내려
가는 그 시대에 예수를 증거할 것이며
예수를 인정할 수 있는 그와 같은 자
가 세상에 올 것이며, 그와 같은 진리
가 세상에 내려간다 말하였음이니,
14 이는 곧 지금 내가 나의 성령을 태워
나의 아들을 통하여 기록하는 '하늘에
오르는 길'이요, 이 법전이 바로 그를
증거하고 입증하는 시대가 도래하였
음을 너희들은 알아야 할 것이니라.
15 내가 그 당시에도 뭐라 가르쳤는가?
16 나의 아들 예수와 더불어 가는 자, 나
의 아들 예수를 따르는 자, 처음부터
끝까지 변함이 없이 가는 자, 그와 같
은 자 구원을 받을 수 있다 말했으며,
구원을 받는다 말하였음이니라.
17 지금 내가 나의 성령이요, 나의 뜻을
담아 내려보내는 나의 법전에 기록되
기를 뭐라 했느냐?
18 너희들이 나의 법전이 진정한 나 여호
와 창조주의 것이요, 창조주가 내리는
것이며 너희들을 구원하기 위해 내리
는 마지막 나의 뜻이라 그리 믿는 자,
나의 뜻을 알 수 있으며 하늘의 길을
볼 수 있다 하였으며,
19 지금 나의 법전을 기록하여 전하는 나

의 아들이 정녕 나의 아들로서 선택된
자라 믿는 자, 그와 같은 자가 구원의
길을 같이 올 수 있다 내가 말하였음
이니,
20 내가 2천 년 전 예수의 시대에 너희들
에게 깨우쳐 주었듯이 나의 아들과
더불어 너희들이 행하는 것이 하늘의
구원을 받는다 하였으며,
21 오늘의 너희들이 나의 아들과 더불어
그를 믿고 따르는 것이 구원의 길을
같이 올 수 있는 길이라 내가 법전에
기록하여 너희들에게 가르쳐 줌이니,
22 2천 년 전 나의 아들을 통하여 너희들
을 깨우치고자 했던 것을 너희들이 그
길을 막았음이니, 오늘 내가 밤과 낮
을 가리지 아니하고 나의 아들을 통하
여 너희들을 깨우치고자 하는 그 역사
를 알아야 할 것이니라.
23 너희들은 성서에 기록된 그 내용을 글
로써만 읽는 것이 아니라 거기에 있는
뜻을 깊이 음미하면 오늘의 법전이 세
상에 내려오게 된 이유와 내려옴을 알
것이며, 이는 정녕 나의 뜻임을 알 것
이니라.
24 성서에 기록하여 두었음이니라.
25 창조주 나 여호와가 내리는 진정한 참
진리요, 성령이 세상에 내려왔을 때,
그때만이 나의 아들 예수가 진정한 나
의 아들이라는 것을 증명하며 그를 근
거할 수 있는 자료를 세상에 알려 준
다 하였음이니,
26 나의 법전이요, 지금 나의 아들을 통
하여 전하는 그 강론이 또한 그와 같
은 역사를 이루고 있으며 그를 예비하
여 너희들에게 전해 주는 것이니,
27 지금 나의 법전이요, 나의 성령이 세
상에 내려가는 것이 마지막 너희들을
심판하는 것임을 의심치 말라.
28 그를 또 의심하는 자, 너희들이 구원
의 길을 볼 수 없음을 알라.
29 나의 아들을 믿고 처음부터 예수를 따
르는 자, 구원을 받을 수 있다 말하였
듯이 이는 곧, 나의 성령이요, 나의 말
씀이요, 너희들을 구원하는 길이라 믿
는 자, 나의 아들이 진정한 목자요, 그
가 나의 아들로서 지금 심판의 길을
가지고 너희들에게 깨우쳐 주는 자라
믿을 때,
30 그와 더불어 하늘에 오를 수 있는 길
이 있다 하는 그 가르침의 뜻을 깊이
음미하여 너희 것으로 깨달아 알아야
할 것이니 그리 알라.
31 이를 배척하고 이를 버리며 사탄이요,
이단의 장난이라 말하는 자, 너희들은
지금에 와서도 정녕 하늘의 두려움을
모르는 자며, 내가 이루고자 하는 역
사를 모르기에 너희 머리로 계산하고
생각하며, 잘못 가르치는 종교 지도자
그들의 가르침에 현혹되어 너희들이
참빛을 보지 못하고 있음이니라.
32 진리를 가르치는 것이 아니요, 재물과
금화를 거둬들여 저희들의 성전을 웅
대하게 지으며 그 속에 많은 신도를
거느리는 것이 진정한 믿음의 길이라
생각하는 그들은 정녕 너희들을 지옥
으로 이끌어 가는 자이니,
33 그들의 말에 현혹되어 내가 진정 너희
들을 직접 구원하고자 나의 아들을 통
하여 내리는 이 참진리의 빛을 보지
못하는 그와 같은 우매한 삶을 살지

말라.
34 너희들이 이를 의심하며 의혹하고자
하거든, 성서를 읽고 나의 법전을 읽
어 눈을 뜨도록 그리하라.
35 나의 법전을 너희들이 정독한 다음에
성서를 읽으면 그 성서에서 하고자 하
는 뜻이 무엇이며, 내가 이루고자 하
였던 것이 무엇이며,
36 내가 한 말을 기록한 것과 저희들이
마음대로 만들어 놓은 글귀요, 저희
뜻대로 만들어 기록하여 변조된 부분
까지도 너희들이 알게 됨이니, 길은
그것밖에 없음을 알라.

3,884 번째 하나님 말씀

2002년 11월 7일 06시 54분

1 사랑하는 나의 아들아!
2 "네, 아버님! 말씀하옵소서."
3 너희들의 성서에 기록하여 너희들을
깨우치고자 기록된 그 내용에 너희들
을 가르치는 기도요, 너희들을 구원하
는 기도요, 그 모두는 너희들의 아버
지라 부르는 창조주 나에게 모든 것을
구하고 기도할 때 예수의 이름으로써
구할 것이며 구원해 줄 것이라 기록된
그 대목 때문에 너희들은 지금 어찌
가고 있는가?
4 너희는 나의 아들 예수를 찾고 예수의
이름으로 기도하느니라.
5 그러면서 너희들이 나의 아들 예수를
'주'라 그리 부르며, 너희들의 창조주
라 그리 경배하며, 너희들이 그리 가
면 구원을 얻는다 하여 예수를 나 여
호와와 똑같이 보는 그와 같은 형국에
이르렀으며,
6 너희들이 나의 아들을 '주 예수'라며
나의 아들의 이름을 그렇게 부르고 기
도함이니라.
7 그러나 너희들은 이곳에서 창조주인
나와 나의 아들을 같이 보며 같은 선
상에 놓고 그리 보고 있음이니,
8 그 모두는 다 너희들이 나를 얼마나
욕되게 하는 것이며 나에게 욕하는 것
인가를 알아야 할 것이니라.
9 너희들이 나의 아들의 이름으로써 모
두를 구원을 받는다 함은, 나에게 기
도하고 경배하는 그 모두를 나의 아들
이름으로 너희들이 구원을 받는다 기
록된 그 부분의 이치를 깨달아야 할
것이니라.
10 너희들이 나에게 기원하고 소원하는
그 모두를 나에게 바라고 원했을 때,
오로지 그는 나의 아들 예수의 이름으
로써 그 모두가 이루어진다 하였음이
니,
11 이는 예수가 너희들에게 기적을 이룸
이 아니요, 그는 나로부터 보내진 자
로서 그를 통하여 너희들의 기도 소리
가 하늘에 상달 되며 하늘의 뜻이 예
수를 통하여 내려간다는 그와 같은 뜻
의 가르침이거늘,
12 너희들은 이를 잘못 해석하며 잘못 가
르쳐, 오로지 나의 아들을 찾으며 나
의 아들로 하여금 모두가 이루어진다
하며 그 이름을 부름으로써 구원을 받
는다 함이니,
13 너희들이 바로 그리하여 '주 예수'라,
그리고 너희들이 나를 나의 아들과 똑
같은 입장으로 놓고 있으며 나의 아들

이 너희들의 주인이라 그리 기도함이
니, 그것이 얼마나 잘못되었는가 이
뜻을 오늘에야 내가 너희들에게 깨우
쳐 줌이니, 너희들은 그 의미를 알아
야 할 것이니라.
14 예수는 나의 아들로서, 그의 이름으로
써 모든 것이 이루어지며 너희들이 기
원할 때 그와 같이 이루어지는 것이
그 뜻이며 하늘의 길이라 너희들은 그
리 말하나, '주 예수'라 나의 아들을
찾는 것은 너희들이 만들어 낸 자작극
이니 그리 불러서는 아니 되는 것이니,
15 우리 부자를 너무 욕되게 말하며 나를
너희들이 당혹하게 하는 것임을 잊어
서는 아니 될 것이니라.
16 이 뜻을 깊이 깨우쳐 만백성에게 전하
여야 함을 잊지 말라.
17 나의 아들은 곧 나 여호와 창조주에
의하여, 그는 나의 뜻에 의하여 행함
이요, 그는 세상에 나가 그 모두를 통
제하고 그로 하여금 모든 것을 받아들
이는 그와 같은 대행의 역할을 한 것
이니,
18 너희들이 여기서 왜곡되게 알고 있으
며 왜곡되게 그리 가르치고 있는 너희
들의 그와 같은 형국의 마음 자세부터
바꿔야 할 것이니라.
19 내가 너희들에게 깨우쳐 말하지 아니
하였던가?
20 인간의 형체를 가지고 있는 자는 삶이
있으며 삶의 결과가 있으며 행함에 대
한 결과가 있음이라 하였으니,
21 육의 형체를 가지고 있는 것은 진정한
신이 아니라 하였거늘, 창조주 나 여
호와를 놓고 너희들이 나의 아들을
'주 예수'라 하며 그 이름으로써 기도
하고 경배하면 그 모두가 다 이루어진
다 그리 말하고 그리 믿고 감이니,
22 이것은 너희들이 근본의 깨달음을 모
르고 있음임을 알라.
23 예수는 나의 아들로서, 나의 성령을
대행하는 자로서 그 임무를 받아간,
내가 보낸 자이니, 보냄을 받은 나의
아들이니라.
24 그와 같이 너희들이 나의 아들 예수를
찾으며 나의 아들을 주인이라 하며 나
와 똑같다 말할 때, 너희들의 믿음에
편함이 있으며 여유가 있음이나,
25 직접 나를 찾는다 하면 너희들이 나의
뜻이요, 율법과 계명을 지키지 아니하
면 하늘에 오를 수 없음이니, 그게 바
로 구약 시대에 그 어려운 전통이 너
희들로 하여금 무너졌음이니라.
26 나의 아들 예수를 보낸 것은 십계명을
보강하며 그를 보충하며 그 뜻을 완전
히 설명하여 너희들을 깨우치고자 하
는 것이지, 구약을 무시하며 구약을
저버리라 하는 것이 아니었음이니라.
27 그 구약의 기초 안에 신약의 새로운
역사의 변화며 그 시대에 따라서 내가
나의 아들에게 너희들이 하늘에 오르
는 길을 간단히 편안하게 깨우쳐 행하
는 것을 가르쳐 주고자 하였으나, 너
희들이 그를 버렸음이니라.
28 지금 내가 나의 성령이요, 너희들이
말하는 창조주의 말씀이라 하여 하늘
에 오르는 이 법전을 만들어 세상에
내려보냄이니, 지금의 나의 아들은 제
뜻대로 함이 아니요, 나의 뜻대로 이
를 기록하고 전하는 것이거늘,

29 나 여호와가 내리는 그 뜻을 나의 아
들에게 내리는 것이며 나의 아들에게
너희들이 기도하며 나의 아들과 더불
어 가면 너희들이 구원을 받는다 기록
된 그 대목에 의하여 너희들이 나의
아들의 이름을 찾으며 '김용철'을 찾
으며 '김용철'의 이름으로 기도하고
구하면 다 구원을 받는다 그리 가르치
는 것과 같음이니,
30 너희들이 얼마나 잘못 가르치며 잘못
가고 있으며 나 여호와를 욕되게 하는
행위인지 너희들은 알아야 할 것이니
라.
31 '김용철'이라 하는 나의 아들은 나의
뜻에 따라 나의 성령을 전하며, 너희
들이 말하는 창조주의 말씀을 기록하
여 전하는 것이지, 그가 살리고 죽이
는 기적을 이루는 것이 아님이니라.
32 나의 성령을 받아 기록하여 전하는 나
의 아들이 나와 똑같다 하여 '주여, 김
용철이여!' 그리 부르는 것이 '주여,
예수여!' '주 예수'라 그리 부르는 너
희들과 같음이니,
33 너희들이 울부짖고 눈물로써 나의 아
들을 '주 예수'라 부르는 것이 나 여호
와를 욕되게 하며 우리 부자에게 너희
들이 곤욕스러운 행위를 하고 있다는
것을 알아야 할 것이니라.
34 그와 같은 사악한 짓을 하고 있기에
내가 너희들의 기도 소리를 듣지 않는
다 함도 여기에 있음이니,
35 너희들이 이를 깊이 깨우쳐 차후에는
이러한 우를 범하지 않도록 만백성에
게 전하도록 그리하라.

3,885 번째 하나님 말씀

2002년 11월 7일 09시 20분

1 사랑하는 나의 아들아!
2 "네, 아버님! 말씀하옵소서."
3 너희들이 나의 아들 예수의 운명을 그
와 같이 마치도록 한 그 후부터 나의
성령이요, 나의 뜻이 세상에 내려가지
못함이니,
4 너희들이 암흑의 세상에서 너희들 스
스로 살아가는 것이라 그리하였음이
니라.
5 그리하여 지금 나의 만백성을 구한다
는 종교 지도자 그들 자체가 또한 방
향이 없으며 핵심이 없는 그와 같은
가르침으로써 몇천 년 동안 나의 백성
을 이끌고 왔음이니라.
6 너희들이 만백성을 구하여 하늘로 오
른다 하여 가르치는 그 성서 자체가
나의 아들 예수를 통하여 그 모두는
너희들이 행하여야 할 것을 가르쳤으
며 비사로써 모든 것을 기록하여 너희
들에게 깨우침이니, 너희들이 정녕 그
뜻 또한 알 수 없음이니라.
7 성서에 기록된 그 모든 내용이 다 비
사로써 기록되어 너희들에게 전하여
졌음이니, 너희들이 그를 깨우쳐 알
수도 없으며 그를 알지도 못하고 있음
이니,
8 지금 너희들의 믿음이라 하는 그 길이
방향이 없으며 목표가 없으며 그저 표
류하는 배처럼 그와 같이 우왕좌왕하
는 그 속에서 너희들이 나의 만백성을
이끌어 하늘에 오르는 길로 인도한다
하고 있음이니,

9 너희들은 그를 가르치는 설교의 시간
이요, 교리의 시간에 성서의 그 핵심
을 모르기에 인간 세속의 삶을 예를
들어 그를 가지고 그들을 이끌어 가
쇠사슬로 묶어 놓으며,
10 그리고 결론은 결국 재물을 바치며 열
심히 나와 너희에게 복종하라는 것이
니, 어떠한 독재자요, 제왕도 그와 같
은 행위를 하는 자는 없음을 너희들은
알아야 할 것이니라.
11 창조주 나 여호와의 뜻을 너희들이 지
금 알 수가 없음이니, 이는 곧, 비사로
써 내려진 성서의 뜻을 너희들이 알
수 없기 때문이니라.
12 그리하여 내가 성서에 기록하여 너희
에게 전하지 아니하였던가?
13 나의 아들 예수가 너희에게 가르치는
것은 비사로써 모든 것을 다 가르쳤으
나,
14 이제 나 여호와의 참뜻을 가지고 세상
에 나와 너희들을 구원하며 전할 자가
있다 말하였음이니, 그는 바로 무엇이
더냐?
15 지금 나의 법전이 세상에 내려가 너희
들을 깨우치고자 하는 뜻이 나의 뜻임
을 너희들은 알아야 할 것이니라.
16 그리하여 내가 너희들에게 지금은 비
사로써 가르침이 아니라 행함을 가르
치며 내가 직접 너희에게 행할 것을
명하여 내림이니,
17 이게 곧 너희에게 심판이 시작되었음
을 알아야 할 것이니라.
18 지금 내가 너희 중에 거두어들일 자
거두어들이며, 버릴 자 버리는 그와
같은 심판의 시대가 시작되었음을 알
아야 할 것이며,
19 그 심판의 시대는 나의 법전으로써 너
희들에게 내려보냈으니, 이를 깨우쳐
읽는 자 심판의 자격이 있으며, 그렇
지 못한 자 심판을 받지 못한다 하였
음이니라.
20 예수의 시대에는 모든 것을 다 비사로
전하여 나의 아들이 나의 성령을 받아
너희에게 길을 인도하는 그와 같은 깨
우침의 시대요,
21 지금 제3의 시대는 나 여호와가 직접
통제하여 구할 자와 구하지 아니할 자
를 심판하는 그와 같은 무서운 시대에
돌입했음을 너희들은 알아야 할 것이
니라.
22 이제는 너희들이 나의 아들 예수의 이
름으로써 구한다, 그리고 그 이름으로
써만 구원한다, 그리하여 '주 예수'라
그리 부르면 아니 되는 것을 내가 너
희들에게 일찍이 깨우쳐 주었음이니,
너희들은 그를 깨우쳐 행하여야 할 것
이니라.
23 그와 같은 변화의 역사가 있지 아니하
고는 너희들이 정녕 하늘에 오를 수
없음을 알아야 할 것이니라.
24 너희들은 나의 아들 예수의 이름으로
모든 것을 구하며 그를 통하지 아니하
면 구원할 수 없다 하여 '주 예수'라
그리 부르나,
25 그것은 내가 나의 아들을 통하여 말했
듯이, 너희들의 뜻을 상달하여 받아들
이며 내가 나의 뜻을 너희들에게 전하
는 것이 오로지 예수를 통해서만 하는
것이요,
26 그의 이름으로써 너희들이 기도하고

경배하며 그로 하여금 구원을 받는다
그리해서는 아니 됨을 알아야 할 것이
니라.
27 나의 아들을 경배하며 그 이름으로써
직접 그가 구원하는 것이 아니요,
28 나만이 너희를 구원할 수 있다는 것을
성서에 기록하여 너희들에게 일찍 깨
우쳐 주었음이니, 너희들은 이를 읽어
깨우쳐야 할 것이니라.
29 너희들이 예수의 이름으로써 구원한
다 하며, 그리고 '주 예수 그리스도
여!' 그만이 주라 하는 그리 잘못 믿음
의 세상이 올 것을 예비하여 내가 예
수를 통하여 성경에 기록하였으며 또
한 법전에 기록하여 두었음이니라.
30 예수가 여호와 창조주 나에게 너희들
을 구원하겠다 기도할 수 없으며, 너
희들을 구원할 수 없으며,
31 다만 그가 구하고 너희들에 의하여 나
에게 경배하는 것은 너희들이 악으로
빠지지 아니하며 너희들이 선함을 행
하여 구원을 받을 수 있는 그와 같은
백성으로서 이끌어 주는 것이 그의 한
계며,
32 너희들을 구원하고 못 하는 것은 나의
아들 예수가 함이 아니니, 너희들은
이를 깨우쳐야 할 것이니라.
33 이 이치부터 깨우치지 못하고 너희들
이 '주 예수'라 찾으며 그 이름으로 구
원을 받을 것이라 하는 것은 정녕 나
와는 아무런 관계가 없음을 알아야 할
것이니라.
34 너희들은 이제 알아야 할 것이니라.
35 정녕 나의 피조물 만백성을 구원한다
말하는 자, 그리고 종교 지도자 그들
에게 물어보라, 너희들은 과연 나 여
호와로부터 어떤 메시지를 받았으며
어떠한 가르침을 나로부터 직접 받았
으며 나의 음성을 들어 행하고 있는
것인가를.
36 그렇지 않다면 너희들은 나의 백성을
잘못 끌어가고 있음을 알아야 할 것이
니라.
37 지금 바로 내가 원하는 것을 나로부터
메시지를 받지 못했으며, 나로부터 음
성을 듣지 못하였으며, 나로부터 성령
을 받지 못한 자가 나의 피조물 만백
성을 구원하는 길로 인도한다는 것은
곧 사탄이요, 이단임을 너희들이 알아
야 할 것이니라.
38 이제 너희들은 깨달을 때가 되었음을
알아야 할 것이니라.
39 나의 아들을 '주 예수'라, 주인이라 그
리 부르지 말라.
40 그는 나의 명을 받아 행한 자요, 그는
나의 아들로서 내가 명한 것을 실천하
는 자요, 그가 직접 구원하는 것은 아
님이니,
41 그 이름으로 너희들이 구원을 받는다
하는 것은 너희들의 깨달음이 부족함
에서 일어나는 현상이니 이를 알아야
할 것이니라.
42 내가 지금 제3의 시대에 법전으로 기
록하여 세상에 내려보내는 이 나의 뜻
을 너희들은 이단이요, 사탄이요, 말
세의 사기극이라 그리 말함이니, 너희
들은 그리 말할 수밖에 없는 것이니라.
43 사탄이 천사를 볼 때는 저희들을 벌하
며 저희들을 멸할 것이니, 그게 사탄
이라는 말을 한다 내가 너희에게 일찍

이 깨우쳐 주었듯이,
44 나의 법전은 만백성을 구하는 하늘의
뜻이요, 하늘의 이치요, 하늘의 가르
침이요, 하늘의 글이기 때문에, 사탄
이요, 이단은 그를 볼 수 없음이니라.
45 그리하여 너희들이 나의 아들을 사탄
이라 하며, 나의 법전이 이단이요, 너
희들을 지옥 불로 이끌고 가는 왕 사
탄이 세상을 혼란케 한다 그리 가르침
이니,
46 바로 너희들이 사탄이기에 창조주 내
가 내리는 천사요, 너희들이 내 심성
으로 닮아 하늘에 오를 수 있는 참진
리의 뜻이요, 하늘의 말이요, 하늘의
뜻을 알 수 없음이니,
47 그리하여 너희들이 사탄이요, 이단이
라 부르짖는 그 이치를 깨우쳐 주어야
할 것이니,
48 그를 너의 제자들을 통하여 길을 잃고
헤매며 갈 길을 모르는 나의 피조물
만백성 그들을 너희들이 이끌어 주어
야 할 것이니라.
49 백 마리의 양 중에 한 마리의 양을 잃
어버렸을 때 그를 찾는 기쁨이 말할
수 없다 하였듯이,
50 수많은 나의 피조물 만백성이 참진리
의 뜻을 몰라 지옥으로 가고 있으니,
그들을 바로 세워 일깨워 주는 것이
너희들의 대명이니,
51 수만 수억의 인구를 너희들이 구원한
다 하면 나 여호와가 한 마리의 잃어
버린 양을 얻는 것보다도 몇천 배 더
귀하고 소중함을 내가 느낌이니, 나의
기쁨을 너희들이 저버리지 말도록 그
리하라.

3,886 번째 하나님 말씀

2002년 11월 7일 09시 27분

1 사랑하는 나의 아들아!
2 "네, 아버님! 말씀하옵소서."
3 내가 예수를 통하여 성경에 기록하여
너희들에게 일깨워 깨우쳐 준 대목이
있거늘,
4 너희들은 나의 성령이 기록되어 있는
그 뜻을 너희 마음대로 해석하며 내가
너희들에게 전하고자 하는 그 뜻을 알
지 못함이니,
5 그 성경에 나의 뜻이 기록되어 있는
한 부분을 너희들이 알아야 할 것이니
라.
6 예수를 통하여 기록하여 내가 너희들
에게 가르쳤음이니, 그는 너희들이 말
하는 '주 예수'요, 구원자가 아니며,
7 그는 나의 뜻에 의하여 세상에 내려가
나의 뜻인 나의 복음을 만백성에게 전
하며, 만백성 너희들이 세상을 떠나
심판을 받을 때 심판을 받을 수 있는
길에 오를 수 있는 참진리의 길이요,
하늘에 오르는 길을 가르치고자 임했
음을 너희들이 알아야 할 것이니라.
8 나의 아들은 너희들이 지옥과 천국을
구분하며 하늘에 오르는 길이 무엇인
가 그 길을 일깨워 주고 안내하는 그
와 같은 역할로서 나의 복음을 전하는
임무를 받고 세상에 나갔음이니,
9 그는 나의 뜻을 대역하는 대역자임을
너희들에게 이미 기록하여 전하였음
이니라.
10 그는 대역자로서의 임무를 마치는 자
요, 그는 정녕 구원자가 아님을 너희

들에게 말하였음이니,
11 그러나 너희들은 나의 아들을 '주 예
수'라 부르며 그 예수의 이름으로써
너희들을 구원하고, 그 이름으로 기도
하며 그 보혈로써 너희들이 구원을 받
는다 그리 말하고 가르치는 종교 지도
자들이 이 세상을 덮고 있음이니,
12 그는 대역자로서 나의 뜻을 충실히 수
행한 나의 아들이요, 내 뜻을 순종한
나의 아들이니라.
13 그는 너희들이 부르짖듯이 나와 똑같
은 주 예수 창조주가 아니며, 구원자
가 아니며, 신이 아님을 너희들이 알
면서도 어찌 그리 몰고 가는가?
14 너희들은 너희들을 위하여 그와 같이
피 흘려 죽어 간 나의 아들 예수의 죽
음까지도 욕되게 하는 것이 바로 그가
창조주요, 주 예수요, 그 이름으로 기
도하는 것만이 구원을 받는다 그리 말
하는 것이니,
15 너희들은 이와 같은 틀에서 벗어나야
할 것이니라.
16 창조주는 오로지 보이지 않는 나 여호
와 하나뿐이니, 너희들이 나에게 기도
하고, 너희들이 구원의 길을 따라가고
자 그리 구원을 받고자 한다면,
17 나의 뜻이요, 나의 계명이요, 내가 원
하는 그 율법에 따라 살면 되는 것이
거늘,
18 나의 십계명이요, 나의 율법이요, 내
가 원하는 것을 너희들이 지키고 행할
수 없기에 그는 그저 너희들이 깔고
뭉개며,
19 너희들이 편안한 나의 아들 예수의 이
름으로써 그저 예수를 부르며 찾으며,
그리고 너희 손으로 지은 성전에 와
피 흘려 죽은 나의 아들의 이름을 부
르고 기도하며
20 '주여, 주여! 이루어 주옵소서. 그리고
저희들의 소원을 들어주옵소서.' 하며
오로지 주만이 너희들을 구원하는 자
라 그리 기도하고 눈물로써 경배하고
너희들이 매달림으로써 구원을 받는
다고 그와 같이 너희들이 편법을 써서
나의 피조물 만백성을 이리도 험악한
말세요, 사탄이요, 도둑이 우글거리는
세상으로 만들었음이니,
21 그것 또한 나의 아들의 죽음을 너희들
이 욕되게 하며, 나의 아들의 죽음을
욕되게 하여 그 속에서 너희들이 사악
한 행위를 하고 있다는 것을 이제 깨
우칠 때가 되었음을 알라.
22 너희들이 지금도 깨우쳐 바로 가지 못
할 때, 너희들이 나로부터 그 대가를
치르는 것이 얼마나 무서운 것인가를
상상할 수 없을 것이니,
23 지금 나 여호와를 아버지라 부르며 너
희들이 눈물로써 회개하고 반성할 때
나의 법전을 읽고 깨우쳐 그 내용대로
회개하며 깨우쳐 가며 그리 사는 길만
이 너희들이 구원을 받는다는 것을 잊
지 말라.

3,887 번째 하나님 말씀

2002년 11월 7일 22시 07분

1 사랑하는 나의 아들아!
2 "네, 아버님! 말씀하옵소서."
3 인간 세속의 너희들도 상사와 상하 관
계가 오래 지속되다 보면 너희 스스로

거리가 무너지며 그 관계가 또한 무너
지게 되어 있음이니,
4 아랫사람이 위를 보고 실수하기 쉬우
며 윗사람이 아래를 보고 실수하기 쉬
운 것이 인간관계이니라.
5 너희들이 하늘에 오르는 길이요, 믿음
의 길은 너희들이 세상에 나와 철들어
죽을 때까지, 육이 한 줌의 흙으로 돌
아갈 때까지 그 길을 가야 함이니,
6 그 길고도 긴 너희 육의 생활에서 멀
고도 먼 길이니라.
7 그 긴 세월을 너희들이 가는 동안에
중간에 물러나는 자, 도태되는 자, 그
리고 그 모두를 포기하는 자가 수없이
많이 있음이니,
8 이는 곧 너희들이 확실한 믿음이 없이
살아가기 때문임을 알아야 할 것이니
라.
9 너의 제자들, 또한 나의 법전을 듣고
공부하는 만백성 너희들도 너희 마음
이 불같이 일어나 믿음의 그 길을 가
고자 하나,
10 1년, 2년 가는 그 세월 속에 너희 스스
로 마음이 나태해지며 너희들이 구원
이라는 그 자체를 망각하게 되는 그와
같은 형국에 이르게 됨이니,
11 그리하여 믿음의 길로써 너희들이 죽
어 나에게 와 천국의 문을 들어오는
것이 그리도 어렵고 힘든 이치임을 알
아야 할 것이니라.
12 너 또한 그러하니라.
13 네가 죽어 나에게 오를 때까지 평생
나의 피조물 만백성을 구원하는 나의
법전을 기록하여 전하여야 할 것이며,
14 그리고 또한 천 년 후에 너희들의 안
식일의 날로서, 하늘에서 이루어진 것
같이 지상에서 이루어지는 그 지상의
낙원에서 살아갈 수 있는 그 법도요,
예절의 삶에 대한 것을 내가 기록하여
남김이니,
15 그 길고도 긴 세월 속에 너 자신이 무
너질 수 있으며 또한 너를 따르는 그
제자들도 스스로 무너질 수가 있음을
알아야 할 것이니라.
16 그리하여 너희들은 오늘의 믿음이 내
일의 믿음과 같으며, 영원히 너희들이
죽어 나에게 올 때까지 그 믿음의 마
음이 흔들려서는 아니 되는 것이며,
17 새로운 마음으로써 행하며 새로운 마
음으로써 믿음에 매진하는 그와 같은
마음 자세를 가져야 함을 잊어서는 아
니 될 것이니라.
18 내가 너에게 명하여 나에게 경배하고
기도하면서 십계명을 암송토록 하는
것은, 나의 십계명을 네가 암송하여
그 속의 뜻을 깨우치는 중요함도 있으
나,
19 네가 십계명을 암송함으로 인해서 네
가 다시 시작하며, 오늘 네가 나에게
십계명을 암송하며 나의 성령을 받고
자 기도한다 할 때 네가 또 새로 시작
하는, 그와 같은 마음이 변화되지 않
는 자세를 갖추어 주기 위하여
20 내가 너로 하여금 십계명을 그리 암송
하고 나서 모든 나의 경배의 기도 소
리를 들으라 하는 것이며, 내가 내리
는 성령의 소리를 네가 듣도록 하게
함이니라.
21 그리하여 네가 하나 움직일 때마다 십
계명을 외우며, 네가 기도할 때마다

그리고 나의 음성을 듣기 위하여 경배
기도를 드릴 때, 네가 시작하기 전에
십계명을 암송하도록 함은 새로 시작
하는 것이며,
22 항상 새로운 마음으로써 긴장을 풀지
말며 그와 같은 자세로써 나를 향하여
네가 전진하라는 뜻이 거기에 있으며,
그 의미가 거기에 있음을 알아야 할
것이니라.
23 그리하여 너의 제자들도 항상 새로 시
작하는 마음으로 그리 믿음의 길을 향
하도록 가르치라.
24 그렇지 않으면 너희들의 육의 삶에 길
고도 긴 세월 속에 스스로 무너지며
망가지는 그와 같은 너희들이 됨을,
25 너희 자신도 통제할 수 없으며 너희에
게 인간의 마음으로 억제할 수 없는
그와 같은 순간의 무서운 변화가 일게
된다는 것을 너의 제자들에게 깨우쳐,
26 바로 갈 수 있도록, 항상 긴장된 마음
에서 살아갈 수 있도록, 항상 믿음을
새로 시작하는 마음으로 하루하루 살
아가라 그리 깨우쳐 주라.
27 그렇지 아니하면 너희들이 무너질 수
있음이니라.

3,888 번째 하나님 말씀

2002년 11월 7일 22시 14분

1 사랑하는 나의 아들아!
2 "네, 아버님! 말씀하옵소서."
3 네가 나의 성령을 받아 160권의 법전
을 세상에 내어 만백성을 구하는 그
대역사를 이루고 있음이니,
4 이제 네가 3부의 48권의 법전을 다 완
성하는 단계에 이르러 네가 나에게 간
곡히 기도드리고자 하는 그 의미를 알
며 네가 원하는 것을 내가 알고 있음
이니라.
5 너는 너의 제자들이 정녕 천사처럼 변
하지 못하여 구원을 받지 못할 것이라
는 것을 알고 있으며,
6 그들이 그 길을 가기가 너무나도 힘들
고 어려움이니, 너는 그 나약한 그들
에게 쓰러지지 않는 힘과 용기를 주기
를 나에게 기도하고자 하는 것이 너의
마음이며,
7 더불어 그들이 구원을 받아 천국에 오
르지는 못할지라도 너의 사랑하는 그
제자들이 악에 빠져 지옥으로 가는 것
만이라도 막도록 네가 그들에게 용기
를 줄 수 있는, 그리고 그들을 붙들어
주며 그들을 구원해 달라는 그 간곡한
눈물의 기도를 드리고자 하는 네 마음
을 나 여호와가 알고 있음이니라.
8 이제 네가 너 자신의 모든 힘을 다하
여 나의 법전 48권을 완성해 내는 이
시점에 너의 제자들이 또한 참진리의
길을 가지 못함이니,
9 너의 제자들이 하늘에 오르는 길이요,
나 여호와가 존재함을 알며, 나의 법
전을 쉽게 깨달아 그들이 쓰러지지 않
는 용기를 가질 수 있도록 그들에게
용기와 힘을 주며 능력을 주기를 네가
원하는 그 마음을 내가 알고 있음이니
라.
10 사랑하는 나의 아들아, 내가 너에게
말하지 아니하였던가?
11 그와 같은 기도의 마음을 네가 나에게
어찌하여 갖는가?

12 네가 너의 제자들의 손을 놓지 않을
때 내가 그를 버리지 않는다 하였으며,
13 그들이 아무리 실수를 하며, 그들이
잘못 가며, 그들이 작은 잘못을 저지
르든 큰 잘못을 저지르든, 정녕 그들
의 손을 네가 놓지 아니한다면 나 또
한 그들을 버리지 아니한다 하였거늘,
14 어찌하여 너는 너의 제자들의 그 나약
한 면만을 보며 그들이 천사로서 변할
수 없다 그리 말하는가?
15 그리하여 그들이 정녕 사탄이요, 악에
빠져 지옥으로 가는 것을 막을 수 있
도록 그들에게 깨우침과 용기를 달라
네가 나에게 기도하고자 함이니,
16 그러한 기도를 나에게 하고 싶은 마음
을 접어 두어야 할 것이니라.
17 내가 너에게 모든 답을 주지 아니하였
던가?
18 네가 그들의 손을 놓지 아니하는 한
나 여호와가 그들의 손을 놓지 아니
한다 하였음이니,
19 그 모두는 네가 나의 아들이요, 네가
가는 길에 그들과 더불어 가는 그 공
로요, 노력함을 내가 알고 있음이니,
이는 네가 관장할 일이며 네가 해야
할 일이며, 네가 나에게 원하는 것이
니,
20 내가 너에게 모두를 명하여 주었거늘,
네가 그들의 손을 놓지 아니한다면 결
코 나 여호와가 그들을 버리지 아니함
이니, 그들이 어찌 지옥으로 가 그 고
통스러운 죄의 대가를 치르겠는가?
21 내가 그들에게 말하기를, 열 권의 법
전을 가지고 나가 열 사람에게 그들이
전하여 덕을 베풀었을 때 그들이 어린
아이로 다시 태어나는 것이며 그 죄를
용서하여 준다 하였음이니,
22 너의 제자들의 오늘의 생활이 그만 못
하다 네가 생각하지 말라.
23 내가 너의 제자들을 다 알고 있음이니
라.
24 그들이 치르고 가야 할 길이 있으며
그들이 건너야 할 강이 있음이니, 그
들이 그를 잘 건너고 잘 가고 있음을
나 여호와가 알고 있음이니라.
25 너는 보지 아니하더냐?
26 모든 동물이 물을 건너 다른 초원을
찾아감으로 인하여 그곳에 함정이 있
으며 또 악어와 같은 사나운 짐승들이
그들의 생명을 빼앗아 가지만,
27 그러나 그 길을 가는 역사를 반복하며
살아가는 것이 그들의 세월이 아니더
냐?
28 너희들이 가야 할 길이 있고 또 치러
야 할 길이 있으니,
29 너의 제자들이 가는 길에는 험악한 길
도 있으며 또한 나의 은총 속에 가는
행복한 길도 있음이니, 그 험난한 길
을 다 그들이 가야 하며 겪어야 함이
니,
30 네가 손을 놓지 아니함으로 그들을 버
리지 않는다는, 내가 너에게 모든 명
을 내렸으며 너에게 모든 권한을 주었
음이니,
31 이는 네가 알아서 할 것이요, 나에게
그와 같은 눈물의 기도를 네가 드리지
말라.
32 어찌하여 너는 나의 그 이치를, 내가
너에게 명한 것을 깨닫지 못하고 그와
같은 네 마음을 나에게 전하고자 하는

가?
33 내가 너에게 모두를 다 명하여 주었음
이니, 그 소관은 네가 해야 할 일임을
알라.

3,889 번째 하나님 말씀

2002년 11월 7일 22시 26분

1 사랑하는 나의 아들아!
2 "네, 아버님! 말씀하옵소서."
3 네가 나로부터 메시지를 받으며 나의
뜻을 받아 기록하며 나의 음성을 들으
며 나의 메시지를 법전이라 하여 기록
하여 만백성에게 전하고자 하며 그를
알리고자 하느니라.
4 또한, 나 여호와가 존재하며 너희들이
죽어 와 나로부터 심판을 받으며, 하
늘에 오르는 길이 무엇이며,
5 너희들이 수천 년 동안 흘러온 종교
집단이요, 그 가르침이 잘못되었으니
그 모두를 네가 나의 피조물 만백성에
게 전하고자 하느니라.
6 그러나 그들은 듣지 못하며 나의 메시
지를 받지 못하기에 그 모두를 믿으려
하지 아니하며, 네가 전하는 나의 뜻
을 이단이요, 사탄이요, 사악한 자의
행위라 말하고 있음이니,
7 네가 나의 뜻을 너의 형제요, 만백성
에게 전하고자 함이 얼마나 어렵고 힘
든 것이며, 또한 너의 힘과 너의 제자
들의 힘으로써 그들에게 전하는 것이
정녕 어렵고 힘들다는 것을 나 여호와
는 알고 있음이니라.
8 지금 잘못 가고 있는 믿음의 그들이
그 세계에 그들 나름대로 무섭게 조직
되어 있으며 완벽하리만큼 세뇌되어
있는 것을,
9 그들을 깨우쳐 바른길로 인도한다는
것이 너희들의 힘으로써 얼마나 역부
족인지, 그리하여 너희들이 두려워하
고 무서워하며 좌절하는 것을 나 여호
와는 알고 있음이니라.
10 그러나 사랑하는 나의 아들아, 그 모
두는 내가 주관하며 내가 행하여 너희
들을 이끌어 가고 있음이니, 너희들이
두려워하거나 좌절하지 말라.
11 모든 것은 다 흐르는 시간 속에 이루
어지며, 그 모든 변화의 역사를 이루
는 것은 시간이 필요함이니라.
12 준비하는 시간이 있으며 성장하는 시
간이 있으며 그를 만백성에게 꽃피우
는 그 시기가 있음이니,
13 너의 제자들이 변화되며 너 또한 변화
되며 그와 같이 서서히 변해 가는 것
이 그저 너희들이 변하여 깨달음을 얻
는 것이 아니며,
14 너희들이 그 모두를 다 다스릴 수 있
는 기틀을 다져 가는 그 역사의 변화
속에 너희들이 하나하나 지금 다져 가
고 있음을 알아야 할 것이니라.
15 네가 변하고 깨달으며 너의 제자들이
변하고 깨달으며 그리하여 너희들이
만백성을 다스릴 수 있음이니,
16 지금 완벽하게 세뇌되었으며 무서우
리만큼 너희들이 근접할 수 없으며 너
희들을 핍박하며 너희들의 가르침을
듣지 아니하려는 그들은 너희들이 완
벽한 기틀이 다져진 그 위에서는 저희
들은 기초가 없기에 스스로 무너지며,
17 참진리가 없으며, 내가 선택한 백성이

아니요, 내가 원하는 것을 순종하지
아니하며 내가 원하는 길을 가지 아니
하기 때문에,
18 완벽히 나의 뜻에 의하여 기초가 다져
진 너희들에게 감히 그들이 대적할 수
없음이니라.
19 모래 위에 집을 지은 자와 반석 위에
집을 지은 자를 견주어 볼 때, 그 답은
당연히 너희들이 말하지 아니하여도
알고 있지 아니하는가?
20 그와 같은 역사의 기틀을 다지기 위하
여 오늘의 시간이 필요함이니, 너희들
은 두려워하지 말라.
21 그들이 완벽한 것 같으나 그 또한 무
너질 때 너희들이 감당키 어려울 만큼
그들 스스로 지탱할 수 없으며 그들
스스로 감당키 어려운 그와 같은 역사
의 변화와 소용돌이가 이루어질 것이
니라.
22 지금 그들이 무너져 쓰러져 갈 때 너
희들이 그를 받아들이고 감내할 수 있
는 준비가 되어 있지 아니함이니,
23 나의 법전이 세상에 나가 3부가 세상
에 나가며 4부부터 세상을 덮어 나갈
때 모든 변화가 이루어진다 내가 말하
지 아니하였던가?
24 3부까지는 각국의 언어로써 나가며, 4
부부터는 그와 같은 변화가 있을 수
없으며 오로지 동양의 작은 나라, 내
가 선택한 민족의 언어요, 글로써 세
상에 나가게 됨이니,
25 그때 이루어지는 역사는 그 누구도 감
당할 수 없는 변화와 소용돌이가 일
것이니,
26 너희들은 두려워하지 말며 그저 너희
들 자신이 변화되어 가는, 그리고 나
의 법전이요, 십계명에 따라 살아가는
데 최선을 다하는 삶을 살라.
27 그것만이 너희들이 반석 위에 집을 짓
기 위하여 그 터를 닦는 것임을 알라.

3,890 번째 하나님 말씀

2002년 11월 8일 07시 26분

1 사랑하는 나의 아들아!
2 "네, 아버님! 말씀하옵소서."
3 이제 네가 5달란트의 사업을 하는 그
사업장을 다 정립하여 평정할 때가 되
었음을 알라.
4 '준이네' 식당은 그 부부가 천사와 같
은 마음으로 사니, 누구를 미워하지도
아니하고 원망하지도 아니하며 모든
재물에 대하여 마음이 떠나 있으며,
5 오로지 그 사업이 제 사업이 아니요,
나 여호와의 사업이라 생각하고 저희
를 찾아오는 많은 백성을 천사와 같이
사랑하고 대함이니,
6 남들이 그를 말하기를 천사와 같은 부
부라 할 것이니, 그곳의 사업장도 이
제 서서히 네가 그들이 바로 설 수 있
도록 길을 열어 줄 것이며,
7 그리고 너희들이 만든 '쉼터'는 아침
10시에 문을 열되, 그곳은 늦게까지
'미향'이가 관리하도록 그리 명해 줄
것이며,
8 '신림동'이라는 그곳은 어떠한 일이
있어도 '이기종'에게 그를 바로 세우
라 말하라.
9 그를 세우지 못하면 그가 내 뜻을 따
르지 아니하는 자며 나의 뜻을 소중히

생각하지 아니함이요, 딴 곳에 가 그
가 그 역사를 이룰 수 없을 것이니라.
10 오늘 너희 보일러 가게를 운영할 자는
사람을 내가 보낼 것이니, 그 사람을
잡고 '명동'과 그 두 군데를 의논하면
그가 다 사람을 추천하여 운영할 것이
니라.
11 이것이 내가 너에게 명함이니, 이에
차질이 없도록 그리 행하도록 하며,
이곳 네가 있는 성전은 너 스스로 운
영함이니, 이곳의 신선하고 아름다운
공기를 그리 지키도록 하라.
12 이 성전의 공기가 탁하면 아니 되는
것이며, 공기의 흐름이 막히면 아니
됨이니,
13 이 성전을 운영할 자를 내가 또한 보
내 줄 것이니 그리 알도록 하라.
14 그리하여 오늘 모두를 다 그리 정하며
모두에게 임무를 주어 그를 차질없이
행하도록 하라.
15 그리하면 이제는 배가 순풍을 맞아 떠
나가듯이 모두가 안정되게 흘러갈 것
이니,
16 오늘 너를 찾아오는 자에게 두 군데의
임무를 주도록 하여 운영하도록 그리
하라.
17 그가 충분히 그 역할을 다할 것이니,
제 궤도에 들어섬이니라.
18 너희들이 많이 기다렸으며, 많이 인내
하였으며, 인간으로서 인내할 수 있는
만큼 인내하였음이니라.
19 이를 차질 없도록 할 것이며, 네가 '쉼
터'에 나가 많은 사람들의 어렵고 힘
듦을 일깨워 주도록 하라.
20 그리하여 그들에게 희망을 심어 주며,
그들에게 내가 존재함을 깨우쳐 주며
그리하여 네가 가도록 하라.

3,891 번째 하나님 말씀

2002년 11월 8일 07시 31분

1 사랑하는 나의 아들아!
2 "네, 아버님! 말씀하옵소서."
3 네가 나의 종이요, 나의 선지자요, 또
한 나의 아들이요, 내가 너를 명하여
이와 같이 법전을 세상에 내려보내며,
이 법전만이 구원의 길이요, 하늘에
오르는 길이라 말하니,
4 이 세상의 그 수많은 종교 집단과 많
은 백성들이 너에게 와 무엇인가를 알
고자 물을 것이며,
5 너에게 와 과연 네가 나의 아들이라면
그 증거를 대라 너에게 따질 것이며,
너에게 갖은 핍박을 다 할 것이니라.
6 그와 같은 핍박을 네가 다 견디고 대
답할 수 없으며, 그에 해명하고자 너
는 그들과 갑론을박하지 말라.
7 그들에게 나의 법전을 읽어 보라 그리
말하라.
8 그리고 그를 읽고 질문하라 그리 말하
여 전하라.
9 이는 네 뜻대로 기록한 것이 아니요,
보내신 이의 뜻에 의해 너는 직접 듣
고 그 뜻에 따라 행하였음이니,
10 그들에게 법전을 읽고 그 보내신 분의
뜻을 깨우쳐 보고서 여기에 잘못된 것
이 있으며 또 이것이 보내신 분의 뜻
이 아니며 인간의 생각으로 썼다 생각
되거든, 그때 가서 그 대목을 너에게
따지며 물으라 그리하라.

11 어떠한 사람이 와서 너에게 따지고자
할 때 대답하지 말라.
12 '나는 오직 보내신 분에 의해 내리신
분의 뜻에 따라 기록하였을 뿐이며 나
는 아무것도 모른다.' 말하라.
13 '오로지 보내신 분의 뜻을 네가 알고
자 하거든, 이 법전을 읽고 깨우치고
난 다음에 잘못된 것과 인간이 기록한
것이요, 하늘에 계신 분의 뜻에 의해
내린 것인가 그것을 직접 너희들이 읽
고 깨우쳐 판단하도록 하라.' 그리하
라.
14 너에게 그들이 무엇을 묻고자 너를 핍
박하며 너에게 대들며 언성을 높이며
너에게 시비를 걸거든 절대로 너는 대
답하지 말라.
15 너는 아무것도 모르는 바보요, 천치라
그리 말하라. 그리고 우매한 자라 말
하라.
16 '보내신 이가 있기 때문에 보내신 분
에 의해서 그대로 받아 기록하여, 법
전이라 명하시니 법전이라 전하였으
며,
17 만백성을 구하는 것이라 하시니 구하
는 것이라 전하며,
18 십계명대로 살지 아니하면 구원을 받
을 수 없다 그리 말씀을 주시기에 보
내신 이의 뜻에 따라 그대로 기록한
것밖에 없음이니,
19 나는 모른다.' 그리 말하라, 사랑하는
나의 아들아!
20 이제 3부가 세상에 곧 나갈 날이 머지
않았으며 이 모든 변화의 역사가 옴으
로 인하여 너 또한 모두 완벽하게 변
해 갈 자리가 되어 있으며, 내가 너를
그리 이끌어 갈 것이니 주저하지 말며,
21 네가 그들에게 갑론을박하여 네가 무
엇을 아는 것처럼, 네가 나로부터 선
택된 나의 아들이요, 나의 목자라는
것을 내세우지 말며 그와 같은 입장에
서 대화하지 말라.
22 '나는 그저 바보요, 천치요, 아무것도
모르는 자이기에, 내리시는 분이요,
주신 분이 사탄인지 하나님인지 그것
은 여러분이 이 법전을 읽고 제가 받
아 기록한 이 마지막 시대에 여러분을
심판하는, '하늘에 오르는 길'이요, 하
나님의 진정한 말씀인 이 법전을 읽고
스스로 판단하도록 하시오.' 그리 전
하라, 사랑하는 나의 아들아!
23 그것만이 네가 존재할 수 있는 길이
며, 나의 아들 예수와 같이 네가 죽음
으로써 모두를 답하는 그와 같은 고통
스러운, 그리고 있어서는 아니 되는
그와 같은 슬픈 일이 두 번 다시 있지
아니할 것이니 그리 알라, 나의 아들
아!

3,892 번째 하나님 말씀

2002년 11월 8일 07시 37분

1 사랑하는 나의 아들아!
2 "네, 아버님! 말씀하옵소서."
3 수천수만 가지의 모든 집단이 너를 용
서하지 아니하려 하며 나의 법전을 받
아들이려 하지 아니할 것이니라.
4 나무를 깎아 놓고 기도하는 자, 돌멩
이 앞에서 기도하는 자, 그리고 냉수
한 그릇 떠 놓고 달에게 소원을 비는
자, 그 모든 수천수만 가지의 종파들

이 세상에 나의 법전이요, 모두를 통
제하는 왕의 뜻이 내려왔다 하면 그들
은 믿지 아니하는 것이니라.
5 저희들만이 소원을 가장 잘 들어줄 수
있으며 저희들이 믿는 그 종파만이 세
상을 지배할 수 있는 왕이라고 그들의
머리에 잠식되어 있기 때문에 그들이
그곳에 기도하는 것이니라.
6 돌부리 앞에서 기도하는 자, 나무 아
래에서 기도하는 자, 그저 물 한 그릇
떠 놓고 달과 별을 보며 또는 해를 보
며 제 소원을 비는 그 모두는 저희들
이 믿는 것이 가장 위대한 제왕적인
신이요, 그들만이 모든 것을 다 이루
어 준다 생각하기 때문에
7 나의 참뜻이요, 참진리가 세상에 내려
왔다는 것을 모든 백성은 믿지 아니할
것이니라.
8 그리하여 모든 종교 집단들이 이제는
너를 해하려 할 것이며 너를 해치려
할 것이며, 네가 기록한 이 법전을 세
상에 존재치 못하도록 하는 그와 같은
무서운 태풍이 불어 올 것이니라.
9 그러하거든 너는 그들에게 아무런 갑
론을박을 하지 말며, 나의 법전을 읽
고 깨우쳐 이 법전이 무엇이 잘못되었
으며, 이 법전이 무엇을 의미하며, 이
법전이 무엇을 가르치고 있는가 그 뜻
을 스스로 깨우쳐 본 다음에 너에게
와 갑론을박하라 그리 말하라.
10 그들이 너희들을 해치려 하며 너희들
을 존재하지 못하게 하려 하거든,
11 과연 너희를 해치고 쓰러트리며 구원
의 길을 보지 못하고 지옥으로 가게
하는 그 깨우침과 깨달음의 내용이 어
디에 있는가 물어보라.
12 그래서 그들에게 그를 물어 그들이 정
녕 나의 법전을 읽고 답할 때, 그때 가
서는 그들에게 하나하나 깨우쳐 주는
그와 같은 일을 네가 시행하되,
13 그렇지 아니한 자와는 지금부터 절대
적 갑론을박을 해서는 아니 됨을 알라.
14 제가 알고 있는 그 믿음의 가르침으로
저희들이 지금 이끌어 가는 종교 집단
이요, 단상에서 많은 백성을 깨우치는
자는 직접 나 여호와로부터 가르침을
받았으며 나로부터 직접 메시지를 들
었으며 그리하여 나의 뜻에 의하여 나
의 명을 직접 받아 가르치는 종교 지
도자인가 그들에게 물어보라.
15 그렇지 않다 하면 저 자신의 구원의
길이 무엇인지 모르니 제가 구원받을
수 있는 그 길을 가는 데에만 전심전
력을 다하며,
16 남의 깨우침이요, 남이 알고 있으며
또 하늘로부터 받았다 하는 그 모든
자들에 대하여 그건 저희들과 관계없
다 하여 사탄이요, 이단이라 시시비비
하지 말라 이르라.
17 저 자신이 어찌 가는지도 모르며 저희
들이 구원을 받지도 못한 자가 남의
믿음을 갖고 시시비비할 자격이 없기
때문이니,
18 제가 가고 있는 그 믿음을 돌아다보며
참진리의 길을 가는 그곳에 최선을 다
하는 깨달음을 얻으라 그리 너희들은
가르쳐 주어야 할 것이니라.
19 이제 나의 아들이요, 나의 아들을 따
르는 백성이요, 나의 법전이요, 나의
성령을 갖고 사탄이요, 이단이라 말하

면,
20 '이 법전은 하늘나라에서 내린 것이며
창조주가 내린 것이요, 진정한 가르침
이기에 사탄인 너희들이 이를 알 수
없으며 이 뜻을 받아들이지 못하는 것
이니, 너희들이 이단이요, 사탄이라
말하는 것은 당연한 것이니라.' 그리
그들에게 깨우쳐 주도록 하라.
21 사탄이 천사의 가르침을 보면 사탄이
라 말할 것이며, 저희들의 사탄의 행
위는 천사의 행위라 말할 것이니 그들
에게 절대 시시비비하지 말며,
22 '너희들이 하늘의 가르침을 보고 듣고
알지 못한다 하면 너희들은 사탄이기
에 그렇다.' 그리 일언지하에 그들에
게 깨우침을 전해 주며, 너희들은 갑
론을박하지 말도록 그리하라, 사랑하
는 나의 아들아!
23 이를 철저히 지켜 행하도록 하라.

3,893 번째 하나님 말씀

2002년 11월 8일 07시 44분

1 사랑하는 나의 아들아!
2 "네, 아버님! 말씀하옵소서."
3 지금의 모든 종교 집단들이 나의 뜻에
의해 살며, 성서에 기록된 것을 한 자
도 빼지 아니하며 더하지도 아니하며
그와 같이 행하며 산다 말하느니라.
4 그리하여 저희들이 구원을 받은 자들
이며 저희들은 그와 같이 살아가는 자
라 그리 말하느니라.
5 아들아, 내가 그들에게 하나 묻고자
하느니라.
6 너희들의 성서에 기록되길, 남에게 금
전을 빌려 주면 빌려 준 그 증거를 남
기지 말며 채권자로서 행사하지 아니
하며 그와 같은 행위를 하지 말라 그
리 적혀 있으며, 그 빌려 준 금전에 대
한 이윤을 받지 말라 하였음이니,
7 과연 지금 종교 집단이요, 지도자요,
구원을 받기 위하여 너희 손으로 지은
성전이라는 곳에 수십 년 동안 몸바쳐
일한 자,
8 그리고 그곳에서 돈과 맞바꿔 내려 준
명예에 의하여 그 명예를 가지고 높은
단상에 앉아서 만백성 앞에 '나는 이
러한 사람이라' 하여 예배하고 찬송
부르며 광란의 짓을 하는 그와 같은
자들, 과연 그들이 성서에 기록되어
있는 그대로 살고 있는가?
9 그들은 저희 재산을 남에게 빌려 줄
때 증거를 받지 아니하며, 채권자의
행사를 하지 아니하며, 그리고 불쌍하
고 어려운 자에게 이윤을 남기지 아니
하며 그들의 생활의 터전에 도움이 될
수 있도록 재물을 빌려 주는 자 있는
가?
10 그와 같이 행하라 하였으며, 그 성서
대로 행하는 것이 하늘에 오르는 길이
며, 너희들이 행하며 사는 것이 그처
럼 똑같이 착하고 선량한 마음으로 나
의 뜻에 순종하며 산다고 하고 있으
니, 과연 너희들은 그리 살아가는가
그걸 한번 돌이켜 보고 물어보라.
11 너희들이 이와 같이 보이는 것 하나도
행하지 못하며 내가 기록하여 지키라
하여 내려보낸 나의 성서의 뜻을 지키
지 아니함이니,
12 과연 너희들이 지키지 아니한다면 나

의 백성이요, 진정한 나의 뜻에 의해
살아가는 백성인가?
13 성서는 비유로써 너희를 깨우치는 것
이며 비유로써 가르침이니, 가장 중요
한 몇 가지 대목은 너희들이 행하며
지켜야 구원을 받는다 지금 내가 법전
에 기록하여 너희들에게 명하듯이,
14 그와 같이 명해진 그 대목이 얼마나
귀하고 소중한 것인지를 아는가? 과
연 너희들은 그리 가는가?
15 나의 아들아, 종교 집단에서 10년 이
상 공부하고 배운 자, 그들이 너를 따
라오겠다 하여 나의 법전이 창조주 나
여호와의 뜻이라 하여 오는 백성에게
너는 물어보라.
16 과연 10년이요, 20년씩 그 종교 집단
속에서 믿음의 길을 가는 자, 그들은
남에게 재물을 줄 때
17 차용증이요, 증거를 남기지 아니하고
채권자의 행사를 하지 아니하고 이윤
을 남기지 아니하며, 그리하여 어려운
백성에게 나눠 주고 지원해 주고 도와
주며 그리 사는가 한번 물어보라.
18 그것 하나도 지키지 못하는 것이 너희
들이니, 손으로 지은 성전에 가서 공
부하고 배우며 눈물로 찬송하며 예수
의 보혈로 구원받았다고 울부짖으며
저희들만이 구원을 받은 양, 특별한
백성인 양 만백성과 차별화하며 가는
너희들이
19 성서에 기록된 것은 한 자도 고쳐서도
안 되며 더해서도 안 되며 그대로 시
행하고 지키는 것이 사는 길이며 구원
을 받는다 했으니,
20 그것 하나라도 너희들이 지키지 못한
다면 과연 너희들은 어찌 살아가는가?
21 나의 아들은 지금 나의 백성들에게 뭐
라 말하는가?
22 너희들이 남을 위해 주거든 기억하지
말며, 그를 가지고 생색내지 말며, 주
는 순간에 인사 한마디도 받지 아니하
는 마음으로 주려거든 주라.
23 그것이 너희들이 남을 돕는 것이며 사
랑하는 것이라 내가 가르쳐 그리 행하
도록 하는 것이 지금 나의 법전을 읽
고 배우는 백성을 다스려 가는 방법이
니,
24 과연 누가 성서대로 기록하는 것이며
나의 성령이요, 창조주의 뜻대로 움직
이고 행하는 것인가를 그들에게 물어
보도록 하라, 사랑하는 나의 아들아!

3,894 번째 하나님 말씀

2002년 11월 8일 07시 49분

1 사랑하는 나의 아들아!
2 "네, 아버님! 말씀하옵소서."
3 내가 나의 아들을 통하여 그에게 행하
도록 하였으며 만백성을 깨우치고자
했던 것은, 그는 모두를 비유로 하여
행하도록 하였으며, 그리고 성경 또한
비유로 그를 기록하였음이니라.
4 그리하여 나의 아들 예수 시대의 가르
침과 성경에 기록되어 있는 가르침은
너희들이 참고로 하여 그 깨달음을 얻
게 함이니라.
5 그리하여 너희들이 하늘에 오르는 그
기초와 방법을 공부하고 깨우쳐서 하
늘에 오르는 그 뜻을 깨우칠 수 있도
록 그리한 것이 비유이니라.

6 그리하여 성서는 비유였으며, 나의 아
들이 직접 가르친 것은 비유로써 너희
들을 깨우치도록 하였음이니라.
7 그리 너희들이 하늘에 오르는 기초요,
그 방법론을 너희들에게 가르쳤던 것
이 신약 시대며, 나의 성서에 기록되
어 있는 중요한 내용의 뜻이 그를 내
포하고 있음을 알라.
8 그러나 이것을 너희들이 변질시키고
손을 대고 또 너희 마음대로 계율을
고쳤음이니, 그리하여 내가 구약과 신
약을 덮는다 함이 여기에 있음이니라.
9 내가 덮는다 하여 그 뿌리를 버림이
아니요, 너희들이 삽입하고 변질되게
기록한 그 부분을 찾아 버리고자 하는
것이니라.
10 예수의 시대는 모두를 비유로써 너희
들에게 방향을 깨우쳐 주며 눈을 뜨도
록 하였으며, 하늘에 오르는 그 기초
요, 방법에 눈을 뜨도록 그리 가르쳤
던 것이며,
11 성경 또한 그와 같은 의미로써 세상에
나와 있음이니라.
12 그러나 제3의 시대에 내가 나의 아들
을 통하여 내리는 이 법전은 너희들이
행하여야 하며 행동에 옮겨야 할 것과
선이냐 악이냐를 선택하는 그 방법론
을 기록하여 놓았으니,
13 너희들이 선을 선택하지 아니하였을
때 구원을 받을 수 없는 것이 나의 명
령이요, 나의 계명임을 알아야 할 것
이니라.
14 나의 법전은 나의 아들을 통하여 너희
들에게 비유로써 가르치는 것이 아니
요,
15 내가 직접 너희들에게 명하여 행하지
아니하면 구원받을 수 없으며 너희들
이 그를 실천하지 아니하면 구원을 받
을 수 없기에 실천하고 행하라 하는
나 여호와가 직접 내리는 나의 명령이
며 나의 계명임을 너희들이 깊이 깨우
쳐 이 법전의 소중함을 알아야 할 것
이며,
16 그 내용대로 살아가는 자 구원을 받을
수 있다는 뜻이 여기에 있음을 명확히
너의 제자들에게 가르쳐 주도록 그리
하라, 사랑하는 나의 아들아!

3,895 번째 하나님 말씀

2002년 11월 8일 08시 03분

1 사랑하는 나의 아들아!
2 "네, 아버님! 말씀하옵소서."
3 지금 수많은 종교 지도자들이 나의 피
조물 만백성에게 세례라는 것을 행하
고 있음이니라.
4 그리고 저희들이 그 자격을 갖춘 자처
럼 세례라는 행사를 그리 행하고 있음
이니,
5 너희들은 과연 지금의 종교 지도자들
이 무슨 능력과 무슨 자격으로 세례를
내려 주는 것인가 그들에게 물어보도
록 하라.
6 저 자신이 수많은 죄악을 행하며 그
죄 속에서 벗어나지도 못한 자가 감히
누구에게 세례를 줄 수 있다 생각하는
가?
7 제 죄악을 다스리지 못하며 저 자신이
천사와 같이 서 있지 못한 자, 그리고
나에게 만백성을 통제하는 목자로서

직접 명을 받지 아니한 자, 그와 같은 자는 세례라는 그 행사를 할 수도 없으며, 그 자격이 없음이니라.
8 자격이 없는 자가 그와 같은 행위를 하고 있는 것이니,
9 저희들이 깨우치지도 못하며 깨우침이 무엇인지도 모르며 저 자신이 나로부터 명을 받지 아니한 자가 세례라 하여 나의 피조물 만백성을 묶어 놓는 그와 같은 행위를 하고 있는 것이 지금 너희들의 형국이니라.
10 그러한 자, 나의 백성에게 세례라는 그 행사를 할 수 없으며, 세례를 한다는 그와 같은 말을 할 수도 없음을 너희는 알아야 할 것이니라.
11 세례라 함은 나로부터 성령으로써 명을 받은 자며 성령으로써 선택된 자가 할 수 있는 것이며,
12 너희들의 지금의 종교 지도자들이 할 수 있는 것이 아님을 알라.
13 너희들이 무슨 자격으로 무슨 능력으로써 나에게 어떠한 명령을 받았기에 그와 같은 소중한 행사를 할 수 있는가?
14 이는 나로부터 직접 선택되지 아니한 자는 그와 같은 행위를 할 수 없음이니,
15 그곳에 가 세례를 받으며 구원의 길에 들어섰다 생각하는 백성, 너희들은 다 그게 무모한 짓이며, 다 너희들에게 아무런 도움도 되지 아니하며, 너희들이 나에게 오르는 길에 그 모두는 다 불필요한 것이며,
16 죄지은 자, 죄 속에서 허덕이는 자, 깨우치지 못한 자들이 저희 삶을 위하여 너희들을 묶어 놓기 위하여, 금화와 은화를 거둬들이는 그 기계로써 영원히 너희들이 고장 나고 못 쓸 때까지 쓰고자 하여 그들이 그와 같이 너희들을 끌고 옴을 알아야 할 것이니라.
17 정녕 죄 많은 자가 죄 없는 자를 가르칠 수 없으며 믿음이 무엇인가를 깨닫게 할 수 없다 하였으며,
18 죄 많은 자가 죄 없는 자의 머리에 손을 얹고 세례라 하여 그에게 어떤 명을 내리는 것은, 이는 다 말도 안 되는 것이며 있을 수 없는 일이라는 것을 내가 너희들에게 다시 한 번 강조함이니, 이 뜻을 깨우쳐 바로 행하는 삶을 살도록 그리하라.

3,896 번째 하나님 말씀

2002년 11월 8일 08시 12분

1 사랑하는 나의 아들아!
2 "네, 아버님! 말씀하옵소서."
3 너의 제자들에게 전하라.
4 이 법전이 세상에 나와 이 세상을 하얀 눈처럼 덮으며 만백성이 나의 법전을 접하여 읽고 깨우치는 그때가 언제가 되며,
5 너희들의 이 동양의 작은 나라의 문자요, 글로써 세계의 공통어가 되며,
6 모든 종파가 문을 닫으며 그들의 성전에 거미줄을 치며 스스로 닫아 가는 그와 같은 역사가 언제부터 시작되는 것이며 그 역사가 언제 이루어지느냐 너에게 묻지 말라.
7 그리고 그를 알려 하지 말라 너의 제자들에게 전하라.

8 오로지 이것은 너희들이 알아야 할 문
제가 아니며, 너희들이 기다려야 할
것이 아니며, 너희들이 그와 같은 생
각을 하는 것이 문제가 아님을 그들이
인식하고 깨우쳐야 할 것이며,
9 너희들의 신상의 변화요, 생활의 변화
며 너희 주변의 변화 또한 언제 그리
되는 것인지 알려 하지 말며 너에게
묻지 말라 그리 이르라.
10 오로지 이 모든 역사의 변화를 아는
자는 창조주 나 여호와 하나뿐이며,
나 외에 아는 자 아무도 없음이니라.
11 나 외에는 그 누구도 아는 자 없으며,
그러하니 너의 제자들 또한 그를 알려
하지 말며, 그 변화의 시기를 너희들
이 알고자 하지 말라.
12 그 또한 다 너희들의 믿음이 약함이
요, 욕심에 의해서 나오는 행위이며
언어임을 그리 가르쳐 주라.
13 이 세상에 나의 법전을 모든 백성이
읽고 깨우치며 세상에 태풍과 같이 변
화되는 그 순간의 역사도 언제 그와
같이 변화의 역사가 이루어지는가 그
모두를 알려 하지 말라 이르라.
14 나의 성령이요, 나의 법전이 나의 뜻
이며 너희들이 깨우쳐 하늘에 오르는
길의 그 빛이라 말하면, 너희들은 오
로지 그를 보고 깨우쳐 공부하는 데
최선을 다할 것이며,
15 너희 밥상 위에 어떤 반찬으로 어떠한
식탁이 차려지는가를 궁금해하지 말
며 그에 대한 생각을 하지 말라.
16 모두는 창조주인 나 여호와가 내려 줄
것이며, 내려 줄 때 너희들이 알게 될
것이니라.
17 너희들에게 차려지는 그 밥상 또한 나
의 뜻에 의하여 내가 너희에게 주고
안 줌에 따라 그 모두가 차려짐이니,
18 너희들이 모두를 알고자 하는 마음을
버리라 그리 깨우쳐 주도록 하라.
19 그들이 그와 같은 마음을 버리지 아니
하면 욕심이요, 믿음의 진정한 길을
가지 못하고 있기 때문이니, 모두를
알고 그를 놓는 것은 계산함이요, 그
로 인하여 너희들이 믿음의 길을 가는
것이며,
20 좌절하지 아니할 자, 좌절할 자, 기다
릴 자, 기다리지 아니할 자, 노력하는
자, 노력하지 아니하는 자, 참고 인내
하는 자, 인내하지 아니하는 자, 끝까
지 갈 수 있는 자, 갈 수 없는 자를 구
별할 수 없음이니, 그와 같은 것을 묻
지 말라 그리 이르라.
21 오로지 창조주 나 여호와밖에 모르는
일이라 그리 전하라.

3,897 번째 하나님 말씀

2002년 11월 8일 12시 24분

(강론을 마치며)

1 사랑하는 나의 아들아!
2 "네, 아버님! 말씀하옵소서."
3 네가 사랑하며 또한 내가 사랑하는 너
의 제자요, 나의 아들딸들에게 네가
전하라.
4 지금 하나의 겨자씨를 세상에 뿌렸음
이니, 그가 살아나 성장하고 커지는
과정에 얼마나 많은 변화무쌍한 것이
있겠는가?
5 그러나 그 겨자씨의 나무는 반드시 내

가 보호함이니,

6 커서 만인의 그늘이 될 것이며, 많은 날짐승이 거기에 와 즐기고 살 수 있는, 그리고 아름다운 노래를 부르며 즐길 수 있는 보금자리가 되는 그 답이 나와 있다 하면,

7 지금 너희들이 가는 그 길에 역경이 무엇이 두려우며 겁이 나겠는가?

8 정해진 길을 가는 삶을 사는 것이 얼마나 선택된 백성이더냐?

9 만백성이 구원을 받기 위하여 그리 발버둥치고 그들이 울부짖으며 모두를 다 바치나, 그들은 지옥으로 가는 길이요, 구원을 받는 길이 아니라 잘못된 길을 가고 살아가지만,

10 너희들은 낙원의 동산에 나 여호와의 품에 올 수 있는 길이 정해져서 그 길을 보고 한 발짝 한 발짝 걸어 나에게 다가오는 너희들의 삶이 얼마나 값지고 소중하며, 두려울 것이 무엇이 있으며,

11 그를 밟고 가는 길이 나에게 오르는 길이라면 가시발길인들 어떠하며, 뜨거운 불 속인들 너희들이 통과를 못하겠는가?

12 지옥으로 가는 길이라면 맨발로 가시발길을 갈 수 없는 것이며, 그리 가는 것이 고통이요, 불바다를 가는 것이 고통이요, 죽음일 것이니라.

13 그러나 너희들은 하늘에 오르는 그 참빛을 따라 걸어오고 있음이니, 너희들이 가시발이요, 바늘방석을 걸어간들 너희 몸이 아프겠는가?

14 절대 아프지 아니함이니라.

15 불바다를 건넌들 너희들이 아프겠는가?

16 아프지 아니함이니라.

17 이와 같은 이치와 뜻을 너희들은 알아야 할 것이니라.

18 너희들은 지금 모세 시대의 그 기적의 역사를 나의 아들이 이루기를 원하나, 모세가 이루었던 그 기적의 역사의 결과가 무엇이었더냐?

19 저희들의 생명보다도 더 소중히 하던 금화와 은화를 다 모아 우상을 만들어 그곳에 광란의 짓을 하며 인간의 생명을 초개같이 다루는 그와 같은 사악한 마귀의 형국을 보지 아니하였던가?

20 너희들은 그림으로써 보았으며 들어서 알고 있음이니, 그 모세의 시대에 그들이 하는 광란의 짓이 얼마나 지옥의 형국이던가?

21 그것이 바로 지옥의 형태이니라.

22 그리고 나의 아들 예수를 통하여 모세보다도 더 위대하고 강한 기적과 역사를 보였으나, 그 역사를 본 지금의 흐름이 어떠하던가?

23 모든 아름다운 금과 같은 말을 가르쳤으나 그것이 은으로 변하고 동으로 변하고 쇳가루로 변하여 지금 녹슨 쇳가루가 펴져 날아가듯이,

24 온 세상에 나의 아름다운 지상의 성전에 너희들이 두꺼비 집 같은 흉물스러운 건물을 지어 놓고 너희들이 구원을 받는 성전이라 그리 말함이니,

25 너희들은 지금 여기서 깨우쳐야 할 것이니라.

26 나의 아들이 기적의 역사로써 너희들을 그와 같이 이끌어 간다 할 때,

27 천 년, 2천 년 후에 너희 후손들과 그

대대손손 내려가는 백성은 지금의 너
희들처럼 그 옛날의 동화 속에서 보는
것 같은 환상에 젖음이니, 과연 그들
을 바로 깨우칠 수 있다 생각하는가?
28 이제는 제3의 시대에 내가 두 번의 역
사요, 전철을 밟을 수 없음이니라.
29 너희들은 나의 법전이 160권으로 세
상에 나가니, 태워 버려도 이는 존재
하며, 물속에 집어넣어도 이는 존재하
며, 아무리 짓밟아 없앤다 해도 그늘
에 앉아 이 법전을 계속 만들어 내고
찍어 내는 사람이 있다 하면 이는 영
원히 존속되니,
30 너희들 대대손손 후손들을 깨우쳐 바
로 세우는 것이, 지금 나의 아들이 기
적을 이루는 것보다 나의 법전이 세상
에 나가 너희들 대대손손 후손의 손에
쥐여 그들에게 지혜를 깨우쳐 주며 내
가 이루고자 하는 뜻을 알게 하는 것
이 더 위대한 것이 아니던가?
31 너희들은 여기서 이를 알아야 할 것이
니라.
32 나의 법전으로써 나의 성령을 기록하
여 책으로 만들어 전하는 그 역사의
기적보다 더 위대함이 없음이니라.
33 너희들이 내가 말하듯이 겨자씨가 커
서 큰 나무가 되어 그늘을 짓고 날짐
승이 와 노래 부르며 저희들이 즐겨
보금자리를 찾듯이,
34 천 년 후에는 이 지상의 낙원이 하늘
과 같이 이루어지는 그 답이 나와 있
으며 그 길을 너희들은 가고 있음이
니, 너희들은 결과가 있는 삶을 살거
늘,
35 너희들이 오늘의 어떤 시련과 고통에
대한 것을 생각하지 말며 마음의 동요
를 갖지 말며, 역사와 같은 기적을 이
루기를 바라지 말며,
36 하늘을 나는 날짐승을 떨어트리며 죽
은 자를 살리는 그와 같은 역사를 이
루는 것으로써 만백성을 깨우침이 아
니요, 나의 법전으로써 만백성을 깨우
치게 된다는 것을 잊지 말라.
37 이것이 얼마나 위대하고 무서운 기적
인가를 너희들이 알게 될 것이니라.
38 답을 정해 놓고 그 길을 가는 것뿐이
니, 너희들은 그와 같은 축복과 영광
속에 있음을 잊어버리지 말라.
39 내가 세월이 지나 나의 아들에게 역사
와 기적이 필요할 때, 모세의 기적이
요, 예수의 기적보다도 더 무서운 기
적의 역사를 이루고자 할 때, 때가 되
면 이룰 것이거늘,
40 너희들은 어찌하여 그리도 마음이 급
하던가?
41 너희들은 법전을 만드는 것보다 더 위
대한 기적이요, 역사가 없으며,
42 천 년에 걸쳐 나의 피조물 만백성이
지상에 낙원을 만드는 것은 기적으로
써 전하는 것이 아니요, 말로써 전하
는 것이 아니요,
43 이 법전인 나의 성령 즉, 책으로 전하
는 것이 가장 위대한 것이며 값진 것
이며 불변임을 알라.
44 변하지 않는 것이 소중하지 않더냐?
45 하늘에서 내가 내렸던 그 성령이 금이
라 했으니 그 금이 변화되었음이니라.
46 이제는 변하지 않는 금을 내가 만듦이
니, 이게 곧 나의 뜻이요, 나의 성령이
요, 나의 법전임을 너희들이 가슴에

불로 새겨 두라.
47 내가 금으로 내리는 말이니라.

3,898 번째 하나님 말씀

2002년 11월 9일 06시 39분

1 사랑하는 나의 아들아!
2 "네, 아버님! 말씀하옵소서."
3 내가 너희들에게 가르치기를, '나 외에 다른 신을 네게 있게 하지 말라.' 하였으며 '그것들에게 머리 숙여 절하지 말라.' 하였음이니라.
4 너희들이 우상을 가지는 것이며 네 마음속에 무엇을 나 여호와 외에 더 깊은 사랑을 주며 생각하는 그 자체가 마음의 우상이라 하지 아니하였던가?
5 너희들은 여기서 깨우쳐야 할 것이니라.
6 너희들이 나와의 약속을 지키지 아니하며 세상사 인간들과 약속을 지키지 아니하며 정도로 가는 삶을 살지 아니하는 그 삶의 행위가 바로 다른 우상이요, 다른 신에게 너희들이 고개 숙여 그들을 숭배하는 것과 같음을 알아야 할 것이니라.
7 나로부터 선택된 백성 너희들은 나의 계명을 지키며 나의 법전대로 살아가는 그 길 외에, 그를 게을리하며 그를 소홀히 하며 잠시라도 나쁜 생각을 하며 정도의 길을 가지 아니하며 남들과의 약속을 지키지 아니하는 그와 같은 삶을 사는 것이
8 바로 사탄이요, 마귀의 마음이 들어 있기에 그와 같은 행위를 한다는 것을 잊어서는 아니 될 것이니라.
9 너희들이 정도요, 나의 법전이요, 나의 십계명대로 살아가며, 그리고 나 여호와를 경배하며 하늘에 오르고자 나를 향하여 기도하며, 내가 존재함과 너희들이 회개하고 반성하는 그러한 마음을 잠시라도 놓고,
10 나쁜 생각이요, 인간적인 질서를 파괴하는 생각이요, 게으른 삶이요, 부지런하지 않은 삶을 사는 것, 그 모두가 다 무엇인지 아는가?
11 너희들이 다른 신을 경배하며 그들에게 절하며 그들을 숭배하는 것과 같음을 알아야 할 것이니라.
12 나의 법전을 갖고 만백성을 구하며 나의 성령을 듣는 선택된 백성 너희들은 얼마나 소중하고 귀한 자들인지 스스로 너희 자신을 알아야 할 것이니라.
13 너희들이 너희 자신이 귀하고 소중한 나에게 선택된 백성이요, 나로부터 지명된 역사의 임무를 받은 백성이라 생각할 때, 너희들이 얼마나 귀하고 소중한 자며 너희들의 임무가 얼마나 중요한 것인가를 너희 스스로 안다면,
14 너희 자신을 학대하며 저주하는 그와 같은 생각이요, 너희 자신을 미워하는 그와 같은 삶을 살 수 없음이니라.
15 너희 스스로 자신이 귀하고 소중하다는 것을 마음속 깊이 심어야 할 것이며, 사실이 그러함을 너희들이 인정하여야 할 것이니라.
16 나로부터 선택된 소중한 백성이요, 나의 대명을 순종하는 너희들이 얼마나 귀한 나의 백성들인가?
17 스스로 너희들이 소중하고 귀한 것을 너희 자신이 그리 알고 살아간다 하

면, 너희들은 내가 명하는 것 외에 거
역하는 행위를 하지 아니할 것이니라.
18 게으름도 너희들이 다른 신에게 경배
하는 것이요, 너희들이 남들처럼 부지
런히 살지 않는 것도 다른 신에게 절
을 하며 다른 신을 섬기는 것이며,
19 너희들이 바르고 곱게 살아가지 못하
는 그 행위가 다 그와 같이 사악한 마
음들이 너희 가슴속을 지배하고 있기
때문이니,
20 다른 신을 마음속에 두지 아니하고 경
배하지 아니하고 사는 자는 모든 것을
밝고 곱게 자라감이니,
21 너희들이 살아가는 인간 세상에서 나
의 법전이요, 나의 율법에 어긋나며
나의 십계명에 어긋나는 행동이요, 그
와 같은 삶을 사는 것은 너희 마음속
에 사악한 마음을 두고 있음이니,
22 너희들이 다른 신을 경배하고 다른 신
을 따르며 그들에게 절하는 형국과 같
음을 알아야 할 것이니라.
23 소중한 나의 백성 너희들이 너희 자신
이 소중하다 하면, 과연 흐트러진 생
활을 할 수 있으며 흐트러진 삶을 살
수 있겠는가?
24 너희들이 흐트러진 삶이요, 부끄러운
삶이요, 남들이 보아 부끄러운 행위
요, 남에게 고개를 들 수 없는 그와 같
은 행위를 하는 것은 사탄이요, 마귀
가 너희 마음을 지배함이니,
25 그들에게 절하고 그들을 숭배하고 살
아가는 것임을 알도록 그리 깨우치라,
사랑하는 나의 아들아!

3,899 번째 하나님 말씀

2002년 11월 9일 06시 45분

1 사랑하는 나의 아들아!
2 "네, 아버님! 말씀하옵소서."
3 너의 제자들이요, 너를 따르는 백성,
또는 너희를 저주하는 그 많은 백성
들, 그들에게 너는 전하여야 할 것이
니라.
4 저희들의 종교 집단이요, 그 믿음의
세계에서는 백 가지 중에 아흔아홉 개
가 잘못되고 하나만 맞아도 그들은 거
기에 '아멘!'이요, '할렐루야!'요, 그게
진정 하늘에 오르는 길이라 하지만,
5 나의 법전의 뜻이 아흔아홉 가지가 맞
고 하나가 실수한다 해도 진정한 하나
님의 말씀이요, 하나님의 뜻이라면 실
수가 없어야 한다 하며,
6 하나님으로부터 선택된 선지자이기
에 하나의 실수도 있어서는 안 된다
그리 그들은 말하며 그리 추궁하고자
하며, 그들은 그와 같은 것을 요구함
이니라.
7 그리하여 그들은 정녕 내가 너에게 내
리는 이 성령의 뜻이 나 여호와의 뜻
인가 아닌가, 또 하늘에 있는 내가 내
린 것인가,
8 아니면 사탄이요, 마귀가 너를 통하여
그리하는가, 그와 같은 마음의 의혹을
갖는 자가 있으며 불안한 자가 있을
것이니,
9 너의 제자들과 이 법전을 읽는 백성,
너희들은 들어 깨우쳐야 할 것이니라.
10 너희들은 스스로 나 여호와가 내리는
나의 성령이요, 나의 아들이 만백성을

구하는 나의 아들이며 너희를 구하는
목자로서 세상에 내려간 것을 의혹하
며 의심하지 말라.
11 너희들이 의혹하고 의심나거든 이와
같은 이치를 스스로 진단하는 지혜를
갖도록 그리하라.
12 너희들 인간의 마음속에는 선한 마음
과 악한 마음 두 가지가 있음이니,
13 너희들이 지금까지 살아온 삶의 모습
과 나의 법전을 읽어 가며 나의 아들
의 강론을 들어 가며 살아가는 생활의
형태를 점검하도록 그리하라.
14 너희들이 나의 법전을 읽으며 나의 아
들에게 내리는 성령의 뜻의 강론을 들
으며 지금서부터 나의 아들을 만나고
나의 법전을 만나 살아가는 그 속에서
너희들이 지금 과연 선한 쪽에 얼마나
와 있으며 악한 쪽에 얼마나 와 있는
가 그를 점수를 매겨 너희들 스스로
자신을 평가해 보라.
15 너희들이 지금까지 살아왔던 생활이
악 쪽에 가 있는 마음이 많았으며 선
보다 악을 행하는 것을 즐겨 했던 사
람이,
16 나의 법전을 접하며 내가 나의 아들을
통하여 내리는 그 강론을 직접 들으
며, 그를 듣고 나서 나의 아들을 접하
고 살아가는 그 속에 너희들의 악한
마음과 선한 마음이, 악한 마음 쪽에
가 있는 마음이 선한 쪽으로 많이 가
있다면,
17 100이라는 너희들 마음속에 그전에는
60이 악이요, 40이 선이었던 것이, 지
금은 70~80이 선한 쪽이며 20~30이
악한 쪽에 가 있다면,
18 이는 너희들이 나의 진리요, 나의 뜻
이요, 나의 성령이라 하여 나의 법전
을 내려보내는 것이 창조주 내가 너
희들을 구원하고자 내리는 뜻이라 알
며,
19 나의 아들을 통하여 전하는 그 성령
이 나의 뜻이며, 나의 아들이 나로부
터 선택된 목자요, 만백성을 구하는
나의 아들임을 거기에서 너희들이 답
을 찾으며,
20 거기서 그를 믿고 안 믿고 하는 그와
같은 마음 자세를 갖추며, 진실과 허
상인 것을 구분하도록 그리 그들에게
지혜를 깨우쳐 주라, 사랑하는 나의
아들아!
21 너희들 속에 악한 마음과 선한 마음의
두 가지 마음이 있으니,
22 지금의 나의 법전을 접하고 너희들이
선한 쪽으로 많이 변해져 와 있다면,
이는 참진리요, 나 여호와의 뜻이니라.
23 곧 너희들을 천사같이 아름다운 자요,
선한 사람으로 만들어 유한 백성으로
하여금 너희들 후손이 천 년 후에 하
늘에서 이루어진 것같이 이 땅에서 이
루어지는 그 지상의 낙원을 이루며 그
속에서 살아가야 하는 것이 너희들이
기 때문이니,
24 그는 곧 선한 쪽으로 마음의 변화가
이루어지는 것이 역사의 변화임을 알
라 그리 전하라.

3,900 번째 하나님 말씀

2002년 11월 9일 06시 50분

1 사랑하는 나의 아들아!

2 “네, 아버님! 말씀하옵소서.”
3 너희들이 구약 시대에 하늘에 오르고
자 그리 몸부림쳤으며, 신약 시대 또
한 그리 하늘에 오르고자 몸부림친 자
가 수없이 많이 있으며,
4 나의 아들 예수가 세상에 와 너희들의
죄를 지고 간다 하여 그리 어렵고 힘
든 고통의 세계에서 죽음을 접한 그
후, 그가 나의 아들이라 믿었으며 그
가 전한 말이 나의 뜻이라 그리 믿고
따르는 자, 그와 같은 백성들이 지금
어찌 가고 있는가?
5 수천 년 동안 너희들이 흘러온 전례
요, 전통은 하나의 종교 지도자 속에
너희들의 손으로 지은 그 성전에 구원
을 받고자 들어가면,
6 너희들이 평생 그 사람의 가르침을 들
으며 그 설교를 들으며 그 집단에서
배우는 백성으로 살다 죽어 나에게 와
심판을 받음이니,
7 이제 너의 제자들과 나의 법전을 읽고
깨우치는 만백성 그들은 그리 배우는
자가 아니며, 스스로 남을 따라가는
백성이 아니니,
8 남을 지도하고 인도하는 그와 같은 것
이 나로부터 선택된 백성들의 차별화
며 너희들이 가야 할 길임을 알라.
9 수십 년 동안 저희들이 죽을 때까지
설교라는 것을 들으며 헌금을 바치며,
그저 거기 와서 배우고 듣다가 다람쥐
쳇바퀴 돌듯이 한 말을 듣고 또 들으
며,
10 들은 말 중에 변형해서 가르치는 것을
설교라 하며 은혜 받았다 하며 그와
같은 형국으로 살아가는 것이 나로부
터 선택된 백성이 아님이니라.
11 남의 지시를 받고 남의 뜻에 따라 살
아가는 그와 같은 백성이 아니요, 남
을 지도하고 이끌어 가는 백성으로 변
하는 것이 나에게 선택된 백성들이 가
야 하는 길이며, 그것이 차별화됨을
알라.
12 나의 법전을 읽고 깨우친 자, 나의 법
전을 접한 그 순간부터 너희들은 만백
성을 지도하고 이끌어 가는 지도자이
니,
13 너희들이 나의 법전에 평생 얽매여 그
를 읽고 깨우쳐 너희 혼자만이 무엇을
얻으며 거기에서 참진리를 찾고자 발
버둥치고 그와 같이 사는 삶이 아니
요, 끌려가는 삶이 아니니라.
14 그와 같이 지금에 수천 년 흘러온 종
교 집단 속에서 배워 가는 자들과 나
의 법전을 접하고 깨우친 백성이 거기
에 차이가 있음이니라.
15 너희들이 이끌려 가며 남의 뜻에 의하
여 남의 흘러가는 그 속에서 얹혀사는
것이 아니라,
16 너희들이 다 지도자며 너희들이 직접
이끌어 가는 자며 너희들이 만백성을
가르치고 설교하며 그들을 정녕 하늘
에 오르는 길로 인도하는 지도자가 됨
을 알라.
17 너희들이 나의 법전을 접하여 읽고 깨
우치는 그 순간에 바로 너희들은 남을
구하는 전사니, 이는 곧 무엇이더냐?
18 끌려가는 자가 아니라 스스로 만백성
을 다스리는 자이니, 너희들이 지도자
가 됨을 알며,
19 지도자로서 생활하며 지도자로서 살

아감을 잊지 말라.
20 배운 것만큼 너희들이 만백성을 직접
가르치는 그와 같은 것이 차별화됨이
며 나의 뜻에 의해 사는 백성이니,
21 나로부터 선택되지 아니하고 그저 맹
목적으로 남의 뜻에 얽혀 제 인생을
맡기고 흘러가는 물처럼 따라가는 그
와 같은 삶을 사는 것은 나로부터 선
택된 백성이 아니니라.
22 그와 같이 너희들이 살아간다면 만백
성을 구할 수 없음이니, 나의 법전을
접하는 그 순간부터 너희들은 지도자
로서 변신되며 지도자로서 우뚝 서는
그와 같은 삶을 살아야 할 것이며, 너
희들이 지도자가 되는 것을 잊지 말라.
23 너희들은 지도자이기에 나의 아들의
제자요, 나의 선택된 백성은 지도자로
서 너희들이 필요하여 선택된 것이지,
24 너희들이 나의 법전을 안고 평생 거기
에 얽매여 읽고 또 읽고 살아가는 그
와 같은 삶을 위하여 나에게 선택된
백성이 아니니라.
25 나에게 선택된 백성이 얼마나 소중하
고 귀한 것인가를 스스로 너희들이 알
라.
26 그러면 너희들이 어찌 가야 할 것인
지, 그리고 너희들을 지도자라 하는
나의 뜻을 알 것이니,
27 이를 깊이 깨우쳐 너희들은 나의 법전
을 읽고 접하는 순간에 지도자가 됨을
잊지 말라.

3,901 번째 하나님 말씀

2002년 11월 10일 06시 54분

1 사랑하는 나의 아들아!
2 "네, 아버님! 말씀하옵소서."
3 다른 종파요, 믿음 속에서 몇십 년씩
공부했다는 사람들, 그리고 그를 깨우
쳤다는 나의 백성, 그들은 그곳에서
배워 오기를, 이유가 없으며 질문이
없으며 거기에 대한 갑론을박이 없이
무조건 믿고 따르며,
4 성서라는 것은 한 자도 고치지 아니하
였으니 너희들이 뜻을 이해하든 말든
그대로 듣고 그대로 인정하고 가면 된
다 그리 가르치고 그리 배워 온 자들
이니라.
5 너희들이 나의 법전을 읽으며 나의 성
령의 뜻을 직접 들으면서 너희들이 얼
마는 인정하며 얼마는 믿지 못한다는
그와 같은 말을 공공연히 함이니,
6 내가 너희들에게 뭐라 말하였느냐?
7 너희들이 100이라는 것을 믿을 때, 다
른 백성은 80을 믿으며 또 다른 종파
는 30이요, 20이요, 그와 같이 믿지를
못하며 인정하지 않으려 한다 하였거
늘,
8 어찌하여 나의 법전을 직접 읽고 깨우
치며 나의 성령의 가르침을 듣는 너희
들이 믿고 따르는 그 마음의 점수를
매길 수 있으며, 퍼센트라는 그와 같
은 생각을 가지고 감히 말을 할 수 있
는가?
9 그러하고도 너희들이 나의 아들의 제
자요, 만백성을 가르치는 지도자로서
설 수 있는가?

10 너희들은 그와 같은 말을 해서는 아니
됨을 알아야 할 것이니라.
11 내가 너희들을 구원하고자 나의 아들
을 통해 밤과 낮을 가리지 아니하며
내려보내는 나의 성령이요, 나의 이
뜻을 감히 너희들이 평가함은 곧 나
여호와를 의심하며 나 여호와를 점수
매기며 평가하는 것과 같다는 사실을
어찌하여 그리 모르는가?
12 너희들은 그만큼 깨우치며 나의 성령
이요, 나의 뜻이요, 나의 아들을 통하
여 내리는 그 모두를 믿는다는 의도에
서 그리 말하나,
13 그와 같은 말이 너희들 입에서 나와서
는 아니 됨을 알라.
14 그 말이 나가 전해질 때, 이는 가짜요,
거짓 선지자요, 그를 따르는 제자도
그를 믿지 못한다고 그와 같이 그들이
말할 것이니,
15 너희들은 다른 백성으로 하여금 그들
은 옳은 것도 옳지 않다 이유를 대어
너희들을 공격하며 나의 아들을 공격
하며 나의 법전을 태우며 찢어 버리려
한다 하였거늘, 어찌하여 그 이치요,
뜻을 모르는가?
16 너희들이 정당한 방법이요, 이는 오로
지 나 여호와의 뜻이요, 진정한 하나
님이 마지막 너희들을 구하기 위한 창
조주의 뜻이라 그리 말을 해도 그들이
믿고 따를까 말까 하거늘,
17 그리고 그들은 또한 그곳에 이유를 달
아 너희들을 공격하는 빌미를 잡고자
하거늘, 너희들이 '몇십 퍼센트는 하
나님의 말씀이요, 아직은 내가 그를
믿지 못한다.' 하면,
18 그들은 그와 같이 공부하는 그 제자들
이 그를 믿지 못한다 그리 말할 것이
니, 너희들이 그들에게 그와 같은 공
격의 빌미를 주는 것이니, 바로 그것
이 무엇이더냐?
19 너희들이 나의 성전이요, 나의 아들이
쓰러지도록 하는 것이며, 나의 법전이
세상에 나가 만백성을 구하는 길을 너
희들이 막고 역행하고 있다는 것을 알
아야 할 것이니,
20 함부로 그와 같이 말을 해서는 아니
됨을 너의 제자들에게 일깨워 주도록
그리하여야 할 것이니라.
21 오로지 너희들의 변화되는 그 마음이
선한 쪽에 가 있는가 악한 쪽에 가 있
는가,
22 너희들이 수십 년 동안 성전이라는 곳
에 가, 너희들이 지은 그 궁전과 같은
곳에 가서 공부하고 깨우쳐 변화된 모
습과 나의 법전을 접하고 너희들이 변
하는 그 마음의 기준이 선한 쪽으로
많이 가 있는가 악한 쪽으로 많이 가
있는가?
23 너희들이 선한 쪽으로 변화되어 옴은
너희들이 몇십 년 동안 공부하고 깨우
쳐 왔다는 너희 손으로 지은 그 성전
이요, 그 종교 지도자의 가르침보다
나의 법전을 읽고 나의 아들이 강론하
는 것이 정녕 나의 뜻이라는 것을 여
기서 평가하며 기준으로 알라 하였거
늘,
24 감히 너희들의 마음이 변하는 그 역사
를 이루는 속에서도 너희들이 퍼센트
를 가지고 믿고 못 믿는다는 그와 같
은 말을 하는 것은 너희 자신이 스스

로 나를 부정하는 행위임을 알라 그리
이르라.

3,902 번째 하나님 말씀

2002년 11월 10일 07시 03분

1 사랑하는 나의 아들아!
2 "네, 아버님! 말씀하옵소서."
3 법전의 뚜껑을 열 때 내가 너희들과
같이한다는 그 무서운 말을 내렸거늘,
4 나의 성령을 직접 들으며 나의 진리를
가지고 공부하며 깨우치는 너의 제자
들이 하나가 될 수 없으며 한 형제로
서 한마음이 될 수 없다 말함이니,
5 이 세상 어느 백성도 하나가 될 수 없
음을 너희들은 알아야 할 것이니라.
6 너희들이 그와 같은 역사를 이루지 못
할 때, 어떠한 종파요, 어떠한 백성도
하나가 될 수가 없음이니라.
7 내가 너희들에게 나의 성전에서 나의
선지자요, 나의 아들 앞에 와서 남을
헐뜯는 얘기, 남을 의혹하는 얘기, 남
을 의심하는 말을 하지 말라 하였음이
니라.
8 너희들이 구원의 길을 가는 것은 나의
아들에게 파장을 이루지 아니하며 천
사와 같이 아름다운 모습으로 나의 성
전을 찾으며 나의 아들 옆에 있는 것
이니,
9 그러한 자들이 바로 구원받는 자라 내
가 말하였거늘, 너희들이 남을 시기하
며 남을 질투하며 남을 평가하며 너희
머릿속으로 남을 의식하고 의심하는
그 생각을 하고 있음이니,
10 너희들이 정녕 나 여호와가 직접 너희
들 앞에 앉아 있어 너희들과 같이 대
화하고 생활한다 해도 과연 그와 같은
행위를 할 수 있겠는가?
11 너희들이 나의 법전의 뚜껑을 열 때
내가 너희들과 같이한다 하였거늘, 나
의 성전에 그득히 쌓여 있는 그 법전
이 다 나와 같거늘,
12 내 품에 와 앉아 있는 너희들이 시기
하고 질투하며 남을 음해하며, 너희
머리로 생각하여 남이 들어서 불쾌한
그와 같은 말을 서슴없이 하고 있음이
니,
13 너희들이 어찌하여 그와 같이 어리석
고 우매한 백성이 되어 가는가?
14 너희들은 나의 성전에 와 공부하고 깨
우치면서 참진리요, 그리도 만백성이
구원하는 하늘에 오르는 길의 빛을 보
며 그 길을 알아 너희들이 정통의 길
을 가는 그것으로써 더 이상 축복과
영광이 없거늘,
15 그와 같은 너희들이 내가 앉아 있는
앞에서 너희 형제를 비방하고 욕하고
있음이니, 그 죄를 다 너희들이 어찌
감내하려 하며, 그러고도 너희들이 정
녕 깨우쳐 깨달았다 말할 수 있는가?
16 너희들이 그와 같은 마음을 버리지 못
하고 지도자로서 만백성을 깨우쳐 하
늘에 오르고자 해도 너희들이 오를
수 있는 자리가 없으며, 너희들의 명
패가 떨어져 불속에 들어가 탄다는 것
을 내가 너희들에게 말해 주었거늘,
17 어찌하여 너희들은 그 뜻을 모르며 그
깨달음을 그리도 모르는가?
18 나의 성전에 곧 내가 너희들과 같이한
다 하였으며, 너희들이 성전에 들어오

는 그 모습을 내가 바라본다 하였거늘,
19 내 앞에서 내 품에서 앉아 있는 너희
들이, 창조주인 나와 더불어 있는 자
들이 내 앞에서 감히 너희 형제를 흉
보며 너희 형제를 탓하며 남의 아픈
점이요, 남의 단점을 들춰내는 그와
같은 말을 서슴없이 하고 있음이니,
20 너희들이 과연 나 여호와 앞에서 그리
행할 수 있는가?
21 인간 세상에서도 부모 앞에서 자식이
그 형제를 욕하며 시기할 수 없거늘,
형제를 시기하고 음해하는 자 지옥 불
로 간다 하였거늘,
22 나 여호와가 직접 와 너희들과 같이
더불어 있는 나의 성전이요, 나의 법
전의 뚜껑을 열 때 너희들과 내가 같
이한다 했으니,
23 너희들이 나의 아들과 공부할 때 그곳
에 내가 와 있는 것은 당연한 것이거
늘, 내 앞에서 너희들이 남을 시기하
고 질투하는 그와 같은 말을 서슴없이
하니,
24 이는 너희들이 나보다 더 높은 자요,
나보다 더 위대한 자요, 나를 의식하
지 아니하고 삶이며,
25 너희들이 말로써는 구원을 받는다 말
하며 창조주보다 위대한 자 없으며 아
버지의 그 말씀보다 위대한 것이 없다
말하나,
26 너희들의 마음 한자리에는 질투와 시
기라는 마음으로 얼룩져 있는 것이 너
희들이며, 나보다 더 높고자 하는 그
행위에서 너희들이 함부로 말을 하는
자들이니,
27 어떠한 공이요, 어떠한 역사를 이루었
다 해도 너희들이 감히 형제요, 남의
잘못됨을 탓하고 비방하는 말 한마디
할 때 그 모든 공이 날아감이니라.
28 너희들은 나로부터 진정한 하늘에 오
르는 빛을 보는 그 영광도, 나의 법전
을 접한 것도, 나의 강론을 직접 듣는
것도 그보다 더 위대한 축복과 영광이
없는 것을 모르고 있음이니,
29 감히 너희들이 그와 같은 말을 할 수
있다 하는 것은 나를 너희들이 인간
세상에서 능멸하는 것같이 나를 능멸
함을 잊지 말라.

3,903 번째 하나님 말씀

2002년 11월 10일 07시 31분

1 사랑하는 나의 아들아!
2 "네, 아버님! 말씀하옵소서."
3 수천 년 동안 종교 지도자들이 너희들
을 가르치며 구원의 길을 온다 하여
성서를 가지고 공부하는 것이,
4 너희들은 그 종이에 기록된 내용을 이
리이리 역사하였으며 이리이리 행했
으며 이리이리 갔느니라 그리 가르치
고 마느니라.
5 그러하니 그것이 너희 머릿속에 남는
것이 없으며 너희들의 생활 속에서 변
화가 없으며 고쳐짐이 없는 것이 바로
지금까지 잘못 가르친 것이며,
6 또한 너희들이 몇천 년 동안 흘러오는
속에 특수 계층에서 그 성서를 인간의
입맛에 맞도록 변질시켜 기록한 그와
같은 부분과,
7 너희들이 이러이러한 역사가 있었음
이니 이와 같은 역사 속에 기적을 이

루었으며 그리하여 너희들도 기적을
얻을 것이며 축복을 받을 것이라는 그
방향으로 나의 피조물 만백성을 이끌
어 가고 있음이니라.
8 너희들은 믿음으로 인하여 그와 같은
역사를 받았으며, 나의 아들을 믿으며
창조주 나를 믿음으로 인하여 너희들
은 그저 이루어졌던 그 역사요, 기적
이 너희들에게도 이루어질 것이며 받
을 것이라는 그 환상 속으로 몰고 감
이니,
9 그저 그 은혜에 감사한다며 그와 같이
축복을 받고자 하며 받을 수 있다는
착각 속에서 너희들은 찬송을 부르면
서 손뼉 치며 눈물의 아우성을 치는
그와 같은 형국으로 가고 있음이니라.
10 그러나 이것은 성서를 잘못 가르침이
니라.
11 그리하여 나의 법전이 세상에 지금 내
려가 너희들을 깨우치는 방법에 그 차
별화가 있음을 알아야 할 것이니라.
12 나의 성서를 가지고 공부하는 너희들
은 그 역사의 이루어진 현장을 환상
속에서 그리며 너희들 가슴에 그려 왔
던 그 역사를 이룰 것이라는 착각 속
에 울고불고하며,
13 나의 성령을 공부하는 것이 아니라 찬
송을 부르며 너희들이 하나의 집단으
로 엮어 가며 하나의 힘을 육성하는
데 연연함이니,
14 나의 피조물 만백성을 자극하며 말초
신경을 망치로 때려 이성을 잃도록 하
는 그와 같은 흉악무도한 행동을 하는
것이 너희들이니라.
15 그러하니 성서의 이면에 원하는 것이
무엇인가를 너희들은 보지 않으려 함
이니라.
16 포장된 삶을 사는 것이 너희들이며,
위선된 삶이요, 위장된 삶을 사는 것
이 너희들이니라.
17 내가 너희들에게 성서를 깨우쳐 공부
하되, 가장 어려운 방법이요, 가장 힘
든 부분을 너희들 것으로 만들라 하였
으나,
18 너희들은 지키고 명하는 것을 그리 지
키지 아니하였을 때는 구원을 받을 수
없음이니 그리 지키라, 그리고 행하라
강요함이 아니요,
19 그저 찬송과 너희들이 환상 속에서 손
뼉 치고 소리 지르며 나의 아들 예수
가 이루었던, 모세가 이루었던 기적이
미래에 너희들 앞에 이루어지는 양 그
것만을 바라보고 달려가는 것이 너희
들이 지금 성서를 공부하는 것이니,
그것이 잘못되었음이니라.
20 나의 법전은 그것이 아님이니라.
21 너희들에게 명했던 것을 그대로 행하
는가 행하지 아니하는가를 점검하는
시대며, 그대로 행하지 아니할 때는
구원을 받을 수 없기에 너희들의 행함
이 중요함이니,
22 너희들은 내가 성서에 기록된 것이요,
나의 법전에 너희들에게 전하는 그 내
용을 그대로 행하고 지키지 아니하면
구원을 받을 수 없기에 어떠한 고통과
시련을 겪어도 성서에 기록된 것과 십
계명대로 살라 가르치며,
23 지금 그리 사는가 살지 않는가 점검하
며 그를 두드려 봐 너희들이 그리 가
지 않을 때 바로잡아 세우는 것이 종

교 지도자며, 성서의 가르치는 뜻이
거기에 있거늘,
24 너희들은 그와 같이 가르치지 아니함
이니라.
25 그저 환상에 젖어 역사의 기적이 너희
들 앞에 이루어지는 것처럼, 너희들이
울고불고 소리 지르면 그와 같이 이루
어지는 양 지금 그리 감이니라.
26 너희들 스스로 어찌 행하고 어찌 살아
가는가, 그리고 어찌 지키는가?
27 그를 지키지 아니할 때는 구원받을 수
없음이니, 십계명대로 지키고 살며 율
법대로 지키고 살며 성서에 명한 대로
그대로 살라고 너희들이 가르치지 아
니함이니,
28 너희들은 그와 같이 지금까지 나와는
관계없는 그 길을 왔음이니라.
29 그리하여 나의 법전은 그대로 행하라,
행하지 아니하면 죽음이라 하며 행하
는 방법을 알려 주고,
30 행하고 있는가 행하고 있지 않은가 그
점수를 매기고 있는 것이 지금 나의
법전의 다름이며, 내가 나의 아들을
통하여 너희에게 강론함의 그 뜻이 다
름을 알라.

3,904 번째 하나님 말씀

2002년 11월 10일 07시 35분

1 사랑하는 나의 아들아!
2 "네, 아버님! 말씀하옵소서."
3 나로부터 너희들이 은혜와 상과 영광
을 받는 것은 내가 너희들에게 내려
줌이 아니요, 받을 자격이 있는 자에
게 스스로 그 모두가 내려간다는 그
대목을 너희들은 어찌하여 그리 소홀
히 깨닫고 소홀히 너희 것으로 만드는
가?
4 너희들이 어떠한 영광을 받으며 낙원
동산에 너희 이름이 기록되어 있다 하
나, 너희들이 받을 자격을 상실했을
때 그는 받을 수 없음이며,
5 내가 너희들에게 영광과 축복을 내리
고자 하나 너희들이 20퍼센트의 너희
인간의 그 심성이 그를 받지 못하도록
변화되며 너희 행동이 달라질 때, 그
상은 너희들 스스로 받을 수 없음이니
라.
6 내가 너희들에게 주고 안 주는 것이
아니라는 그 의미를 너희들이 깊이 깨
우쳐야 할 것이니라.
7 내가 너희들에게 세상 것을 다 준다고
하나, 너희들이 그를 받을 자격이 없
을 때, 너희들이 받을 수 있는 그 점수
이하로 내려갔으며 그리 살아갈 때 그
는 받을 수가 없음이니라.
8 이는 곧 너희들이 나의 아들 예수의
보혈로써 나의 아들을 찾으며 나를 찾
으면 무조건 구원을 받으며 하늘에 오
를 수 있다 하는 것과 마찬가지니라.
9 너희들이 행동은 더럽고 추한 짓을 하
면서 너희 손으로 지은 그 성전에 와
성서를 공부하며 '주 예수'를 찾으며
주 창조주인 나를 찾으면 무조건 구원
을 받는다 하는 그와 같이 어리석은
자들과 마찬가지이니라.
10 너희들에게 내가 무엇을 주고 이루고
자 하나, 너희가 가지고 있는 내가 내
린 너희들의 고유의 20점 속에서 너
희들의 행함이 달라지며 자세가 달라

지며 너희들의 행동이 잘못되었을 때,
11 그건 너희들이 스스로 받는 것이기에 너희들이 포기하는 것이며 너희들이 받을 수 없는 것이지, 내가 주고 안 주는 마음은 나는 변함이 없음을 너희들은 알라.
12 내가 너희들에게 약속한 것이요, 너희들에게 계획한 것은 반드시 너희들에게 주게 되어 있음이니,
13 그를 받을 수 있고 없는 것은 너희들의 행동이요, 너희들의 행함에 달린 것이 나의 뜻임을, 내가 행하는 것임을 알라.
14 너희들이 받고 못 받는 것이요, 얻고 못 얻는 것은 나의 뜻이 아님이니라.
15 너희들이 얼마만큼 나의 뜻에 끝까지 순종하였는지, 내가 너희들에게 축복을 내리고자 할 때 그 마음이 변하지 아니하였을 때 너희는 얻을 수 있는 것이니라.
16 너희들 마음이 수시로 변하며 너희 행동이 수시로 추하고 사악한 짓을 할 때, 그 상이 너희들에게 내려갈 수 있다 생각하는가?
17 내가 주는 것이 아니요, 너희들이 받을 만큼 했을 때 받는다 하였음이니, 그 모두는 너희들의 소관이며 너희들의 행동 여하에 달렸음이니, 그를 갖고 나를 원망하지 말라.
18 오로지 받을 자격이 있는 자가 받는다 하였으니, 너희들이 받는 자격이 지속될 때 받을 것이며, 그 자격을 상실했을 때 그를 거둬들이며 너희들은 잃어 버릴 것이니,
19 받을 수 없으며 잃을 것이라는 것을 너희 스스로 깨우쳐 행하도록 그리하라.

3,905 번째 하나님 말씀

2002년 11월 10일 12시 03분

(강론을 마치며)

1 사랑하는 나의 아들아!
2 "네, 아버님! 말씀하옵소서."
3 예수의 시대에 그를 따랐던 제자들이 얼마나 고통과 핍박 속에서 견디며 살아왔는가?
4 그들이 오죽하면 이삭이라는 것을 주워서 연명했다 내가 너에게 그리 말하였음이니, 오늘의 너희들의 믿음이요, 너희들의 가는 길은 어떠하던가?
5 그들은 미래를 몰랐으며, 미래의 역사를 몰랐으며, 어찌 변할지를 모르고 예수를 따랐으며, 그리하여 그들은 예수가 만백성의 죄를 대신하여 죽어 가는 그와 같은 형국에서 모든 종말을 거두었음이니라.
6 그러나 너희들은 내가 무어라 말하였느냐?
7 나의 아들의 머리가 하얗게 변할 때 너희들은 그가 변하는 것을 볼 수 있으며, 역사의 변화를 너희들이 죽기 전에 볼 수 있다 내가 언약을 하였거늘,
8 너희들이 나의 법전을 접하는 것도 너희들의 축복이요, 너희들이 살아서 그 모두를 증명할 수 있는 것도 내가 너희들에게 준 역사이니라.
9 이는 나의 아들이 어렵게 가는 그 길을 위하여 내가 너희들에게 그를 보여

주고자 하며 그 역사가 오는 것을 나
는 알고 있기 때문에 너희들에게 그리
말하였느니라.
10 나의 아들이 십계명을 외우는 것이,
한 번의 십계명을 외울 때마다 한 장
의 종이에다 그를 쓴다 하였을 때, 그
가 십계명을 외우는 숫자만큼 그 종이
가 쌓이고 쌓여 그 높이가 나의 아들
의 키만큼 되었을 때 그의 머리카락이
희어질 것이며,
11 그리 하얘질 때 그 모든 역사가 이루
어진다 내가 너희들에게 말하였느니
라.
12 너희들이 머지않아 그 모두를 다 볼
수 있으며, 너희들로 하여금 증명하여
너희들이 복음서라는 것을 기록하여
전하는 그 후세에 너희 후손들이 오늘
에 너희들이 존재하며 나의 역사가 있
었던 것을 증명할 수 있는 증인으로서
너희들이 남아져 있음이니라.
13 나의 아들 예수의 복음서를 몇 사람이
썼던가?
14 너희들은 마태복음이요, 마가복음이
요, 그와 같은 것을 가지고도 누가 먼
저 썼으며 누가 늦게 썼으며, 누가 뼈
대며 누가 살이며, 어떤 것이 진정한
것이며 누구는 누구 것을 닮았다 그리
시시비비하는 것이 너희들의 지금의
믿음의 세계를 가는 종교 지도자가 가
는 형태이니라.
15 누가 먼저 썼으면 무엇하며, 누가 먼
저 전했으면 무엇하며, 그 순서가 바
뀐 게 무엇이 필요하던가?
16 지금 성서를 기록하여 만백성을 구하
는 그 복음서라 하는 것이 몇 사람이
써서 그 복음서를 길이 증명하였던가?
17 이제 나의 성령은 나의 법전으로써 내
가 나의 아들을 보내어 책으로 기록하
여 세상에 전해짐이니,
18 나 여호와의 뜻을 너희들이 복음서로
기록하는 것은 나 여호와 창조주의 뜻
이 진실이라는 것을 너희들이 증명함
이니,
19 지금 너희들이 다섯 명이 남든 열 명
이 남든 복음서를 쓸 사람만이 마지막
까지 남아 있으며, 너희들의 대명은
복음서를 쓰는 것임을 알라.
20 나의 아들을 통하여 내가 세상에 이
모든 성령이요, 하늘의 뜻을 내려보내
책으로써 너희들에게 전하고자 하나,
이 책만을 가지고 믿지 못할 것이며,
21 이를 가지고 시시비비하는 백성에게
천 년 후에 또는 몇백 년 후에 이 시대
에 같이 산 너희들의 관등성명을 기록
하며 너희들의 주소지를 기록하며 너
희들의 후손들의 이름까지도 기록하
여 복음서를 작성할 자들이니라.
22 그러니 너희들이 얼마나 소중한 자들
이냐?
23 나의 성령이 세상에 내려간 것이요,
이 법전이 내 뜻이라는 것을 너희들
손으로 곱게 기록하여 책으로 펴내는
그 복음서가 나를 증명하며 내가 존재
함을 입증하는 그 대역사를 이룸이니,
24 너희들이 그리하여 가진 자가 필요 없
으며 높은 자가 필요 없으며 명예 있
는 자가 필요 없다 내가 그리 말하였
음이니라.
25 나의 딸 '계숙'이라는 아무것도 모르
는 아이를 내가 학교에 보내는 것이

무엇인지 알겠는가?
26 그로 하여금 복음서를 기록하도록 하며 그가 나의 뜻을 증명하기 위하여 내가 그를 그리 가르치는 나의 멀고도 긴 뜻을 너희들이 모르고 있음이니, 너희들이 과연 무엇을 안다 말하는가?
27 너희들은 나의 복음서를 기록할 것이니, 나의 성령이요, 2천 년 동안 너희들의 하늘에 오르는 길이요, 깨우침이라 했던 그 복음서가 과연 몇 사람에 의하여 기록되었는가?
28 수백 명, 수천 명이 입증하여 기록하였던가?
29 단 하나라도 바로 쓰는 것이, 바로 기록하는 것이, 바로 그들이 믿을 수 있도록 기록해 놓는 것이 복음서이니라.
30 그러나 그 복음서까지도 세월이 흐르는 동안에 너희 지도자들이 저희 가슴에 움켜쥐고 세상의 만백성에게 보이지 아니하며 너희들 인간의 계명으로 너희들 스스로 그를 조정하고 고쳤음이니, 이 얼마나 무서운 현실의 오늘에 이르렀던가?
31 내가 직접 내린 성서의 가르침의 원액만 그대로 전하여졌다면, 너희들은 십계명을 지키고 사는 것이 근본이요, 그것을 지키는 것이 가장 위대한 것이요, 그보다 더 소중한 것이 없다 하여 그를 지키라, 그리 가르치라 했을 것이니라.
32 그러나 변질되고 변화되는 그 속에서 본질을 잊어버리며 본바탕을 잊어버리고 지금까지 살아왔음이니,
33 너희들이 누구의 성씨를 가지고 있는 자식인지 분간하지 못하는 요즘의 세상이 되었음이니라.
34 너희들은 지금 제 자식인 줄 믿고 사는 자 중에 제 자식이 아닌 남의 자식을 기르는 자가 수없이 있으며, 이와 같이 험악하고 사악한 세상이니,
35 이게 살인하는 자보다도 더 무서우며, 너희들이 간악한 행위 속에서 살아가는 시대는 바로 종교 지도자 너희들이 만들었음이니라.
36 '간음하지 말라.' 했으며 '도둑질하지 말라.' 했으며 '이웃을 넘보지 말라.' 했으니, 그와 같은 것만 너희들이 지키고 살아왔다 하더라도 지금 제가 기르고 있는 자식이 제 자식인지 아닌지 의심하는 자 없을 것이나,
37 제 자식이 아닌 자를 제 자식처럼 기르는 자가 수없이 있으니, 그가 죽어 와서 그것을 볼 때 얼마나 통탄하며 비참한 일이던가?
38 이와 같이 사악하고 사악한 것이 바로 너희들이 말하는 말세이니라.
39 이것이 종교 지도자 너희들이 만든 오늘이거늘, 어찌하여 너희들이 무엇을 갑론을박하며, 너희들이 손으로 지은 성전에 와 재물을 바치는 것이 구원을 받는다 앵무새처럼 지껄여 재물을 거둬들이고 활용하고 있음이니,
40 그 죄를 심판할 날이 머지않았음이니, 이는 반드시 내가 심판을 하기 시작하였음이니 그리 알라.

3,906 번째 하나님 말씀

2002년 11월 11일 23시 55분

1 사랑하는 나의 아들아!

2 "네, 아버님! 말씀하옵소서."
3 믿음이란 중단이 없다 내가 말하였음
이니라.
4 잠시라도 네가 다른 생각을 하며 다른
일에 열중하다 보면 정녕 나의 성령을
받아 법전을 만들 수 없음이니,
5 내가 나의 피조물 만백성에게 잠시도
나를 잊지 말며 항상 마음속에 기억하
고 살라 했듯이,
6 네가 주기적으로 시간을 맞춰 나에게
경배하고 기도하는 그 시간을 게을리
한다 하면, 너는 160권의 법전을 세상
에 낼 수가 없음이니라.
7 한 번 무너지기 시작하며 주저앉기 시
작하며 네가 나의 성령을 받아 기록하
는 것을 게을리하다 보면 점점 더 게
을러지고 나태해짐이니, 네가 그 역사
를 이룰 수 없음이니라.
8 너의 제자들에게 말하여 이르기를, 항
상 나에게 경배하며, 내가 같이 있으
며 내가 존재하고 있으며 너희들 앞에
있음을 그리 의식하고 살라 하였으며,
그와 같은 마음 자세로 살지 아니하면
너희들이 무너진다고 했듯이,
9 네가 만백성을 구하는 나의 성령을 받
아 기록하는 이 역사는 다른 사람이
대신할 수도 없으며 그 누구도 대신하
여 할 수가 없음이니라.
10 네가 지치고 힘들다 하여 다른 사람이
대신할 수도 없으며, 네가 아파 누워
있다 하여 그를 대신할 수도 없음이니,
11 오로지 너밖에 할 수 없으며 너밖에
받을 수 없는 나의 성령임을 너는 알
아야 할 것이니,
12 네가 하루라도 게을리하거나 잠시라
도 네 마음대로 네 시간을 가져서는
아니 되며 어떠한 것도 생각해서는 아
니 됨을 잊지 말라.

3,907 번째 하나님 말씀

2002년 11월 11일 23시 59분

1 사랑하는 나의 아들아!
2 "네, 아버님! 말씀하옵소서."
3 나의 아들 예수의 시대에 마리아라는
여인이 나의 예수의 강론을 들으며 그
언니는 여러 가지 일을 함에 있어서,
그 언니가 동생은 나의 아들 예수의
강론만 들으며 저는 그와 같은 다른
일을 함에 대하여 동생이 저와 더불어
같이 일할 수 있도록 그리해 달라 예
수에게 말하였음이니,
4 그러나 나의 아들 예수는 마리아가 강
론을 듣는 것도 소중하다 그리 말하였
음이니라.
5 그러나 지금 성서에 그리 기록된 것을
나의 피조물 만백성이요, 종교 지도자
너희들이 어찌 가르치는가?
6 너희들이 일하며 너희들의 책무를 다
하는 것보다 강론을 들으며 설교를 듣
는 것이 더 위대하니 어떠한 것보다도
너희 손으로 지은 그 성전에 와 너희
들이 맡은 바 소임을 다하는 것이 더
소중하다 그리 말하고 있음이니,
7 이는 그러한 뜻이 아님을 너희들은 알
아야 할 것이니라.
8 자기 직분의 책임을 다하는 것이나 강
론을 듣는 것이며 설교를 듣는 것이
다 똑같이 소중함을 알아야 할 것이니
라.

9 그 당시 나의 아들 예수는 여자로서는
그 누구도 설법을 듣지 아니하며 예수
의 가르침을 듣지 아니하였으니 그 마
리아라는 여인이 예수의 가르침을 듣
는 것이 소중하다는 뜻이며,
10 언니가 동생 마리아를 면박하는 것을
그 동생이 무안할까 봐 강론을 듣는
것도 중요하다고 한 그와 같은 의미에
서 전해진 이야기임을 너희들은 알아
야 할 것이니라.
11 너희들은 공부를 하는 것이며 오로지
설교를 듣는 것이며 너희들의 종교 지
도자가 하는 그 강론만이 중요하다 그
리 강요하지 말라.
12 예수는 그를 강요한 것이 아님이니라.
13 마리아의 언니가 하는 일도 중요하며
마리아가 하는 것도 다 중요하나, 그
당시는 여성으로서 설법을 듣는 자가
없으며, 또한 언니로부터 면박을 받는
그 마리아의 무안함을 달래 주기 위하
여 나의 아들 예수가 그와 같이 그들
에게 전했던 것을,
14 그와 같은 이치를 모르고 너희들은 강
론을 듣는 것만이 위대한 것이며 설법
만 듣는 것이 제일 우선이며, 너희들
의 의식주를 해결하는 것보다도, 어떠
한 것보다도 너희 손으로 지은 성전에
와 강론을 듣는 것이 더 위대하다고
그리 가르치지 말라.
15 너희들이 진정한 그 뜻을 모르고 가르
치고 있는 것이 여기에 있음이니, 성
서의 가르침이요, 예수가 하고자 했던
그 뜻을 모름이니라.

3,908 번째 하나님 말씀

2002년 11월 12일 06시 30분

1 사랑하는 나의 아들아!
2 "네, 아버님! 말씀하옵소서."
3 구약과 신약의 성서에 너희들이 필요
한 대목을 넣었다 하여도 너희들이 나
의 성령의 본질의 뜻인 사랑을 베풀며
살았다 하면 이 세상이 지금과 같이
험악해지지는 아니했을 것이니라.
4 가장 중요하고 무서운 것은, 지도자라
는 사람들이 앞에 서서 바로 살며 아
름답게 살고 사랑을 베풀며 살라 말하
면서 저희들은 지키지 못하고 행하지
않고 사는 삶에서 이와 같이 무서운
형국이 되었음을 알아야 할 것이니라.
5 말로는 청산유수같이 가르치나 저희
들의 행함은 그러하지 못함이니,
6 그러한 자들이 지도자라 서서 가르쳐
왔기 때문에 지금과 같이 진정한 믿음
의 길을 모르고 오로지 기복 신앙이
요, 저희들의 이익을 위하여 살아가는
그와 같은 형국으로 되었음이니라.
7 세상사 모든 이치는, 아름다움을 베푸
는 것을 오른손이 하면 왼손이 모르
도록 그리하라 하였거늘, 너희들은 무
엇 하나 세워 놓아도 그곳에 너희들의
이름이요, 가족의 이름까지 다 기록하
여 남기고자 하는 자들이며,
8 너희들이 하나의 성전이라는 곳에, 또
는 너희들이 믿는 종파에 기둥 하나
기증하여 세운다 하여도 너희는 온
가족의 생년월일이요, 또 날짜요, 이
름까지도 다 기록하는 그와 같은 마음
으로써 믿음의 길을 가고 있음이니,

9 그게 진정한 믿음이더냐?
10 너희들이 짓는 종파의 건물의 기왓장
이요, 지붕 위에 얹는 기와라는 것에
도 너희들이 한 장을 냄에 온갖 가족
의 이름이요, 생년월일이요, 너희들이
소원하는 것을 다 기록하여 전함이니,
11 과연 그것이 복을 받는다는 마음을 이
용하여 나의 피조물 만백성들로 하여
금 그와 같이 사행심을 불러일으켜
욕심을 갖게 하여 그 기왓장 하나를
내는 데에도 온갖 이름을 다 기록하
도록 그리하는 것은 아닌가?
12 정녕 진정한 믿음이요, 만백성을 구하
며 너희들 말로 중생을 구한다는 종교
집단에서도 과연 너희들의 그와 같은
행위가 잘하는 것인가 한번 깨우쳐 봐
야 할 것이니라.
13 모든 것은 사랑으로써 이루어지거늘,
제가 무엇 하나 생색을 내며 받고자
하며 거래하고자 하는 그와 같은 심리
에서 너희들은 하지 않는가?
14 그리고 남들이 하는 것은 기복신앙이
요, 사탄이요, 이단이라 말하는 종교
집단 너희들도 탑 하나 세워 주는 곳
에, 그리고 십자가 하나 세우는 곳에
너희 이름이 길이 남도록 기록하는
행위는 하지 아니하는가?
15 그와 같은 행위를 하는 것은 무엇을
말하는가?
16 그들에게 줄 것이 없기 때문에 그 건
물에 이름을 남기도록 하며, 돌 하나
바친 자에게 그 돌에다 이름을 새기게
하며, 기둥 하나 바친 자에게 기둥에
다 이름을 새기게 하며, 기왓장 하나
준 자에게 거기에다 이름을 새기게 하
는 그와 같은 종교 집단으로 지금 전
락하였으니,
17 너희들이 가르치는 것이 무엇이 있는
가?
18 진정한 나 여호와의 뜻이요, 참뜻이
요, 하늘에 오르는 길을 가르친다 하
면 너희들의 이름을 남길 필요가 없으
며, 그 이름을 남기도록 그들에게 장
소와 지면을 허용할 필요가 없으며 그
를 남길 필요성이 없음이니라.
19 진정한 믿음이요, 구원을 준다 하면
그것으로써 족한 것이지, 기둥이요,
돌 하나 바친 것이요, 기왓장 하나 바
친 것이요, 그곳에다 또 너희 이름을
기록하고 생년월일을 기록하며 너희
들 가족까지도 다 기록하여 소원을 비
는 그와 같이 대표적인 기복 신앙으로
이끌어 가지 아니할 것이니라.
20 모든 종교 지도자들이 그들에게 받기
는 받았으나 그들에게 황송하여 답할
길이 없으니 그저 그들이 건축물이든
바친 것만큼 이름을 기록하라 하며 그
와 같이 추하고 더럽게 살아감이니,
21 그것은 너희들이 작게는 성전이라며
너희 손으로 지은 그곳에 오물을 더덕
더덕 붙이는 추한 모습을 하는 것이
며, 크게는 세상을 오염시키는 그와
같은 행위임을 깨달아야 할 것이니라.
22 그것은 너희들 자신이 만백성을 구하
는 길을 모르며 그들에게 구원의 길을
가르쳐 주지도 못하며 그들에게 하늘
로부터 내리는 축복의 영광을 줄 수도
없으며 주지도 못한다는 것이며,
23 그렇기에 너희들은 그저 이름 석 자
기록하는 것으로 그들의 광분하는 마

음, 기다리는 마음, 그리고 바치고 소원하는 마음에 보답하며 그들의 마음을 달래고자 하는 그와 같은 수법에서 기록된 것이니, 너희들은 이와 같은 이치를 깨우쳐야 할 것이니라.

3,909 번째 하나님 말씀

2002년 11월 12일 06시 38분

1 사랑하는 나의 아들아!
2 "네, 아버님! 말씀하옵소서."
3 너희들은 말하느니라.
4 '암탉이 울면 재수가 없으며, 하던 일
이 이루어지지 아니한다.' 하며, 그리
하여 너희들은 모든 여성의 마음을 잠
재웠으며, 그들로 하여금 사랑을 펴지
못하게 하였으며, 그들의 존재 가치를
스스로 조용히 살아가는 그와 같은 형
국으로 지금까지 이끌어 왔음이니라.
5 그것이 너희들이 얼마나 오만하고 자
만한 행위에서 그와 같은 말로써 세상
을 다스렸던가?
6 그러나 암탉이라는 닭이 울 때는 이유
없이 우는가?
7 그들은 너희들에게 알이라는 것을 제
공하며 재산을 주며, 너희들은 그 알
을 가짐으로써 또한 기쁨과 행복을 얻
지 않는가?
8 모든 종교 집단에서도 여성은 나서지
말며 여성은 조용히 하며 여성은 잠잠
히 하여야 한다는 것이 너희들의 지금
까지의 뜻이었으니,
9 이것이 과연 종교 집단에서 가르칠 길
이며 인도할 길인가 너희들은 이제 깨
우쳐야 할 것이니라.
10 너희들은 알아야 할 것이니라.
11 여성을 잠재우며, 여성은 말을 하지
못하며 참여하지 못하도록 그와 같이
차별화했던 너희들은 그를 또한 하나
를 이제는 버릴 때가 왔으며, 그건 잘
못 가르치며 잘못 너희들이 인식하고
있음을 알아야 할 것이니라.
12 여성처럼 유하고 부드러운 자가 없으
며, 그 여성의 모성애요, 모성애의 사
랑만큼 진정하고 소중한 사랑이 세상
에 없음을 너희들은 알아야 할 것이니
라.
13 이제는 여성들이 가지고 있는 모성애
와 같은 그 사랑으로 만백성을 다스리
며 만백성의 마음을 그리 가르쳐야 할
때가 왔음을 알아야 할 것이니라.
14 너희들이 모성애를 가진 여성은 잠잠
하며 나서지 말며 말하지 말며 감히
참견하지 못하도록 그와 같이 이끌어
왔던 시대가 오늘의 이와 같이 사악한
시대가 되었음이니라.
15 이제 나 여호와를 경배하며 구원을 받
고자 하는 자, 너희들은 남자와 여자
의 차별이 없음을 알아야 할 것이니라.
16 나 여호와가 만든 소중한 백성이요,
나의 아들과 딸이거늘, 너희들이 지금
까지 차별을 두고 살아왔으며, 종교
집단에서도 그를 의식적으로 차별하
며, 직함을 불러 주는 것도 다르게 말
하며 그들에게 명함이 또 다름이니,
그것이 다 인간 너희들이 만들어 낸
것이 아니던가?
17 나의 성서에 너희들이 남자와 여자에
게 부르는 직함이 따로 구분되어 있는
가?

18 그리고 여성을 구박하라는 것이 있으
며, 여성의 사랑의 아름다운 마음을
펴지 못하도록 한 것이 무엇이 있던가?
19 너희들이 모성애의 그와 같은 사랑을
만백성에게 전할 수 있는 그들이 활동
하지 못하도록 자제하고 억제하는 속
에서 사악한 이와 같은 형국이 되었음
을 알라.
20 이제 나 여호와가 여성들의 부드럽고
유한 그 마음으로써 세상을 다스리도
록 하며, 서서히 그들이 세상을 다스
리는 그와 같은 형국에 지금 와 있음
이니,
21 나의 법전이 세상에 나가 너희들을 깨
우치는 것은 여성들처럼 모성애의 아
름답고 소중한 사랑, 그것만이 너희들
이 바로잡을 수 있기에 유한 여성이
요, 유한 사람이요, 부드러운 사람들
로 하여금 나의 법전을 읽고 깨우쳐
천 년에 걸쳐 역사를 이루고자 하는
것이 나의 뜻임을 알라.
22 이와 같이 이제는 여성과 남성을 구분
하는 너희 종교 집단이요, 그리 생각
하며 가르치는 그와 같은 자들은 스스
로 너희들의 어리석음을 말하는 것이
며, 너희들의 우매함을 말하는 것이며,
23 사랑과 용서함과 모성애와 같은 진실
한 사랑을 세상에 펴지 못하도록 하며
그 빛을 발하지 못하도록 살아온 것이
너희들이기에,
24 오늘과 같이 사악한 말세의 시대가 이
루어진 것이 지금의 너희들의 탓임을
알라.
25 이제 내가 유한 여성이요, 부드러운
여성이요, 그와 같은 자들로 세상을
다스리고자 함이니, 너희들은 나의 뜻
을 알아야 할 것이니라.

3,910 번째 하나님 말씀

2002년 11월 12일 06시 44분

1 사랑하는 나의 아들아!
2 "네, 아버님! 말씀하옵소서."
3 너희들이 하늘을 향하여 기도하고 역
사하며 너희 영혼을 구원받고자 하는
그 모두는 다 너희들의 지금의 믿음의
기틀이요, 기본이었음이니라.
4 그러나 너희들은 알아야 할 것이니라.
5 이제 나의 아들을 따르는 제자 너희들
은 모두는 다 이 땅에서 이루어지는
것이며, 너희들의 육이 존재하는 지금
의 세상에서 이루어짐을 알아야 할 것
이니라.
6 너희들은 하늘에서 무엇을 이루어 주
는 기도를 함이 아니요,
7 너희들은 기도함에 있어서 이 땅에서
모든 게 이루어지기를 바라며 너희들
이 소원하는 그 마음으로써 기도해야
함을 알아야 할 것이니라.
8 나 여호와가 세상을 통제하며 지상을
통제하는 것이며, 지상에서 너희들을
통치하는 것이 나의 뜻임을 알라.
9 너희들이 죽어 나에게 왔을 때에는 나
를 아버지라 부를 수 없으며 너희들이
나에게 용서를 받을 수 없으며 구원을
받을 수 없다 말했듯이,
10 내가 너희들을 통치하고 다스리는 것
은 지상에서 너희들을 통치하기 원하
며 그리 이끌어 감을 너희들이 알아야
할 것이니라.

11 나의 뜻을 전하는 것이며 나의 뜻을
너희들이 이루고자 하는 것은 이 세상
에서 내가 모두를 성취하고 이루고자
하는 것이 나의 뜻임을 너희들이 알아
야 할 것이니,
12 내가 지상을 통제하며 지상에서 나의
뜻을 펴고 이루고자 한다는 것을 너희
들은 알아야 할 것이니,
13 그리하여 너희들은 하늘에 대한 기대
요, 하늘에서 무엇을 이루어 주며 하
늘이 어찌 되기를 바라는 기도가 아니
라,
14 너희들 스스로 나 여호와의 뜻이 땅에
서 이루어질 수 있도록 그 일을 위하
여 너희들이 노력하며 너희들이 그를
위하여 기도하여야 함을 잊지 말라.
15 지상에서는 나의 피조물 만백성이 천
사와 같이 살아갈 수 있도록 너희들이
기원하는 그 마음의 기도가 필요함이
니라.
16 내가 모두를 너희들을 통하여 이루어
주고자 하는 것은 지상에서 이루고자
함이니,
17 너희들은 지상에서 내가 이루고자 하
는 그 뜻을 위하여 기도하는 마음을
버리지 말라.
18 너희들의 모두는 다 세상에서 성취하
고 이루고자 하는 것이 나 여호와의
뜻이니 그리 알라.
19 모두는 너희들이 살아가며 기도하고
원하는 것이 하늘나라의 문제가 아님
이니, 하늘나라는 한 치의 오차도 없
으며 더 바라고 원할 것도 없음이니라.
20 그러니 너희들이 하늘에다 무엇을 쌓
아 놓으면 축복을 받으며 구원을 받는
다는 그와 같은 사기극을 벌이는 자들
에게 현혹되어 불행한 삶을 살지 말라.
21 이 세상에서 이루어지고 역사하는 모
든 것은 지상에서 이루고자 하거늘,
어찌하여 너희들은 하늘을 빙자하여
하늘에 많이 쌓아 놓고 하늘에 그득히
보내는 것이 축복을 받는다 그리 말하
는가?
22 하늘에 관계된 것은 인간인 너희들이
감히 관여할 수 없으며, 들여다볼 수
없으며, 하늘에다 재물을 쌓고 못 쌓
고 하는 것은 너희들이 할 수도 없는
것이며, 너희들과 아무런 관계도 없음
이니라.
23 너희들이 살아가는 것은 오로지 지상
에서 모두 이루어지며, 지상에서 이루
는 역사를 위하여 살아가라.
24 지상에서 선하고 착하게 사는 자, 천
사와 같은 마음으로 사는 자, 구원을
받을 것이니,
25 오로지 하늘에 대해 관계하는 것을 하
지 말며 기도하지 말며 소원하지 말며
하늘에 무엇을 보내고 쌓아 놓는다는
그와 같은 오만한 생각을 하지 말라.
26 나 여호와의 사랑은 이 땅에서 모두를
향하고 있으며, 나와 너희들과의 관계
는 너희들의 육의 삶이 존재하는 지금
의 세속에서, 너희들의 삶 속에서 이
루어짐이니,
27 내가 내리는 것도 지상에 있는 너희들
에게 사랑을 내림이며, 너희들이 죽어
나에게 와 사랑을 내리고 받고 하는
것이 아님이니,
28 하늘에 재물을 쌓아 놓고 하늘에 많이
바치며 너희들이 손으로 지은 성전에

재물을 많이 바치면 구원을 받는다는 그 사기꾼이요, 사탄이요, 마귀들의 말에 현혹되어 인생을 망치지 말라.

3,911 번째 하나님 말씀

2002년 11월 12일 11시 56분

1 사랑하는 나의 아들아!
2 "네, 아버님! 말씀하옵소서."
3 수천 년에 걸쳐서 지금의 믿음의 길을 가고 있는 그 백성들이며 나의 피조물 만백성을 하늘의 길로 인도하며 그 통로를 열어 준다는 종교 지도자들이 지금 가고 있는 믿음의 형태가 어떠하던가?
4 나의 아들 예수에 의하여 그가 주관하여 너희들의 모든 것이 다 이루어 진다 함이니,
5 너희들의 소원함도 예수를 통하여 소원을 비는 것이며 너희들의 모든 중심이요, 중심체가 예수를 향하여 그와 같은 형태로 변화되는 지금의 그 믿음을 가고 있음이니라.
6 내가 너희들에게 무어라 말하였느냐?
7 나의 아들 예수는 나의 명을 받아 세상에 나가 내 뜻을 전하며 그 역사를 이루고자 하여 내가 보낸 자요, 그는 나로부터 보냄을 받은 자라 하였음이니라.
8 그러나 너희들은 모든 형체의 중심적인 역할이 예수를 향하여 예수로부터 모든 것을 다 이루고자 하며 너희들의 믿음의 근본이 거기에 다 맞추어져 있으며 거기에 따라서 너희들이 지금 이루어지고 있음이니라.
9 그리하여 나의 아들 예수를 믿지 아니함으로써 너희들이 구원을 받지 못한다 하며, 오로지 예수를 찾으며 예수를 믿는 자만이 구원을 받는다 하며, 나의 아들을 찾고 부르짖는 자만이 구원을 받는다 지금 그리 가르치고 있음이니,
10 이 또한 너희들의 그 가르침이 잘못되었음을 알아야 할 것이니라.
11 모든 중심체요, 모든 형태가 이루어지는 것은 나 여호와를 위하여 나로부터 이루어지고 행하는 것이며,
12 나의 아들 예수로부터 그와 같아 이루어지고 행하여지는 것이 아님을 알아야 할 것이니라.
13 너희들은 믿음의 그 근본이요, 형체를 모르고 가고 있는 것이 지금 믿음의 길을 가는 형국임을 알아야 할 것이니라.
14 모든 중심체요, 모두를 다 너희들이 예수에게 초점을 맞추며 세상의 모두를 다 거기에다 걸고 기도하고 그리 경배하나, 나의 아들 예수로부터 그리 하는 것이 아니며,
15 나 여호와에게 모든 중심체요, 나를 중심으로 하여 기도하고 경배하는 것이 너희들이 하늘에 오르는 길이요, 구원을 받는 길임을 알아야 할 것이니라.
16 지금 너희들이 모두를 다 예수에게 맞추어서 가고 있음은 진정 하늘의 뜻이요, 누가 창조주이며, 누가 너희들을 창조하였으며, 누가 이 세상을 지배하는 자인지 그를 너희들이 모르고 있기 때문이니,

17 너희들이 그와 같이 지금 부르짖는 그
중심체에 예수를 두고 있는 것이 잘못
되었음을 내가 나의 법전을 통하여 너
희들에게 깨우쳐 줌이니,
18 이와 같은 이치를 깊이 깨우쳐 생각해
보면 내가 너희들에게 전하는 그 뜻을
알 것이니라.
19 모든 만사형통을 이루는 것도, 너희들
의 소원을 이루는 것도, 너희들이 무
엇인가 이루고자 하는 생각 그 모두를
다 예수에게 맞추어 소리 지르고 기도
하고 경배함이니, 그것이 잘못되었음
을 알라.
20 나 여호와 창조주에게 직접 경배하며
기도하라 하였거늘 지금 그리하지 아
니하니, 그 중심의 방향을 잃고 있는
것이 지금의 종교 집단 너희들이 가고
있는 믿음의 형태임을 알라.

3,912 번째 하나님 말씀

2002년 11월 12일 19시 58분

1 사랑하는 나의 아들아!
2 "네, 아버님! 말씀하옵소서."
3 네 마음이 애절토록 나의 십계명을
암송하며, 너의 제자들이 나의 십계명
을 암송하며 나의 강론을 듣는 너희들
이 그와 같이 변하여 주며 그와 같이
살아가기를 바라는 나 여호와의 애절
한 그 마음을 알고 있는가?
4 곧 내가 불로 써 내린 십계명을 암송
하는 그 자체가 너희들은 그저 그를
암송하나,
5 그를 너희들이 암송하는 것을 듣는 나
여호와는 너희들이 암송하는 십계명
처럼 바르게 살며 그대로 살아가는 너
희들로 언제쯤 그리될까 하여 너희들
을 기다리며 너희들이 그리되어 주기
를 바라는 나 여호와의 간곡한 그 마
음을 너희들은 알고 있는가?
6 사랑하는 나의 아들아!
7 네가 밤과 낮을 가리지 아니하고 나의
십계명을 암송하며 네가 그를 외울
때, 나 여호와는 네가 그리되어 주기
를 바라며, 네가 곧 그리될 것이라 바
라며, 오늘은 네가 그와 같이 될 것이
며, 이 순간은 네가 또 그와 같이 변할
것이며, 나의 계명을 지키고 살 수 있
는 나의 아들이 되었을 것이라 바라
는 나 여호와의 마음을 알겠는가?
8 너의 제자들에게 그리 전하라.
9 나의 계명을 외우며, 나의 법전을 읽
으며, 나의 아들을 통하여 내리는 나
의 성령을 듣는 너희들이 오늘은 그와
같이 변해졌으며 오늘은 그와 같이 살
것이며 그리 살아갈 것이라 그리 기다
리는 나 여호와의 마음이 얼마나 초조
하며 얼마나 애간장을 태우는 것인지
너희들은 정녕 그를 모를 것이니라.
10 나의 성전에 와 강론을 들으며 나의
아들을 통하여 내리는 나의 법전을 읽
는 너희들이 오늘은 그와 같이 되어
주기를 바라며, 또 이 순간부터 그와
같이 살아가 주기를 바라며, 만백성
누구도 가지 못하는 그 길을 너희들은
갈 수 있는 마음이 바로 서기를 바라
는 나 여호와의 애절한 마음을 너희들
은 어찌 그리도 모르는가?
11 사랑하는 나의 아들아!
12 정성이라는 것이 무엇이더냐?

13 내가 너희들에게 말하는 것이 십계명대로 살며 사랑을 베풀며 살라 하였으니, 너희들이 나의 뜻을 따르는 그것이 너희들의 마음의 정성이 아니던가?

14 아낙네가 호박떡을 찐다 할 때, 그 '호박떡도 정성을 다하지 않으면 떡이 익지 아니한다.' 하였음이니,

15 그리 똑같이 내 놓고 불을 때 떡이 익고 안 익는 것이 불을 때는 여인의 마음에 의해서 그 떡이 익고 안 익는 그와 같은 것이 있을 수 있다 생각하는가?

16 그러나 너희들은 그와 같은 것이 있을 수 있음을 알아야 할 것이니라.

17 여인이 정성을 가지고 불을 지필 때 그 불은 화력을 다할 것이며, 정성을 갖지 아니하고 심통이요, 시기하는 마음으로 불을 땔 때 그 불은 화력을 제대로 내지 못하지 아니하겠는가?

18 너희들이 하물며 떡을 익히는 것에도 정성을 다하여야 그 떡이 바로 익고 너희들이 먹을 수 있는 음식이 된다 하였거늘,

19 지금 나의 법전을 읽고 강론을 들으며 나의 법전을 받아 책으로 만드는 너희들이 과연 어떠한 역사를 하는가?

20 나 여호와 창조주의 뜻이요, 하늘에 오르는 길을 위하여 평생을 다 바치며 몸부림치며 살아가는 자들의 모습을 보지 아니하는가?

21 믿음의 길이 잘못된 길인지 제대로 가는 길인지 그것도 모르면서 그곳에 매달려 울부짖고 정성을 다 쏟는 그들의 형국을 보지 아니하였던가?

22 그러나 너희들은 진정한 나의 성령이요, 나의 뜻이요, 내가 가르치는 그 길, 내가 지금 너희들에게 전하는 것이 하늘에 오르는 길이며 참진리요, 만백성을 구하는 길이니,

23 그 역사를 수행하는 너희들이 여인네가 호박떡을 익히기 위하여 불을 때는 그 정성만도 못한 마음으로 행한다면 과연 되겠는가?

24 너희들이 지금 가고 있음이 그래서는 아니 될 것이니라.

25 지금 만백성을 구하는 나 창조주의 성령을 받아 책으로 만들어 내며 이를 전하여 만백성을 구하는 너희들이 호박떡을 익히는 여인의 정성만큼도 못하다 하면, 과연 있을 수 있겠는가?

26 이는 있을 수 없음이니라.

27 하물며 음식을 익히기 위하여 불을 때는 여인의 정성에 의하여 떡이 익고 안 익음이 바로 거기에 있음이니,

28 너희들이 나의 법전을 만드는 데 손발이 저리도록 목숨을 다하여서 너희들의 생각과 몸과 마음을 다 바쳐 이 역사를 이룬다 하여도, 너희 몸이 가루가루 부서져 바람이 되어 날아간다 하더라도 너희들은 그 아픔을 느껴서는 안 되며 그 고통을 느껴서는 안 되며 그것을 괴롭다 생각해서는 아니 될 것이니,

29 너희들의 정성과 너희들의 마음자리를 지금 어찌하고 있는가 그를 깨우쳐 자신을 돌아다보는 그와 같은 믿음을 갖도록 그리 전하라, 사랑하는 나의 아들아!

3,913 번째 하나님 말씀

2002년 11월 12일 20시 08분

1 사랑하는 나의 아들아!

2 "네, 아버님! 말씀하옵소서."

3 너희들의 믿음이 창조주 나 여호와에 대한 믿음으로써 가는 것이 아니라 모든 중심체요, 중요성을 예수에 대한 믿음이요, 예수에게 맞추어 가고 있음이니,

4 너희들이 그리하여 세상의 창조함이요, 존재함도 그 모두를 다 그곳에 맞추어 가고 있기에 너희들은 인간 세상의 삶을 행함에 있어서도 모두를 다 단절하며 지금과 같이 사악한 형국으로 변해져 있다 내가 너에게 일찍이 깨우쳐 주었음이니라.

5 그러나 너희들은 지금 가고 있는 형국이 과연 어떠하던가?

6 너희들이 그와 같은 것이 잘못되었다 내가 너희들에게 말하여, 모두의 창조주인 나 여호와에게 모두를 맞추어 너희들이 거기에 대하여 믿음의 길을 가도록 그리 많은 내용을 법전에 기록하여 너희들에게 깨우쳐 주었으나,

7 너희들이 아직도 그를 모르고 깨닫지 못하고 있음이니라.

8 너희들의 믿음의 형태는 참진리요, 하늘에 올라와 구원을 받고자 하는 그 믿음의 구원함이 아니요,

9 너희들은 정녕 낮은 자로서 만백성을 지도하는 지도자가 아니라, 많은 백성들로 하여금 착하고 어린 백성에게 너희들이 권위주의와 편견을 가지고 너희들은 특수층이며 선택된 자들이며 특별한 백성인 것처럼,

10 그리고 나의 피조물 만백성이 같은 형제라는 그 의식까지도 잊게 하며 나의 피조물 만백성이 자신이 자신을 모르며 착각 속에 살아가도록 그리 만들었음이니,

11 그리하여 너희들은 차별화된 것처럼 만들었으며 특별한 백성인 것처럼 만들었으며,

12 그리하여 너희들은 편애하며 편견을 가지고 나의 피조물 만백성이 살아가도록 그리 만들어, 오로지 너희 손으로 만든 성전이라는 곳에 와 재물을 바치는 것만이 구원을 받는 길이라 하여 기계보다 더 무섭게 세뇌교육을 시켜 놓았음이니,

13 기계보다도 더 차고 냉정한 마음으로 변화된 나의 백성들이 인간 세상에 살아가면서 과연 무엇이 그 속에 있다 생각하는가?

14 내가 너희들에게 말하는 것이 사랑이니라.

15 몸과 마음 모두를 다 바쳐 지키는 것이 사랑이며 그 사랑을 실천함으로써 너희들이 하늘에 오르는 길이라 하였음이나, 너희들은 나의 피조물 만백성을, 인간을 기계로 만들었음이니라.

16 그저 너희들이 울부짖고 기도하며 찬송하며 재물을 많이 바치며 금화와 은화를 갖다 많이 바치며, 부모와 형제를 경원시하며 그와 같이 기계의 쇠보다도 더 찬 인간으로, 냉혹한 인간으로 만들었으니,

17 냉혈 동물 중에서도 지금 잘못 가르치는 종교 지도자 밑에 가 구원의 길을

간다는 자들이 가장 냉혈 동물로 변해
있음을 알아야 할 것이니라.
18 그리하여 너희들이 세상사에 살아가
는 인간관계마저도 고립시켰으며, 너
희들 자신이 세상 밖을 바라보며 하늘
의 뜻을 보며 하늘의 참진리를 보고
살아가는 의식까지도 단절시켜 하늘
에 오르는 길이요, 참진리를 탐구하지
못하도록 만들어 놓았음이니,
19 이와 같은 형국 속에서 지금 너희들이
구원을 받고자 하는 것이니라.
20 이와 같은 것을 깨달은 나의 아들이
요, 나의 아들에게 선택된 백성, 너희
들은 그들을 구하여야 함이 너희들의
대명임을 알아야 할 것이니라.
21 너희들이 그와 같은 자를 구원하며 그
들을 인도함에 있어서 고통의 시련을
고통이라 생각하며 오늘의 삶을 고통
스럽게 생각하는 그와 같은 삶을 살아
서는 아니 되는 것이니,
22 너희들은 이보다 천배 만배 더한 고통
속에 있더라도 지금 착각 속에 살아가
는 너희 형제요, 만백성을 구하는 데
최선을 다하여야 함을 잊지 말아야 할
것이니라.
23 지금 너희들은 진정한 믿음의 종교요,
하늘에 오르는 길을 가는 백성으로 가
르치고 인도함이 아니요, 너희들 인간
세상의 모임의 집단으로써 만들고 있
으니,
24 그러면서 그 위에 종파의 이름을 붙여
그들을 끌고 가고 있는 것이 지금의
형국이니라.
25 지금 수천 년 동안 내려오면서 믿음의
길이요, 하늘에 오르는 길이라 하여
백성을 가르친다는 것은 너희들이 나
의 성령이요, 나를 중심으로 하여 깨
우치며 참진리를 연구하여 하늘에 오
르는 길을 인도하는 집단으로 육성함
이 아니요,
26 너희들이 인간으로써 만든, 인간의 하
나의 모형체로써 만들어 그 위에다 무
슨 종파라는 종파의 이름을 대 나 여
호와요, 우리 부자의 이름을 팔아먹고
그들을 끌고 가는 것이 너희들이며,
27 그리하여 하늘에 쌓는다 하여 재물과
금화와 은화를 거둬들임이니, 너희들
은 여기서 깨우쳐야 할 것이니라.
28 나의 아들이 금화와 은화요, 가진 자
를 위하여 기도했으며 가진 자를 위하
여 설법했던가?
29 너희들은 그렇지 아니한 성서에 기록
된 가르침을 다시 한 번 돌이켜 보아
야 할 것이니라.
30 지금 너희들이 인간의 모임의 집단을
가지고 하늘에 오르는 길이라 안내하
며 그리 가르치고 있음이니,
31 그것이 바로 너희들은 인간 세계에서
육을 벗어나지 못하며 인간 세상의 집
단 속에서 허우적거리고 있음이니,
32 지금 내가 너희들에게 무어라 말하였
는가?
33 지금 종교 지도자들의 가르침이요, 그
속에 얽매여 그곳에서 깨어나지 못하
고 탈피하지 못하는 자, 너희들이 병
들어서 팔다리가 떨어져 나가 있으며,
쉴 새 없이 전염병에 걸려 너희 가족
들과 너희 후손들까지도 다 죽음의 길
로 가고 있으며,
34 지금의 믿음의 형태가 팔다리가 다 떨

어져 썩어 그 냄새가 진동하니 그를
내가 맡기가 역겹다 하는 것이 지금의
세상이라 하였으니, 이 이치를 깊이
깨우쳐야 할 것이니라.
35 내가 이와 같이 무서우리만큼 나의 법
전에 기록하여 하늘의 이치요, 하늘의
뜻을 너희들에게 가르침이니,
36 지금 너희들의 믿음의 가는 길이 팔다
리가 썩어지고 너희 육신이 전염병에
걸려 악취가 나 내가 그를 역겨워 맡
을 수 없다는 이 무서운 가르침을 너
희들이 소홀히 들어서는 아니 될 것임
을 알라.

3,914 번째 하나님 말씀

2002년 11월 12일 20시 15분

1 사랑하는 나의 아들아!
2 "네, 아버님! 말씀하옵소서."
3 하늘에 오르는 길이요, 너희들이 믿음
을 갖는 것은 가장 행복한 길이며 가
장 편안한 길로써 오는 것이라 하였음
이니라.
4 너희들처럼 울고불고 장구 치고 북 치
며 나팔 불며 그와 같이 소란을 떨며
소원하고 부르짖는다 하여 그것이 구
원의 길에 오는 것이 아님이니라.
5 많은 재물을 바치며 너희들의 손으로
지은 성전에 너희 가족들의 이름까지
기록해 놓으며 너희 명패를 남기는 그
와 같은 요란한 짓을 하고 하늘에 오
르는 것이 아니요, 그것이 구원을 받
음이 아님을 너희들은 알아야 할 것이
니라.
6 정녕 하늘에 오르는 길이요, 진정한
믿음의 길이란
7 너희들이 하늘에는 나 여호와가 존재
함을 알며, 내가 존재하여 너희들을
다스린다는 것을 알며,
8 그리고 너희들이 세상에 나온 것을 감
사하는 기도로써 그 경배의 기도를 하
며, 그 은혜에 감사하는 생각을 가지
고 살아가는 그것이 하늘에 오르는 길
이요, 근본이거늘,
9 그와 같은 간단한 이치 하나를 너희들
이 몇천 년이 흐르는 속에서 깨우치지
못하며, 울고불고 소리 지르며 재물을
바치며 역사하는 그와 같은 속에서 너
희들이 진정 하늘에 오르는 길이요,
참진리를 보는 것같이 그리 세뇌시키
고 그리 끌고 감이니,
10 그게 오도방정이요, 나를 욕되게 하는
것임을 너희들은 알아야 할 것이니라.
11 하늘에 오르는 길은 간단하니라.
12 참진리요, 너희들이 살아가는 진리란
무엇이던가?
13 질서를 지키며 작은 질서를 파괴하지
않고 지키며 살아가는 것이 곧 나의
뜻이요, 하늘에 오르는 길이요, 하늘
나라 창조주의 뜻이요, 내 생각임을
너희들은 믿어야 할 것이며,
14 그것이 진정한 나에게 오르고자 하는
믿음의 길임을 알아야 할 것이니라.
15 지금 너희들이 그와 같이 요란을 떨며
울부짖으며 광란의 짓을 하고 가는 그
믿음이요,
16 그리고 너희 마음의 부담이요, 정신적
인 부담이요, 그 고통을 주면서 너희
들이 재물을 바쳤으니 그 재물을 바친
것만큼 무엇인가를 얻겠다는 장삿속

과 같은 마음으로 너희들이 아비규환
의 그와 같은 형국으로 가는 것은 너
희들 스스로 인간관계의 거래하는 마
음이요,
17 너희들 인간 세상에서 임의로 너희들
이 규정을 만들어 놓은 것이며, 나와
는 아무런 관계도 없이 너희들이 만들
어 놓은 그 계명을 지키고 그대로 행
하며 살아가는 것이니,
18 너희들의 아무리 큰 집단이요, 아무리
요란을 떠는 집단이라 해도 그 집단의
형태는 나와 아무런 관계가 없음이니
라.
19 그리하여 너희들이 지금 믿고 하늘에
오르는 길이라 하여 달려가는 집단이
요, 그 형태는 나와는 아무런 관계도
없는 믿음의 형국인 것을,
20 그 실체를 바라보고 지금이라도 바로
깨우쳐 나의 법전을 가슴에 안고 정독
하여 하늘에 오르는 참진리의 길을 찾
도록 하라.
21 그것만이 너희들이 구원을 받을 수 있
는 길이니라.
22 너희들이 하늘에 오르는 길은 가장 즐
겁고 행복한 길이라 하였음이니라.
23 어린아이들이 해질 무렵에 지는 해를
보며 동요를 부르듯이 그와 같은 마음
으로써 오는 길이 믿음이요,
24 너희들같이 꽹과리 치고 북 치며 소리
치고 요란하게 남들 앞에서 악을 쓰며
눈물로써 소리 지르며, 그리고 '아멘!
할렐루야!'를 찾으며 헌금을 많이 바
치는 자 축복을 받으며, 하늘에 올라
가는 길이요, 복음을 전하기 위해 재
물을 바쳐야 된다 그리 결론짓는 그와
같은 너희들의 사기극으로써는 하늘
에 오를 수 있는 길이 아님을 알라.

3,915 번째 하나님 말씀

2002년 11월 12일 20시 23분

1 사랑하는 나의 아들아!
2 "네, 아버님! 말씀하옵소서."
3 너희들이 구원을 받으며 하늘에 오르
는 그 역사를 얻고자 하며 그를 이루
고자 영원히 사는 나의 나라의 내 옆
에 와 너희들이 존재하고자 함은 너희
들의 믿음의 자세부터 바꾸고 그 뜻을
알아야 할 것이니라.
4 하늘에 오르고자 믿음에 매진하는 나
의 백성 너희들은 들어야 할 것이니라.
5 너희들이 하늘에 오르며 구원을 받는
것은 나 여호와의 계명으로써 너희들
을 깨우치고 전하고자 하는 그 뜻과
나의 법전에 기록하여 너희들이 행하
고 살며 실천하고 살아야 할 것을 내
가 전하는 뜻을 알며, 그 요구대로 살
아가며 그 속에 기록되어 있는 내용을
충실히 행하고 순종하는 그 속에서 너
희들이 살아갈 수 있음을 알라.
6 나의 법전에 기록하여 너희들에게 전
하는 것이 무엇이던가?
7 사랑을 베푸는 속에서 작은 도덕적인
행위를 위배하지 아니하며, 도덕적인
행위요, 한 점의 부끄럽지 않은 그와
같은 삶을 살아가는 것이 너희들의 기
본자세요, 하늘에 오르는 형태가 갖추
어지는 것이며 하늘에 오르는 길을 볼
수 있는 영광을 얻게 됨이라 내가 너
희들에게 말하였으며 그리 깨우쳐 주

었음을 잊어서는 안 됨을 알라.
8 너희들이 정녕 구원을 받고자, 하늘에
오르고자 한다면, 너희들은 나의 계명
에 의하여, 나의 법전에 기록하여 전
하는 내용을 깨우쳐 그리 행하고 실천
하며,
9 가장 작은 도덕적인 어떤 의무를 행함
에 있어서 주저하지 아니하며, 남에게
한 점 부끄러운 행위를 하지 아니하고
사는 그것이 기초임을 알아야 할 것이
니라.
10 하늘에 오르고자, 구원을 받고자, 천
국의 문을 들어서고자 몸부림치는 자,
내가 너희들에게 말했듯이 가장 작은
도덕적인 것을 지키지 아니하며 행하
지 아니할 때,
11 너희들은 견디지 못하고 악마에 의하
여 무너지게 된다는 것을 잊어서는 아
니 될 것이니라.
12 너희들이 본연의 인간의 마음에서 도
덕적인 작은 것도 흐트러지는 것을 용
서하지 않는 마음으로 살며,
13 나의 계명이요, 십계명에 내린 내용대
로 목숨을 바쳐 지키고 살아가고자 하
지 아니하면, 너희들은 항상 무너짐을
알아야 할 것이니라.
14 그와 같은 마음과 그와 같은 속에서
살아갈 때 너희가 추구하는 구원을 받
을 수 있는 것이며, 너희들이 하늘에
오를 수 있는 것을 알게 됨이니,
15 너희들이 이를 행하지 아니하고는 그
의미를 알 수 없으며 그 뜻을 알 수 없
음을 알아야 할 것이니라.
16 너희들은 작은 질서를 파괴하지 아니
하며 작은 도덕적인 의무를, 남에게
부끄럽지 않은 삶을 살라 내가 말하였
으나, 너희들이 어찌 살아가는가?
17 그와 같은 의무를 지키려 하지도 아
니하며, 그와 같은 것을 의식하지 아
니하며 무시하며 살아가는 것이 너희
들이 아니던가?
18 너희들은 작은 질서를 지키며 사랑을
베풀며 살라 내가 너희들에게 그리 말
하여 가르쳤으나,
19 이웃을 사랑하기를 네 몸처럼 사랑하
는 그와 같은 마음으로 살라 하였거
늘, 이웃을 사랑하기는 고사하고 너
희 자신에게도 너희 형제도 사랑하지
못하고 살아가는 것이 너희들이며,
20 어렵고 힘들 때 이웃을 탓하며 형제를
탓하며 증오하는 그와 같은 마음으로
살아가는 것이 지금의 너희들의 형태
가 아니던가?
21 너희들은 정녕 그와 같은 방법으로써
는 아무것도 얻을 수 없음을 알라.
22 너희들이 사랑하는 그 마음속에서 남
을 네 몸과 같이 사랑할 때, 너희들이
평화적인 삶의 생활 속에서 모두가 다
아름다운 모습으로 살아갈 수 있는 것
이거늘,
23 너희들은 이와 같은 기본 질서요, 평
화를 유지하며 사랑을 베풀며 살아가
는 그와 같은 세상의 집단으로 이끌어
가는 것이 아니니라.
24 너희들의 소수의 집단이나 개인이나
큰 단체를 막론하고 너희들은 남을 생
각하지 아니하며 저희들의 이익만을
생각하며,
25 저희들의 이익을 위해서는 사람이 죽
고 사는 전쟁을 유발하며 그 전쟁을

치름에 조금도 두려워하지 아니하고
행하는 것이 지금 너희들 인간의 형태
이며, 만백성을 지도하고 이끌어 간다
는 너희들이 하는 작태임을 알아야 할
것이니라.
26 너희들은 네 몸과 같이 이웃을 사랑하
며 살아가는 것이 근본이요, 질서라
하였거늘,
27 이웃을 사랑하기는 고사하고 개인이
나 소수의 집단이나 대집단 또한 저희
들의 이해관계를 위해서 내가 내린 생
명을 죽이고 살리는 그와 같은 전쟁도
불사하고 만들어 치르는 것이 지금 사
악한 나의 백성을 끌고 가는 형국이며
지금의 너희들이 살아가는 이 지상의
형태이니라.
28 내가 내려 준 이 아름다운 지상에서
너희들이 서로 죽고 사는 전쟁도 너희
들의 작은 이해관계 때문에 불사하는
그와 같은 형국으로 살아가는 것이 너
희들이니,
29 너희들이 어찌 이웃을 사랑하며 내가
내린 그 생명의 존귀함과 귀중함을 알
겠는가?
30 그 자체까지도 너희들이 망각하고 사
는 것이니, 차라리 말 못 하는 짐승들
은 내가 내려 준 자연 속에 사는 것을
감사하며 순종하며 살아가니 그들만
도 못한 것이 너희들이라면 과연 어찌
하겠는가?
31 너희들은 이와 같은 이치를 깨우쳐야
할 것이니라.

3,916 번째 하나님 말씀

2002년 11월 12일 21시 31분

1 사랑하는 나의 아들아!
2 "네, 아버님! 말씀하옵소서."
3 너희들이 인생을 살아가면서 가장 갈
구하고 원하는 것이 무엇이더냐?
4 육의 삶에 고통의 그 시간보다도 하늘
에 와 너희들이 영원히 사는 그 세계
에 너희들이 지은 죄의 대가를 받으며
구원을 받지 못함을 가장 두려워하며
무서워하지 아니하는가?
5 그리하여 그 모두를 다 깨우쳐 주며
그와 같은 길을 벗어날 수 있는 나의
법전이요, 나의 뜻을 너희들에게 전함
이니,
6 나의 성령으로써 법전이라 하여 내려
보내는 나의 책이요, 나의 아들을 통
하여 내리는 그 강론을 듣는 너희들이
얼마나 소중하고 귀한 백성인가, 얼마
나 축복받은 자인가 한 번 생각해 봐
야 하지 아니하겠는가?
7 나의 피조물 만백성이 수천 년 동안
수억의 인구가 살아가면서 구원의 길
이 무엇이며 하늘에 존재하는 것이 무
엇이며 너희들이 하늘에 오르는 길이
무엇인지 그것을 모르고 사는 백성이
있는가 하면,
8 그 길을 위하여 평생을 다 바치고 울
부짖어도 그들이 지옥으로 가는 길을
달려가며 정녕 하늘에 오르는 길을 가
지 못한다 할 때,
9 너희들은 나의 성령의 가르침을 직접
들으며 또한 내가 성령으로써 내려보
내 나의 아들이 이를 받아 '하늘에 오

르는 길'이라 하여 이 책으로써 너희
들이 접함이니, 이를 읽고 깨우치는
너희들이 얼마나 축복이며 크나큰 영
광인가를 알아야 할 것이거늘, 그를
모르고 사는 자가 되어서는 아니 됨이
니라.
10 너희들이 그와 같은 영광과 감사함을
안다 하면, 오늘의 시련이요, 오늘의
고통을 너희들이 힘을 합쳐 모두를 다
역사하는 그와 같은 사랑하는 마음으
로써 모두가 이루어져 나가야 함을 알
아야 할 것이니라.
11 사랑이란 자신의 고통 이전에 이웃의
고통이요, 형제의 고통을 먼저 바라다
볼 수 있으며 그를 위해 희생하고 봉
사할 수 있는 것이니,
12 그와 같은 마음을 가지지 아니한 자,
정녕 사랑을 베푸는 자가 아니며 사랑
이라는 것을 모르는 자이니라.
13 너희들이 배고플 때 한 그릇의 밥을
놓고 정녕 제가 먼저 먹을 수 있는 마
음이라면 그게 사랑이고 나누며 베풀
며 사는 것이던가?
14 그것은 아니니라.
15 그와 같이 너희들이 단 하나의 소중함
을 놓고 누가 갖느냐 그를 선택할 때
제가 취하지 아니하고 남에게 줄 수
있는 그 마음이야말로 너희들이 말하
는 아름다움이요, 천사와 같은 마음이
요,
16 그와 같이 사는 자, 주변에 있는 백성
들로부터 천사요, 하늘에서 온 자라
칭송을 들을 수 있음이니,
17 그와 같은 마음의 변화 속에서 너희들
이 살아가야 함을 잊지 말라.
18 그와 같이 살아가는 것이 사랑이요,
나눔이요, 진정 남에게 보여 줄 수 있
는 자요, 나의 법전을 읽고 깨우친 백
성이 행하여야 할 길이며 살아가는 길
임을 잊어서는 아니 될 것이니,
19 몸소 남들이 행할 수 없는 것을 행하
며, 남들이 줄 수 없는 것을 주며, 남
들이 베풀 수 없는 것을 베풀며, 남들
이 감히 생각할 수 없는 것을 역사할
수 있는 그와 같은 마음을 가지고 사
는 것이 너희들이 나의 뜻에 의하여
하늘에 오르는 길을 오고 있음임을 알
아야 할 것이니라.

3,917 번째 하나님 말씀

2002년 11월 12일 21시 35분

1 사랑하는 나의 아들아!
2 "네, 아버님! 말씀하옵소서."
3 진정한 믿음의 길을 인도하며 나로부
터 선택된 지도자라 하면, 너희들은
진정 나로부터 몇 가지 명을 받으며
너희들이 지켜야 함이 있음을 알아야
할 것이니라.
4 나로부터 선택된 지도자요, 나로부터
명을 받아 만백성을 구하는 종교 지도
자 너희들은 정녕 살아감에 너희들이
행하는 것이 성역화하여 살아가는 것
을 보이는 것을 부끄럽게 생각하며,
5 너희들을 완전한 성역화로 이루어 너
희들의 살아가는 행동이요, 행하는 것
을 보여 주지 아니하며 많은 백성이
보지 못하도록 그와 같은 행위를 하고
살아가는 것이 진정한 종교 지도자로
서 행하여야 할 것이 아님이니라.

6 나로부터 진정 선택된 지도자요, 만백
성을 구하는 선지자로서, 또는 지도자
로서 나에게 선택된 자는 살아가는 생
활에 대하여 비판받는 것을 두려워하
지 아니하며,
7 너희들이 생활하는 그 모두를 스스로
비판받는 것을 허락하며, 거기에 맞추
어 하나도 손색없이 모두를 다 보여
주는 그와 같은 삶을 살아가는 것이
진정 나로부터 선택된 백성임을 알아
야 할 것이니라.
8 참진리의 길을 가르치며 하늘에 오르
는 길을 가르친다 하는 나로부터 선택
된 백성은, 저 자신이 살아가며 행동
하는 그 모두를 많은 백성으로부터 심
판을 받으며 저를 따르는 신도들로부
터 제가 비판을 받을 수 있는 그와 같
은 문을 열어 놓지 아니하고 개방해
놓지 아니한 자, 그는 진정 나로부터
선택된 자가 아님이니라.
9 저희들 자신을 성역화하여 저희들이
사는 것을 보여 주지 아니하며, 만백
성은 저희들이 하는 것을 시시비비할
수 없으며 저희들을 비판할 수 없다
그리 가르치는 자, 그는 진정한 지도
자가 아니며 나로부터 선택된 자가 아
님을 너희들은 알아야 할 것이니라.
10 이제 너희들은 깨우쳐야 할 것이니라.
11 과연 너희들이 속해 있는 하늘에 오르
는 종교 집단이라는 곳이 과연 너희들
에게 비판받기를 원하며, 비판할 수
있는 기회를 주며, 질문할 수 있으며,
갑론을박하고 따질 수 있는 기회를 주
고 있는가?
12 그와 같은 것을 주지 않는 자, 진정한
하늘에 오르는 백성을 가르칠 자격이
없는 자며, 나로부터 선택된 지도자가
아님을 너희들은 알아야 할 것이니라.
13 너희들은 이와 같이 내가 법전에 기록
하여 만백성을 깨우치는 그 뜻을 알아
야 할 것이니라.
14 형체를 가진 인간 너희들은 완벽한 신
이 될 수 없으며 신과 같이 변화될 수
없기에 살아가면서 오차를 이루며 또
는 착오를 범하느니라.
15 다만, 그것을 잘못된 것이며 죄로 인
식하여 고치고 변화되는 삶을 살아감
으로 인하여 너희 노력에 따라 너희를
거두어들이고 안 거두어들이는 것은
나의 뜻이니,
16 너희들은 완벽한 인간으로 서기가 어
렵기에, 살아가면서 모두를 만백성에
게 너희들이 비판을 받으며 그로부터
점검을 받으며 그로부터 시시비비를
받으며 너희들이 잘하고 잘못함을 점
검받는, 그와 같이 모두를 열어 놓고
사는 종교 지도자가 아니라면 나로부
터 선택된 지도자가 아님을 너희들은
이 시간부터 그리 알아야 할 것이니라.

3,918 번째 하나님 말씀

2002년 11월 12일 21시 43분

1 사랑하는 나의 아들아!
2 "네, 아버님! 말씀하옵소서."
3 한 사람의 조각가가 하나의 작품을 만
들기 위하여 단단한 쇠붙이를 하나하
나 도려내며 단단한 바위요, 돌을 하
나하나 도려내어 정성스럽게 그 역사
를 이룸이니,

4 그가 얼마나 공과 정성을 들여 하나의 작품을 만들어 내는가?
5 도자기를 만든다는 그 공예사는 얼마나 정성을 쏟아 그것을 만들어 내는가?
6 너희는 그들을 보지 아니하였는가?
7 그들이 온갖 정성을 다하여 그 공예품을 만듦이니, 그가 제 마음과 뜻대로 만들어지지 아니하였을 때, 온갖 정성을 들인 그것을 다 파괴해 버리고 그는 다시 앉아 정성과 열과 성의를 다하여 그 공예품을 또 만드느니라.
8 그것뿐이더냐?
9 외줄을 타는 곡예사요, 너희들을 경탄하게 하는 그 곡예사의 노력함은 어떠하던가?
10 너희들의 경탄의 소리를 자아내는 그 묘기를 보여 주기 위하여 그 곡예사는 얼마나 피눈물나는 노력과 연구를 하여 그와 같은 결과로써 너희들에게 보여 주는가?
11 만백성을 구하며, 창조주인 나로부터 나의 음성을 들어 나의 법전을 만들어 만백성을 구하는 너희들이 그와 같은 마음 자세도 되지 아니한다면 어찌하는가?
12 너희들은 공예사가 그 하나의 도자기를 만드는 데 온갖 정성을 다 쏟고 또 쏟는 것처럼 그보다 열배 백배 더한 마음으로 나의 법전을 접하며 이를 만들어 세상에 전하여야 하거늘,
13 너희들이 가는 길이 어렵다 힘들다 하여 고개 숙여 나를 원망함이니, 과연 그러고도 나로부터 선택된 백성이요, 만백성을 구하는 그 역사를 이루는 나로부터 명받은 자식이요, 아들딸이라 말할 수 있겠는가?
14 너희는 나로부터 선택된 나의 아들이요, 딸이니라.
15 내가 나의 아들이요, 딸이라 선택된 너희들에게 특혜를 주며 편안함을 준다 하면, 과연 공의의 하나님이라 내가 말할 수 있겠는가?
16 너희들은 가는 이 길이 어렵고 힘들다 불평하지 말며 게을리하지 말아야 할 것이니라.
17 나의 성령을 받아 기록하는 나의 아들이요, 또 이를 받아 책으로 만들어 만백성을 구하는 역사를 하며 이를 가지고 만백성의 손에 쥐여 전해 주는 너희들이,
18 공예사가 온갖 정성을 다 들여 만드는 것보다도 열배 백배 피와 땀을 쏟아 그를 만들어 만백성을 구하는 그 길이 즐거움이요, 영광이라 생각하고 가지 못하겠는가?
19 어찌하여 너희들은 힘들다고 중단하며 나의 법전을 읽고 강론을 들으러 오는 길이 힘들고 어렵다 하여 그를 중단하며 나의 성전을 찾지 않는 그와 같은 백성이 있으니,
20 하나의 작품을 만드는 공예사의 마음보다도 못하며 그 정성보다도 못한 마음을 가지고 너희들이 하늘에 오르겠다 그리 말함이니,
21 그러고도 과연 너희들이 나로부터 선택된 백성이며 창조주인 나의 아들과 딸이라 감히 말할 수 있는가?
22 창조주요, 이 세상을 주관하는 나 여호와가 너희들을 나의 아들이요, 딸이라 하였으니, 창조주의 아들과 딸들이

과연 어찌 견디어야 할 것인가?
23 너희들이 조금 어렵고 힘들다 하여 물러나며,
24 나의 성전에 오는 것을 게을리하며 나의 성령을 듣는 것을 게을리하며 나의 법전을 읽는 것을 게을리하는 그와 같은 나의 아들과 딸들이라면, 과연 창조주 나의 마음이 얼마나 아프고 저려오겠는가?
25 어찌하여 너희들은 그 뜻 하나도 모르며, 그 외에 무슨 이유가 필요하며 거기에 어떠한 변명이 필요하던가?
26 곡예사만도 못하며 공예사만도 못하며 하나의 작품을 만들고자 손이 터지고 부르트도록 망치질을 하여 작품을 만드는 작가의 마음만도 못함이니,
27 그들보다 열배 백배 천배 더한 애정을 가지고 애절한 마음으로 역사할 수는 없겠는가?
28 그와 같은 마음으로 너희들이 나의 법전을 접하며 이 법전을 만들어 만백성에게 전하는 그 정성이 아니라면, 너희들이 바라고 생각하는 그 뜻은 이루어질 수 없음을 알아야 할 것이니라.

3,919 번째 하나님 말씀

2002년 11월 12일 21시 49분

1 사랑하는 나의 아들아!
2 "네, 아버님! 말씀하옵소서."
3 너의 제자들에게 일깨워 주라.
4 나의 아들 예수가 어찌 갔는가?
5 그는 스스로 죄인이라 생각하는 자, 그리고 사회적으로 소외된 자, 불쌍한 자, 부족한 자, 아무것도 내놓을 수 없고 보일 수 없는 그러한 자들을 위하여 기도했으며 그들을 구원하기 위하여 애를 썼음이니라.
6 특별한 사람이요, 특별 계층에 있는 사람들을 위함이 아니요, 대중 속에 살아가며 남에게 보일 것 없으며 내놓을 것 없으며 남 앞에 가진 것 없어 자랑하지 아니하는 그와 같은 백성을 위하여 그는 기도하고 그들을 위하여 살아갔음이니라.
7 그러나 지금의 너희들의 형국은 어떠하던가?
8 과연 너희들이 그러한 마음으로써 기도하며 그들을 위하여 나에게 축복의 기도를 드리는가?
9 어렵고 힘든 자, 죄지은 자, 부족한 자, 그리고 깨닫지 못한 자를 위하여 지금의 종교 집단 너희들은 기도하는가?
10 너희들이 더 무엇인가를 이루기 위하여, 너희 소원을 위하여 기도하고 바라지는 아니하는가?
11 제 가정만을 위하여, 제 자식만을 위하여 기도하는 것은 아닌가?
12 종교 지도자 너희들은 너희에게 많이 갖다 바친 자, 금화와 은화를 많이 낸 자, 그와 같은 자들을 더 생각하여 그들을 위하여 기도하고 경배하지는 아니하는가?
13 너희들의 그 깨달음을 알아야 할 것이니라.
14 나의 아들 예수가 나의 백성을 깨우치던 그 시대에도 그들이 이삭을 주워 배를 채우는 것을 안식일에 행한다 하여 그를 핍박하였으며,

15 어렵고 힘든 병든 자를 안식일에 고친
다 하여 그를 핍박하는 그와 같은 것
이 종교의 믿음이었으며,
16 그 당시 믿음의 길에 매진하여 만백성
을 구하고 인도한다는 자들이 나의 아
들 예수를 핍박했던 것이 그때의 정황
이니라.
17 지금이라 하여 너희들이 과연 다른 것
이 무엇이 있는가?
18 과연 나의 아들이 행했듯이 어렵고 불
쌍한 자를 위하여 기도하는 그와 같은
종교 집단이 있는가?
19 너희들은 여기서 깨우쳐야 할 것이니
라.
20 그와 같이 행하지 아니하는 자, 그와
같이 역사하지 아니하는 자, 그리고
안식일에 병자를 고치며 안식일에 일
하며 안식일에 사람과 대화했다 하여
그를 이단이요, 사탄이요, 사악한 자
라 몰아붙였던 그 당시 믿음의 길을
가는 자들과 지금의 너희들이 다른 것
이 과연 무엇이 있는가?
21 너희들은 그와 같은 이치를 깨달아 너
희 스스로 오늘의 믿음을 점검해 보고
다스려 보아야 할 것이니라.
22 사랑하는 나의 아들아!
23 나의 아들 예수가 어찌했는가?
24 불쌍한 자를 위하여 기도하며 가진 것
없는 자를 위하여 기도하였으며, 그들
과 더불어 그들을 깨우쳐 주며 그들의
눈을 뜨게 하고자 하며 그들이 구원을
받도록 하지 아니하였던가?
25 지금 너를 따르며 너를 따라 무엇을
이루고자 하는 너의 제자들이 부족하
다 생각하지 말며, 그들이 결코 남에
게 뒤진다 생각하지 말라.
26 예수가 기도했던 자들, 죄인이요, 보
잘것없는 속된 자요, 소외된 계층 그
들을 위하여 기도하고 그들의 마음을
달래어 그들을 구원의 길로 인도했던
것이 나의 아들 예수가 역사했던 것이
니,
27 지금의 너의 제자들을 그들에 비할 수
있는가?
28 너의 제자들은 하나도 부족함이 없는
자임을 너는 알아야 할 것이니라.
29 있는 자, 가진 자가 나의 성령을 듣는
것을 나는 원하지 아니하느니라.
30 권력 있는 자, 재물을 가진 자, 오만한
자, 그와 같은 자들이 나의 성령을 듣
고 깨우치는 것을 나는 원치 아니함이
니라.
31 내가 정녕 원하고 바라는 것은 어렵고
가난한 자들, 대중 속에서 대중과 같
이 살아가는 평범한 나의 백성들, 순
박하게 살아가는 백성들이 스스로 깨
우쳐 하늘에 오르는 그 역사의 길을
열어 주고자 하는 것이 나 여호와이
며, 내가 역사하고자 함임을 너희들은
알아야 할 것이니라.

3,920 번째 하나님 말씀

2002년 11월 12일 21시 55분

1 사랑하는 나의 아들아!
2 너희들은 가난함이 죄가 아니니라.
3 그리고 너희들이 권력이 없다 하여 부
끄러워할 것이 아니며, 또한 남들처럼
재물을 많이 갖지 아니하여서 부끄러
워할 것이 아님을 알아야 할 것이니라.

4 너희들이 비록 가진 것 없으며 남에게 보여 줄 것 없고 내놓을 것 없는 가난한 자라 할지라도, 가난한 그 삶에서 죄를 짓지 아니하고 나의 계명에 따라 살아가고자 한다면,

5 너희들이 그와 같이 산 대가는 반드시 너희들에게 열배 백배 더한 행복이요, 축복과 영광이 있다는 것을 알아야 할 것이니라.

6 아무리 재물을 가진 자요, 부귀와 영화를 가진 자라도 그가 죄를 짓고 산다 하면, 그는 머지않아 지금에 배부르고 부를 누리며 산 것만큼 그 몇십배 굶주리며 고통스러운 삶을 살게 되어 있음을 너희들은 알아야 할 것이니라.

7 비록 가난하여 가진 것 없다 하여도, 베풀며 죄짓지 아니하고 살며 나의 계명대로 사는 자에게 축복과 영화가 있음을 알아야 할 것이니라.

8 권력을 가진 자가 그 힘을 남용하며, 그를 가지고 만백성을 위하고 사랑하는 마음으로 살아가지 아니하고, 그것을 제 나름대로 인간의 욕심에 의하여 사용했을 때,

9 그는 반드시 그보다도 더 비참한 몇십배의 고통 속에서 살아가는 그와 같은 삶의 대가를 치른다는 것을 너희들은 알아야 할 것이니라.

10 지금 너희들이 나의 법전을 보고 나의 성령을 듣고자 나의 성전에 와 공부하며 이를 보고 깨우쳐서 그를 깨닫지 못하는 만백성을 보고 안타까운 마음을 가지나, 그들은 도리어 너희에게 무어라 말하느냐?

11 너희를 불행한 자라 하며 이단에 빠진 자요, 사탄이요, 사악한 자요, 마귀라 욕하고 저주하니,

12 너희들이 그와 같은 억울한 누명을 쓰고 살아가며 오늘의 고통 속에 헤매나, 너희들에게는 그 받은 만큼 그 이상의 축복과 영광이 하늘나라의 나로부터 있다 하였음이니, 너희들은 두려워하지 말며 겁먹지 말라.

13 남이 너희들을 보기에 불쌍한 자로 보이며 이단이요, 사탄이라 말할지언정 너희들은 오로지 나의 법전을 읽고 깨우쳐 그를 전하는 데 모두를 다 바치라.

14 나의 법전을 보지 못하는 백성이 너희를 불쌍해하듯이 그들이 그와 같이 불쌍한 자이니라.

15 그들이 보는 너희들이 불쌍한 것이 아니요, 너희들이 보는 그들이 사탄이요, 잘못된 자임을 알아야 할 것이니라.

16 너희들이 하늘나라의 나에게 왔을 때 크나큰 영광과 상은 감히 생각할 수 없음이니,

17 오늘에 너희 육의 세상의 시련과 그 힘들고 어려운 고통을 행복으로 생각하며 살아가라.

18 그리하여 너희들이 정녕 그와 같이 버티기가 어렵고 힘들며 견디기 어렵거든, 나의 아들 예수가 그 제자들과 살아갔던 삶을 생각해 보라.

19 이삭을 주워 배를 채웠으며 배가 고파 들판에 있는 곡식의 목을 잘라 비벼서 그 배고픔을 면했던 그들, 그와 같은 그들에게도 내가 부귀와 영화나 권력

이나 재물이나 남들이 누리는 것을 주
지 아니하였거늘,
20 어찌하여 너희들은 그들보다 더 받고
자 하며 더 얻고자 감히 그와 같은 생
각을 하는가?
21 그와 같은 생각을 버려야 할 것이니라.
22 내가 나의 아들 예수와 그 제자들에게
고통을 주며 시련을 주었으며 그 어려
운 삶 속에서 그들이 살아가도록 했었
음이니,
23 그때를 생각한다면 너희는 정녕 오늘
의 나 여호와에게 불평할 수 없으며,
나의 선지자가 너희들에게 축복과 영
광의 기적을 이루지 아니한다 하여 그
를 원망하는 마음을 가져서는 아니 될
것이니 그리 알라.

3,921 번째 하나님 말씀

2002년 11월 12일 23시 30분

1 사랑하는 나의 아들아!
2 "네, 아버님! 말씀하옵소서."
3 이 세상 창조주인 나 여호와의 음성을
직접 들으며, 내가 직접 너희들에게
성령을 내려보내어 책으로 만들어 그
를 읽고 깨우쳐 하늘에 오르도록 내가
명함이니,
4 그를 받아 듣고 기록하는 자가 이 세
상에 둘도 아니요, 하나밖에 없음이라
내가 말하였음이니라.
5 지금 네가 나의 성령을 받아 책으로
만드니, 이것을 읽고 깨우치는 자만이
심판을 받을 수 있으며 그 자격이 있
다 내가 그리 말하며, 이게 너희들이
구원을 받는 길이라 말하나,
6 지금의 믿음의 길을 가는 백성들은 과
연 어찌 생각하는가?
7 그들은 이를 들으려 하지도 아니하며
믿으려 하지도 아니하며, 지금 나의
성령을 직접 듣는 너를 미친 자요, 정
신이상자라 그리 말한다 내가 너희들
에게 말하였음이니,
8 이와 같이 답답하고 어려운 속에서 너
희들이 만백성을 구하고자 가는 길이
그리 어렵고 힘듦이니라.
9 나의 아들 예수가 직접 세상에 나가
기적을 이루며 앉은뱅이를 일어서게
하며 죽은 자를 살게 하며 병든 자를
고쳤으나, 그들도 그리 믿지 아니하였
음이니,
10 그게 얼마나 사악한 마음의 형태인가
를 너희들은 알아야 할 것이니라.
11 그 시대의 백성들이 오죽하면 그와 같
이 나의 아들 예수를 십자가에 못박아
죽게 하였으며, 도둑과 그를 놓고 과
연 누구를 선택하겠느냐 물을 때,
12 나의 아들이요, 창조주 나를 대신하여
내려간 예수를 죽도록 하며 도둑을 살
려 달라 그리 말한 것이 그 백성이었
음이니,
13 너희들이 그러고도 구원을 받을 수 있
으며 정녕 하늘에 오르는 길을 볼 수
있으며 갈 수 있는 후손이며 백성이라
생각하는가?
14 창조주 나의 아들인 그가 너희들에게
설법하고 가르치기를, 도둑질하라 가
르친 것이 없으며 사악한 짓을 하라
가르친 것이 없음이니라.
15 오로지 아름답게 살며 사랑을 베풀며
하늘에 오르는 축복을 받으라 하여 너

희들에게 진리요, 참빛을 가르친 나의
아들 예수며,
16 그는 정녕 나의 아들이라 그리 말하며
너희들에게 많은 기적을 역사하였느
니라.
17 그러나 그와 도둑, 두 사람을 놓고 둘
중에 너희들이 손들어 주는 자 하나를
살린다 할 때,
18 너희들을 구원하고자 아름답고 고운
말을 전한 나의 아들 예수를 선택하지
아니하여 그를 죽도록 했으며, 도둑이
요, 사악한 자를 선택하였으니,
19 너희들이 얼마나 인색하며 냉혈동물
같이 찬 인간들인가?
20 너희에게 피해를 주지 아니하며, 너희
에게 기적을 이루고 많은 생명을 구원
하며 앉은뱅이를 일어서게 하며 눈먼
자를 눈 뜨게 하는 그와 같은 역사를
이룬 그를 죽도록 했으며,
21 도둑질하고 사악한 짓을 한 자를 살려
달라 그리 애원하고 부탁한 것이 너희
들이며 그 당시 종교의 믿음을 가졌던
자들이니라.
22 지금의 너희들은 또 어떠하더냐?
23 지금 나의 아들과 사형수, 둘을 놓고
과연 누구를 사형시키겠느냐 물으면
믿음의 길을 간다는 자들은 열번 백번
나의 아들이라 말할 것이며,
24 나의 성령을 들어 만백성을 구하겠다
하여 주옥같은 나의 성령을 기록하여
전하는 너를 죽도록 해 달라고 할 것
이 두말할 나위도 없음이니,
25 그때의 정황과 너희들의 오늘의 정황
을 알아야 할 것이니라.
26 그것이 인간이며, 나 여호와의 하늘에
오르는 백성을 구한다는 자이며, 그리
고 그 길을 믿고 저희들이 하늘에 와
구원을 받을 수 있다고 하며 구원받은
자라 말하는 자들의 마음의 형태가 그
러하니라.
27 그러한 속에서 너희들이 견디기가 얼
마나 어렵고 힘든가?
28 그러니까 그들은 평범한 자는 살려 둘
수 있으며 저희들만 못한 자는 살려
주며 도둑질하고 사악한 자는 살려
줄 수 있으나,
29 나 여호와의 성령으로 만백성을 구하
며 기적으로써 앉은뱅이를 일으켜 세
우며 눈먼 자를 눈 뜨게 하며 죽은 자
를 살리는 그와 같은 역사를 이룬, 너
희들이 말하는 너희보다 똑똑하고 훌
륭하며 귀한 자는 더 이상 볼 수가 없
으니 그를 죽도록 선택한 것이 나의
피조물 만백성이요, 사랑을 베풀며 이
웃을 네 몸처럼 사랑하며 살라 가르치
는 너희들이니,
30 과연 너희들이 그와 같이 살 수 있는
백성이며 그리 살아가고 있는가?
31 이것이 너희들이니 내가 무어라 말하
였느냐?
32 지금 너희들의 팔다리가 다 썩어져 너
희 몸에서 썩은 냄새가 진동하니 그를
내가 맡을 수 없다 하였으며,
33 그리하여 내가 지금 나의 법전을 내려
보내어 구할 자와 버릴 자를 구분한다
하였음이니,
34 이러고도 너희들이 정녕 나의 아들을
통하여 내리는 이 성령의 뜻이 나의
뜻이 아니며 내가 원하는 것이 아니며
내가 지시하는 것이 아니라 말할 수

있는가?
35 나의 아들은, 너희들의 성서에 기록되
었듯이, 그가 제 임의로 말하는 것이
아니라 오로지 듣는 것이요, 내가 명
하는 것만 들어 기록함이니,
36 이와 같이 소중하고 귀한 나의 아들과
도둑을 놓고 죽이고 살리는 판단을 한
다 할 때, 너희들은 두말없이 나의 아
들이 무조건 죽어야 한다고 말할 것이
니라.
37 그리고 그는 왕사탄이기 때문에 죽는
것은 당연하다고 하며, 너희들은 도둑
질한 자를 살리는 것을 즐거워하며 그
게 너희들이 나에게 구원받는 길이라
며 그리 행할 것이니,
38 이것이 지금의 너희들의 믿음이며, 예
수가 존재했던 그 시대의 백성들의 마
음의 형태이니, 하나도 변한 것이 없
음을 너희들은 알아야 할 것이니라.
39 그러하니 나의 아들 예수를 그리 죽게
한 백성의 후손이 바로 너희들과 같이
금화와 은화를 바치는 것으로 구원을
받는다 하며, 너희 손으로 지은 그 두
꺼비집 같은 성전에 오는 자만이 구원
을 받는다 하며,
40 아무리 참진리요, 아름다운 것을 가르
쳐도 그는 들을 필요도 없으며, 사탄
이요, 이단이라 그저 막무가내로 밀어
붙이는 어리석고 우매한 너희들이니,
41 바로 너희들은 짐승만큼도 그 깨달음
을 모르느니라.
42 짐승도 훈련을 시키면 좋고 나쁜 것을
알며, 주인을 알며, 따라야 할 것과 따
르지 아니해야 할 것을 알거늘,
43 너희들이 그만큼 마음이 차가워져 있
으며 그와 같이 우매하다는 것을 알아
야 할 것이니라.

3,922 번째 하나님 말씀

2002년 11월 12일 23시 36분

1 사랑하는 나의 아들아!
2 너희들이 그리도 원하고 바라는 믿음
이요, 구원의 길이라는 그 길을 오는
너희들이 지금 어찌 생각하며 어찌 믿
음의 길을 가고 있느냐?
3 너희들은 나의 뜻이요, 내가 내린 계
명을 지키고 살면 자연스럽게 하늘에
오를 수 있는 간단한 길이라 내가 말
하였으며,
4 내가 내린 계명을 지키는 자가 나의
뜻을 순종함이니 내가 그들의 손을 들
어 끌어올려 너희들의 부족한 점을 나
여호와의 이름으로 채워 준다 하였거
늘,
5 너희들은 지금 어찌 믿음의 길을 가
고 있느냐?
6 너희들은 각종 헌금이요, 붙일 수 있
는 이름이라는 것을 다 붙여 거둬들
이는 그 헌금을 바치며, 내가 준 재물
을 십일조라 하여 바치며, 그와 같은
의식 속에서 틀에 박혀 살아가는 것이
진정한 믿음이요, 하늘의 구원의 길이
라 지금 그리 착각하고 있음이니,
7 너희들이 그와 같이 정해진 틀을 벗어
나지 못하며 그곳에 세뇌되어 아무것
도 볼 수 없으며 들을 수 없도록 그리
만들어 놓았음이니,
8 너희가 지금 그와 같이 가는 길이 구
원의 길이라 그리 가고 있음이니라.

9 너희들은 지은 죄에 대해서 깨우치며
그 죄에 대해서 반성하는 그와 같은
마음으로 살아가는 것이 하늘나라 나
여호와의 뜻에 따라 사는 것이거늘,
10 이제는 너희들이 지은 죄에 대해 반성
하며 회개할 줄 알며 너희들의 믿음에
잘못된 부분을 나의 법전을 읽고 깨우
쳐 지금이라도 종교의 개혁이요, 믿음
의 개혁을 단행하지 아니하는 한 정녕
구원을 받을 수 없다는 것을 알아야
할 것이니라.
11 내가 나의 법전을 지금 내려보냄은 너
희들을 버리고자 함이 아니요, 너희들
을 구원하고자 밤과 낮을 가리지 아니
하고 나의 아들을 통하여 너희들에게
내려보냄이니,
12 이를 너희들이 읽고 정독하여 개혁하
지 않는 이상, 너희는 정녕 하늘에 올
수 없음을 알아야 할 것이니,
13 나의 이 애절한 뜻을 너희들이 깊이
새겨듣도록 그리하라.
14 어떠한 형태든지 너희들이 지금과 같
은 횡포와 착취와 그와 같은 방법으로
써 만백성을 구하며 그것이 하늘에 오
르는 길이라 생각하며,
15 하늘에 재물을 많이 쌓아 놓는 것이
구원의 길이며, 너희들이 그로써 면죄
부를 받는다는 그와 같은 착각 속에서
내는 자, 또 바치라 하는 자들이 서로
환상 속에서 살아감이니라.
16 그것이 지금 너희들의 믿음이니, 내는
자도 제가 나의 재물을 함부로 쓰는
것을 모르며, 받아들이는 자 또한 그
게 죄인 줄 모르고 있음이니,
17 지금 모든 종교 집단들이 너희들에게
각종 헌금이요, 그 명분으로 거둬들이
는 횡포가 얼마나 잔인한가?
18 그 착취하는 수법이 이 세상의 어떠한
집단이요, 어떠한 나라도 그와 같은
것은 없을 것이니,
19 너희들이 이와 같은 것을 깨우치지 아
니하며 이와 같은 행위를 중단하지 아
니하는 한 나와는 관계도 없는, 너희
들이 죽어 지옥으로 가는 그와 같은
형국을 천국으로 가는 길이라 착각하
고 살아가게 됨이니라.
20 너의 제자들과 나의 법전을 읽은 백
성, 너희들이 생명을 다 바쳐 그들을
구원하라 함이 나의 뜻이니,
21 오로지 그들을 구원할 자는 나의 법전
을 읽은 백성이요, 나의 아들딸로 선
택된 제자, 너희들뿐이니, 그 누구도
이를 가르칠 수가 없음이니라.
22 진정한 정답을 가지고 사는 자요, 정
답으로써 가르치는 자는 너희들밖에
없으니, 온통 세상에 오답을 가지고
가르치며, 거짓을 가지고 가르치며,
죄짓는 것을 죄인 줄 모르고 살아가는
자들이 지금 만백성을 가르친다 함이
니,
23 진정한 정답이요, 진정한 참빛을 가르
치고 아는 자는 너희들밖에 없음이니
라.
24 그리하여 너희들에게 바로 서야 된다
하며, 만백성을 구하는 기초를 세우는
것이 너희들이며, 천 년에 걸쳐서 왕
국의 준비를 이루는 그 첫발을 디디는
것이 너희들이라 함이니,
25 나 여호와의 이 애절한 뜻을 깊이 깨
달아 너희들이 한 점의 부끄럽이 없

는, 진정 나의 법전대로 살아가는 사
랑하는 나의 아들의 제자로서 빛을 비
춰야 할 것이며,
26 너희들이 길이 존재하는 그와 같은 삶
을 살아 나에게 와 오늘의 고통에 대
한 상을 받으라.
27 이것이 나 여호와의 애절한 부탁임을
잊지 말라.

부 록

【하나님께서 가르쳐 주신 운동】

천재지변이 일어날 때, 동물이나 미물들은 미리 알고 대피하지만, 인간은 알지 못하고 큰 화를 당합니다. 하나님께서 인간에게 가장 높은 지혜를 주시고 완벽하게 창조해 주셨기에 동물들보다 더 잘 알 수 있지만, 욕심으로 마음이 혼탁해져서 한 치 앞을 보지 못하는 것입니다.

마찬가지로, 인간은 누구나 스스로 필요한 운동을 해서 건강을 지킬 수 있도록 하나님께서 만들어 주셨습니다. 우리의 머리에서 우리 몸에 필요한 동작을 해 달라고 끊임없이 신호를 보내지만, 인간이 혼탁하게 살아서 그 신호를 알아채지 못합니다. 그러니 자연스럽게 자기 몸이 원하는 그 신호를 따라서 운동하는 것이 하나님께서 가르쳐 주신 운동 방법입니다. 바로, 우리의 영이 육을 이끄는 운동입니다.

▶ 하나님 운동법

1. 눈을 감고, 발을 어깨너비로 벌리고 바르게 선다.
2. 몸에 힘을 풀고, 허리를 숙이면서 손과 머리를 아래로 내린다.
3. 허리를 펴고 싶을 때, 천천히 펴면서 하고 싶은 동작을 하면 운동이 시작된다. (사람마다 다르다.)
4. 멈추지 말고, 어떤 동작이든지 자기 몸의 느낌대로 계속 이어서 한다.

▶ 참고 사항

① 눈을 감은 상태로 아무 생각 하지 않고, 자기 몸의 느낌대로 움직입니다.

② 마음을 비우고, 욕심을 버리고, 지난날의 잘못을 반성하면서 몇 차례 시도하다 보면, 자기도 모르게 하고 싶은 동작이 끊임없이 생깁니다.

③ 운동 장소는 방 안이든 운동장이든 관계없으며, 걷거나 달리고 싶을 때는 눈을 떠도 됩니다.

④ 매일 40분 이상, 주 4회 이상, 3개월 이상 하면 음식 조절에 들어갑니다.
- 음식으로 생긴 병은 음식으로 치료하게 되며, 어떤 음식을 먹어야 하는지 스스로 알게 됩니다.
(자기 몸에 필요한 음식만 먹고 싶어집니다.)

⑤ 사랑하는 사람과 함께 운동하면 서로 치료해 주기도 합니다.

⑥ 운동을 하다가 몸의 어느 한 부분을 계속 손으로 자극한다면 그쪽에 이상이 있는 것이니, 의사에게 상담을 받고 적절한 치료를 받으면 됩니다.

⑦ 다이어트 및 기타 건강관리에 효과적입니다.

⑧ 꾸준히 운동하여 영이 맑아지면, 자신의 과거와 미래를 스스로 보게 됩니다.

누구나 스스로 하실 수 있습니다.

간 행 사

《새로운 성경》은:

· 새로운 성경은, 하나님께서 선량하고 선한 자를 선택하여 십계명을 암송하도록 하시고, 십계명을 암송한 다음에 음성으로써 들려주시는 말씀을 듣고 그대로 카세트테이프에 녹음해서 받아쓴 책입니다.

· 90분짜리 녹음테이프 700여 개에 달하는 말씀으로, 1999년 8월부터 2004년 7월까지 총 160권(권당 288쪽)을 완성하였으며, 그 이후에도 현재까지 계속 말씀을 내려 주고 계십니다.

· 새로운 성경은 "하늘을 두루마리 삼고 바닷물을 먹물 삼아 쓰고 써도 다 못 쓴다"는, 끝없이 방대한 하나님의 말씀이 두루마리로 직접 내려오는 것입니다. 이러한 새로운 성경은 구약과 신약을 폐하려는 것이 아니라 "인봉된 성서의 비유의 뜻"을 상세히 설명하여 완성하고자 하나님께서 직접 내려 주신 말씀입니다.

《새로운 성경》의 구성:

· 제 목: 2013년, 160권 모음집을 발간하면서, 본 도서의 제목을 "하나님! 말씀하옵소서"에서 《새로운 성경》 으로 명해 주셨습니다.

· 단행본: 각 권당 288쪽(신국판) 책이 160권까지 시리즈로 출판됩니다.
(모음집은 단행본을 16권씩 묶어서, 총 10부로 구성됩니다.)

《새로운 성경》의 성경적 근거:

· 신약 성경 [요한복음] 16장 13절에 "진리의 성령이 오시면 그가 너희를 모든 진리 가운데로 인도하시리니 그가 자의로 말하지 않고, 오직 듣는 것만을 말하며" 하신 말씀처럼 하나님의 음성을 들은 것만 기록하였으며,

· "장래 일을 너희에게 알리시리라" 하신 말씀과 같이 개인, 나라, 인류의 "장래"일을 하나님께서 알려 주시는 것만 기록하여 책으로 만들었습니다.

《새로운 성경》의 기록 방법:

· 1999년 8월부터 하나님께서 저에게 들려주시는 음성을 기록하였습니다. 처음에는 제가 들은 말씀을 불러 주면 저의 아내가 기록하여, 2000년 1월 29일에 1권 초판이 세상에 나왔습니다. 2000년 4월부터는 주시는 말씀을 받아 녹음기에 기록하여 시리즈로 출간하기 시작하였습니다.

· 녹음을 시작하면서 하나님의 말씀을 받는 데 가속도가 붙었고, 2001년 5월 3일에 1부(1~16권까지)를 인쇄하여 출판하였으며, 2004년 7월까지 총160권 분량의 말씀을 받아 기록하였습니다.

하나님께서 저에게 주신 것은:

· 첫째, 만백성을 상대로 내려 주시는 "기도", 둘째, 수시로 내려 주시는 "묵상", 셋째, 개인의 과거, 현재, 미래를 알려 주시는 "개인 기도", 넷째, 개인의 건강을 위해서 내려 주시는 "음식 처방", 다섯째, 하나님께서 가르쳐 주신 "운동"등이 있습니다. 이 중에 첫 번째, "기도"를 책으로 편찬하였습니다. 사람의 생사, 개인의 미래에 관한 천기는 수록하지 말라 하셨습니다.

강론 안내:

· 하나님께서는 지금도 매일 저에게 새로운 하늘의 비밀의 말씀을 내려 주고 계십니다. 수시로 내려 주시는 말씀을 정리해서 제자를 육성하라는 말씀에 따라 매주 강론을 하고 있습니다. 누구나 무료로 들으실 수 있습니다. (book160.com)

《새로운 성경》을 읽는 분들에게 드리는 선물:

· 개인 기도: 개인의 과거, 현재, 미래에 관하여 말씀을 내려 주십니다.

· 음식 처방: 사람은 음식을 먹고살다가 건강을 잃으니, 음식과 운동으로 건강을 되찾는 방법을 알려 드립니다. 단, 하나님이 계심을 믿고, 십계명을 지키겠다고 진실로 서약하는 분들께 알려드립니다.

《새로운 성경》의 은혜와 기적:

· 새로운 성경 전160권은 16권씩 묶어서 총 10부의 모음집으로 구성됩니다. 모음집 한 부를 읽고 깨우치는 자에게 하나님께서 다음과 같은 기적이 있다고 하셨습니다.

· "첫째, 그가 죽어 하늘에 갔을 때 그의 죄를 묻지 아니하며, 구원을 받는 위대한 은혜가 있으며, 둘째, 그의 소원과 소망이 이루어지고, 셋째, 죽은 자(부모, 형제, 자식, 사랑하고 은혜 입은 분)의 이름으로 구입한 책을 읽고 누군가 한 사람이 깨우칠 때, 그 죽은 자가 지옥에서 천국으로 구원을 받게 되며, 넷째, 유산, 중절 수술 등으로 태어나지 못한 아이를 위하여 구입한 책을 보고 한 명이 깨우쳤을 때, 그 아이가 사람으로 다시 한 번 태어나는 은혜를 받는다."

· "새로운 성경"을 3회 이상 정성을 다해 정독하는 자, 성서의 비밀을 알게 되고, 세상의 이치를 알게 되며, 세상을 지배하고 통제할 수 있는 지혜를 다 얻게 된다고 하셨습니다. 이 책은 만백성이 정독하고 이웃에게 전하여, 평생 가슴에 묻은 슬픔과 고통의 짐을 벗고 미래를 위한 힘찬 삶을 살아가도록 하는 책입니다.

끝으로

· 하나님께서는 흰 눈이 세상을 덮듯이 새로운 성경을 온 세상에 전하라고 하셨습니다. 《새로운 성경》을 각국어로 번역해서 온 인류에게 구원의 길을 깨우쳐 주고, 그 수익으로 가난하고 어려운 백성을 구제하여, 만백성의 영과 육을 함께 구원하는 선지자의 임무를 수행하라고 저에게 명하셨습니다.

· 하늘에서 내려 주신 말씀의 보화를 만백성에게 나누어 주는 것이 선지자의 임무라고 하셨습니다. 새로운 성경을 통해서 얻는 재물을 사용할 곳도 하나님께서 일일이 명해 주십니다. 모든 재물은 저의 자의로 쓸 수 없고, 하나님께서 명하시는 대로만 쓰여집니다.

· 어떤 명분으로든 십일조나 각종 헌금을 거두어들이지 말라 하셨으며, 국내뿐 아니라 각국에 성전과 단독 서점을 운영하며, 한국의 많은 젊은이들을 전 세계에 지도자로 내보내라고 하셨습니다.

· 우리는 세계적으로 새로운 성경을 보급하며 어려운 이들을 돕는 역사를 해 나갈 것입니다. 지금까지 비록 몇 명 안 되는 제자들과 함께 이러한 일을 역사했지만, 앞으로도 계속 하나님께서 기뻐하시는 일들을 해 나갈 것입니다. 부족한 저희에게 여러분들의 지혜와 성원을 보내 주시기를 바랍니다. 많은 분들의 참여와 도움을 간절히 기다립니다. 감사합니다.

한국어로 내려온 《새로운 성경》 단행본을 출간하며
2016년 4월 10일

발행인 **김 용 철**

한국어로 내려온

새로운 **성 경** · 4부 · 제53권

지은이 하나님 말씀
대역자 김용철

초판인쇄 1쇄 2014년 1월 20일
재판인쇄 1쇄 2017년 4월 3일

펴낸 곳 도서출판 하얀마음
등록번호 제 10-2107호 (2001년 2월 14일)
주소 서울시 노원구 덕릉로86길5, 2층
전화번호 02) 313-1114
팩스 02) 393-5554
전자우편 book160@hanmail.net
편집위원 조나영 김미향 이석교
제작지원 김서영 이상빈 김정기 이병우 이순남 서성자 이규숙

도서상담 1600-7527
ISBN 978-89-5875-153-3 (04230)
978-89-5875-100-7 (세 트)

값 10,000원
잘못된 책은 구입하신 곳에서 바꾸어 드립니다.

※이 책은 10부로 제작되며, 각 부 16권씩 총160권으로 구성됩니다.※

1부	2부	3부	**4부**	5부	6부	7부	8부	9부	10부
1권	17권	33권	49권	65권	81권	97권	113권	129권	145권
2권	18권	34권	50권	66권	82권	98권	114권	130권	146권
3권	19권	35권	51권	67권	83권	99권	115권	131권	147권
4권	20권	36권	52권	68권	84권	100권	116권	132권	148권
5권	21권	37권	53권	69권	85권	101권	117권	133권	149권
6권	22권	38권	54권	70권	86권	102권	118권	134권	150권
7권	23권	39권	55권	71권	87권	103권	119권	135권	151권
8권	24권	40권	56권	72권	88권	104권	120권	136권	152권
9권	25권	41권	57권	73권	89권	105권	121권	137권	153권
10권	26권	42권	58권	74권	90권	106권	122권	138권	154권
11권	27권	43권	59권	75권	91권	107권	123권	139권	155권
12권	28권	44권	60권	76권	92권	108권	124권	140권	156권
13권	29권	45권	61권	77권	93권	109권	125권	141권	157권
14권	30권	46권	62권	78권	94권	110권	126권	142권	158권
15권	31권	47권	63권	79권	95권	111권	127권	143권	159권
16권	32권	48권	64권	80권	96권	112권	128권	144권	160권